四川省2019—2020年度重点图书出版规划项目
智能高铁技术系列

智能建造
——京沈客专北京朝阳站信息化建设实践

郑 雨 金振山 / 著

西南交通大学出版社
·成 都·

图书在版编目（CIP）数据

智能建造：京沈客专北京朝阳站信息化建设实践 / 郑雨，金振山著. —成都：西南交通大学出版社，2022.5
ISBN 978-7-5643-8454-8

Ⅰ.①智… Ⅱ.①郑… ②金… Ⅲ.①铁路车站 – 客运站 – 信息化建设 – 中国 Ⅳ.①U291-39

中国版本图书馆 CIP 数据核字（2021）第 252384 号

Zhineng Jianzao
——Jingshen Kezhuan Beijing Chaoyangzhan Xinxihua Jianshe Shijian

智能建造
——京沈客专北京朝阳站信息化建设实践

郑　雨　金振山　著

出 版 人	王建琼
策划编辑	周　杨　黄庆斌
责任编辑	周　杨
责任校对	蔡　蕾
封面设计	曹天擎
出版发行	西南交通大学出版社 （四川省成都市金牛区二环路北一段 111 号 西南交通大学创新大厦 21 楼）
邮政编码	610031
发行部电话	028-87600564　　028-87600533
网　　址	http://www.xnjdcbs.com
印　　刷	成都市金雅迪彩色印刷有限公司
成品尺寸	185 mm × 240 mm
印　张	15
字　数	268 千
版　次	2022 年 5 月第 1 版
印　次	2022 年 5 月第 1 次
书　号	ISBN 978-7-5643-8454-8
定　价	98.00 元

图书如有印装质量问题　本社负责退换
版权所有　盗版必究　举报电话：028-87600562

《智能建造——京沈客专北京朝阳站信息化建设实践》
编委会

主　编：郑　雨

副主编：金振山

主　审：梅洪亮　　钱增志

编　委：张淑莉　朱江浩　李宏伟　王　伟　韩　锋　张少南
　　　　程学武　张　琦　王青衣　李　进　于程水　胡乃刚
　　　　刘洋洋　赵天野　常攀龙　王　超　薛飞蝶　董海旭
　　　　庞明亮　李佳佳　王　洋　付孔亮　黄家华　杜喜军
　　　　江期洪　周益金　王炎波　王　周　安云哲　董　晶
　　　　倪灿灿　熊　星

前言

截至 2021 年底,中国铁路营业里程已突破 15 万公里,其中高铁超过 4 万公里,已建成世界上最大规模的高铁网络,成为名副其实的"中国名片"。党的十八大以来,国铁集团党组积极贯彻落实新时代发展理念,提出"精品智能高铁"和建设"畅通融合、绿色温馨、经济艺术、智能便捷"的新型铁路客站的总体要求。在此背景下,以铁路信息化为引领,铁路建设机械化、工厂化、专业化与信息化融合发展取得了重要成就。

本书以北京朝阳站为例,深入探讨了"智能建造"技术在高铁客站建设中的重要作用,通过北京朝阳站信息化策划与实践,为类似工程项目和企业信息化建设提供借鉴。本工程作业面大,各工序之间交叉多,人员机械密集,施工安全、进度、质量等方面管理难度大。如何利用智能物联网设备和集成管理平台进行自动化作业并实施主动监管,有效升级施工现场管控能力成为新的课题。本书以项目信息化建设为研究主线,涵盖信息化策划、平台需求调研、平台架构搭建、业务模块开发及应用,并重点探索信息技术与项目管理相融合,BIM(建筑信息模型)与施工技术、成本管理、成果移交和数据传递等工作。具体研究内容如下:

(1)大型铁路客站智慧建造管理云平台的搭建方案,探讨物联监测与施工管理的关联,深度挖掘 BIM 技术的管理应用价值,提高施工现场管控能力。

(2)施工监测数据的运行指标及运行规律,通过 BIM 数据分析结构主体与监测指标之间的关联关系,分析并建立管理模型。

(3)基于 BIM 模型的进度三级节点亮灯管理机制,实现工程进度的精细化管控。

(4)建设过程的模型数据向运维阶段传递的标准及实施方法。

由于作者水平所限,书中难免存在疏漏和不足之处,敬请广大读者批评指正。

作 者

2021 年 9 月

目 录
CONTENTS

◆ 第1章　北京朝阳站工程概况 /001
  1.1　工程基本情况 /001
  1.2　本书研究工作重点 /004
  1.3　本书研究工作难点 /005
  1.4　项目信息化建设 /007

◆ 第2章 /156 智慧建造管理平台 /012
  2.1　平台简介 /012
  2.2　平台总体架构 /013
  2.3　平台应用架构 /014
  2.4　核心功能框架 /015
  2.5　数据中心 /022

◆ 第3章 / 建筑信息模型（BIM）应用 /023
  3.1　BIM 概念及发展情况 /023
  3.2　BIM 应用范围及目标 /024
  3.3　BIM 建设 /025
  3.4　BIM 应用场景 /026
  3.5　BIM 应用成效 /035

◆ 第 4 章 / **智能劳务管理** /038
  4.1 劳务管理的意义 /038
  4.2 基于人脸识别技术的劳务管理手段 /040
  4.3 基于复合定位技术的劳务管理手段 /047
  4.4 智能劳务管理应用成效分析 /053

◆ 第 5 章 / **智能进度管理** /055
  5.1 传统进度管理理论及方法 /057
  5.2 基于 BIM 技术的智能进度管理 /061
  5.3 "156 平台"基于节点亮灯的智能进度管理 /068
  5.4 "Pocket BIM"轻量化协同平台 /091
  5.5 智能进度管理应用成效分析 /101

◆ 第 6 章 / **智能物料管理** /103
  6.1 物料管理发展现状 /104
  6.2 建筑材料管理系统 /105
  6.3 基于地磅称重的物资现场验收管理子系统 /107
  6.4 智能物料集约化管理 /118
  6.5 系统应用步骤展示 /119

◆ **第 7 章 / 智能设备管理** /123

    7.1   虚拟化漫游 /124

    7.2   远程航拍 /127

    7.3   大型设备运行统计 /129

    7.4   二维码图纸 /130

◆ **第 8 章 / 智能监控管理** /132

    8.1   智能监控发展现状 /133

    8.2   塔吊监测 /134

    8.3   深基坑监测 /142

    8.4   高支模监测 /149

    8.5   大体积混凝土测温 /151

    8.6   防火感应监测 /154

    8.7   环境监测 /159

    8.8   电子巡检 /171

    8.9   能耗监测 /173

    8.10 智能安全帽 /176

◆ 第 9 章 / 智能调度管理 /177

    9.1   视频监控 /178

    9.2   安全隐患管理 /188

    9.3   质量管理 /199

    9.4   会签审批管理 /208

    9.5   车辆定位 /215

    9.6   自动喷淋感应系统 /219

    9.7   实测实量 /221

    9.8   综合应用 /222

◆ 第 10 章 / 总　结 /224

    10.1   项目信息化创新点 /224

    10.2   推广应用 /225

    10.3   效益和价值 /227

    10.4   小　结 /228

◆ 参考文献 /229

第 1 章
北京朝阳站工程概况

1.1 工程基本情况

北京朝阳站位于北京市东北四、五环之间，具体位置为姚家园北街以南、姚家园路以北，驼房营路以东、蒋台洼西路以西的地块内，工程项目位置如图 1.1 所示。

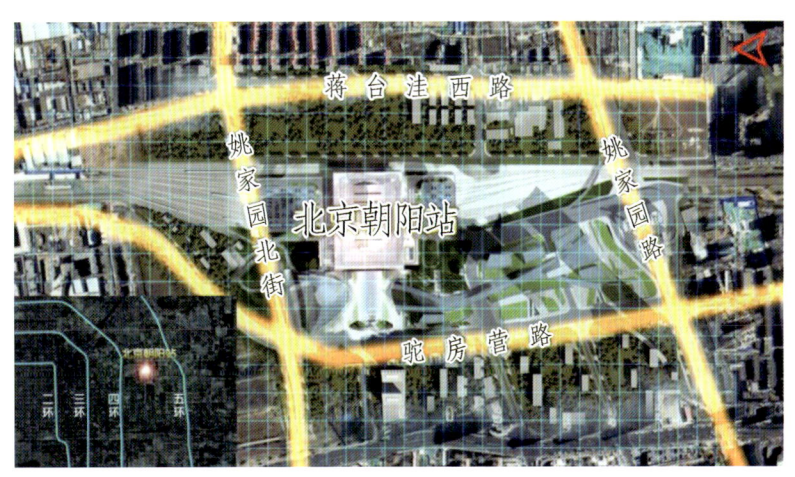

图 1.1 工程位置

工程总工期为 869 天，开工时间为 2018 年 8 月 15 日，计划竣工时间为 2020 年 12 月 31 日，工程主体结构计划完成时间为 2019 年 12 月 31 日。站房总建筑面积 18.26 万平方米，站台面积 4.35 万平方米，站台雨棚 6.22 万平方米（见图 1.2）。工程分为地上、地下两部分，其中，地上两层，地下一层（见图1.3）。檐口高度37 m，屋面最高处46.3 m，雨棚屋面标高9.7 m，最大基坑深18.8 m。工程范围包括：中央站房，西站房，站台雨棚（含高架南北两侧人行道、车行道），基本站台雨棚侧幕墙，站台铺装，地下室投影范围内的站台综合管沟和挡墙，土建风道，站房室外及附属工程，铁路红线内与地下车库相连接的地下车道，以上土建工程配套的暖通、室内给排水、室外给排水、电力、供电、通信、信息、FAS（火灾报警系统）、BAS（环境与设备监控系统）等系统，地面、高架停车场室外给排水设施、消防设施。

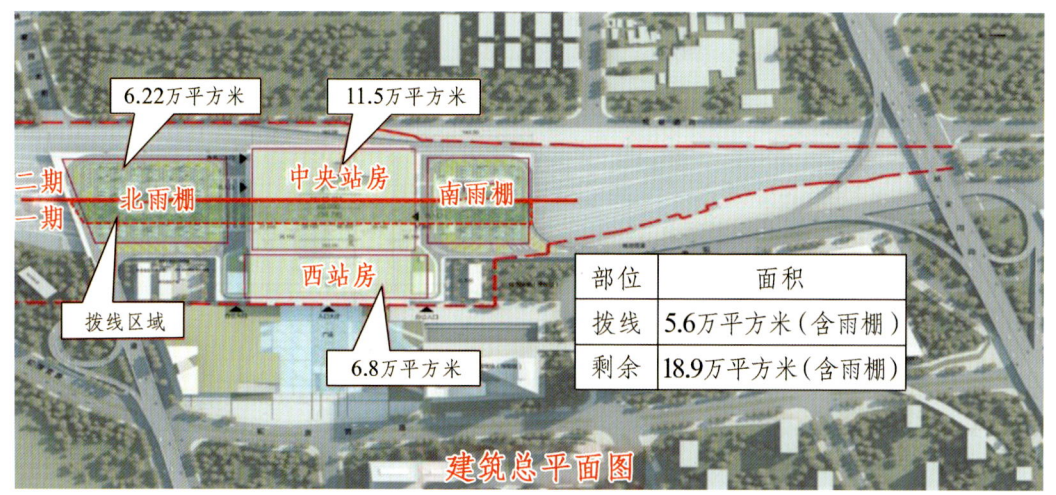

图1.2 建筑总平面图

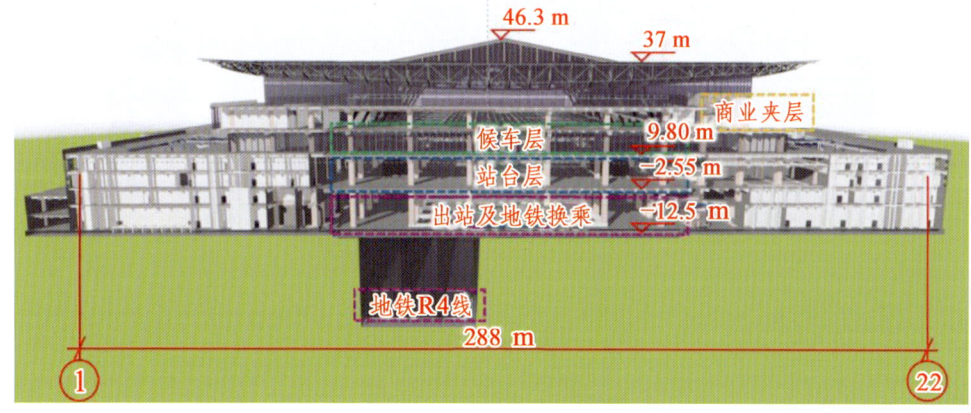

图1.3 站房剖面图

车站规模为7台15线，西侧普速车场为3台5线，东侧高速车场为5台10线，高、普速车场通过南北两侧咽喉区连通，其中第三站台由普速车场和高速车场共用。西侧基本站台为550 m×18 m×1.25 m，第二、三岛式中间站台为550 m×12 m×1.25 m，东侧4座岛式中间站台为450 m×12 m×1.25 m。动车行右线结合铁科办理货物列车及试验车作业要求，设置不临靠站台布置。同时，保留既有北京朝阳站东侧2条道拨线，满足铁科货物列车及试验停留要求。M3地铁车站位于东广场地下二层，与铁路线平行设置，R4地铁车站站台线位于东广场地下三层，与铁路线垂直设置，区间下穿铁路车场，如图1.4和图1.5所示。

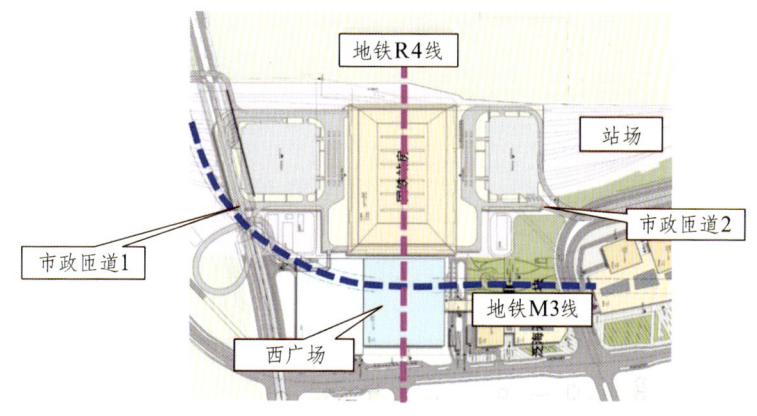

图1.4 站房周边交通图

图1.5 工程鸟瞰效果图

1.2 本书研究工作重点

1. 既有线提前转线

根据指导性施工组织要求，北京朝阳站既有3条铁路需在2019年6月29日前转到正式线位3~5道。据此，整个站房工程将划分为一、二期进行（见图1.6），现场施工组织非常困难。线路转线将对一期工程10.0 m高架层以下部分的施工带来不利影响，将该部分的施工现场划分为两大部分，造成后续局部工程长期临近营业线施工；同时，二期工程施工时的交通运输条件将更加艰巨。

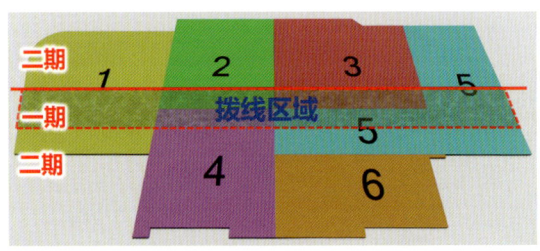

图1.6 站房一、二期施工范围图

2. 大体积清水混凝土设计方案给施工带来难度

北京朝阳站项目整个站台及顶板施工区域全部采用清水混凝土施工工艺，主要有复杂节点清水混凝土模板施工技术、清水混凝土一次成型质量控制技术、斜交梁柱节点模板加固施工技术、雨棚梁板复杂排布下蝉缝综合排板技术、大体量清水混凝土施工综合技术、现场管线和梁洞等的预留预埋及模板排布设计。

3. 超大体量大跨度屋面钢结构增加了现场拼装与抬升难度

屋面钢结构：屋盖最大投影长度247 m，宽度182 m，总重约1.3万吨，体量大，计划工期3个月，施工期间正值秋收，人员组织困难，工期紧。

屋面钢结构：跨度大、变截面曲线造型，矢高相差近9 m，对接控制难，单榀桁架拼装后需翻身，楼面整体拼装精度要求高，胎架用量大；两排直柱和两排Y形斜树杈柱为屋面支撑，Y形柱后塞斜交对接难，施工难度大。

4. 项目信息化要求极高，信息系统、物联网设备种类繁多。现场物联网设备需要有力的统一整合调度

施工现场的物联网监测硬件覆盖施工现场的每个角落，共50余种；从常规的视频监控、

环境监控、地磅称重、塔吊监控、人员定位,到复杂项目应用的深基坑监测、高支模监测、脚手架监测、混凝土测温、车辆监控、越界监测、钢结构监测等。目前这些监测系统往往各自独立,单纯在施工现场设置监测点位,很难与空间联动,管理者不能通过监测点直观了解对应位置的监测情况,更难与施工管理业务联动。目前,市面上的智慧工地项目管理平台产品功能重合率高,业务模块组成繁杂,不能完全符合项目管理需求。

5. 工程涵盖专业多,协调组织困难

站房工程涵盖多个专业工程,总包与分包方需要利用BIM技术进行密切的协同深化设计,以保证工程质量。

1.3 本书研究工作难点

1. 站房工程体量大、标准高、专业多、协调组织复杂

北京朝阳站施工作业面三家总包单位在同一区域穿插施工,涉及综合运输通道、桩基础施工、土方作业。主体结构混凝土达 $4.37 \times 10^4 \ m^3$、钢筋达 $9.1 \times 10^4 \ t$,工序复杂,现场涉及专业众多。同时在基础施工阶段,北京朝阳站范围内有两条市政地铁 M3、R4 号线下穿而过,如图 1.7 所示。与市政枢纽工程同步施工,在有限的空间内相互交叉、干扰,进一步增加了现场组织的难度。

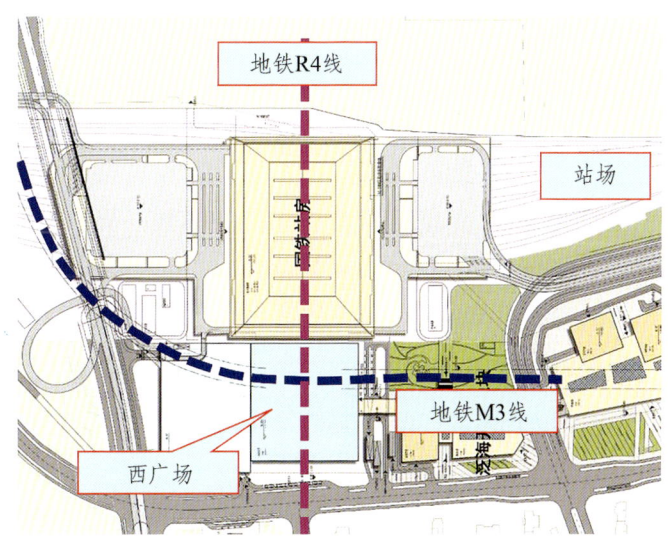

图 1.7 工程范围内地铁线路图

2. 场地狭窄、交通组织难度大

北京朝阳站东侧临近既有线，西侧紧邻拟建市政广场，北侧存在园林、成熟办公建筑及参建单位信号楼、市政框构，南侧为街区主干道，如图1.8所示。施工场地狭小，无法形成外部环路，施工主干道全部设置在拟建结构区域，通过流水施工，依次对道路进行封闭，同时增设铁路平交道口，以提升运输能力。东站房既有线侧道路进行改造拓宽至13 m，作为连接南北主干道，在雨棚与站房交界位置设置东西方向道路，与主干道连接形成3面环道，为材料运输、机械进出提供保障。

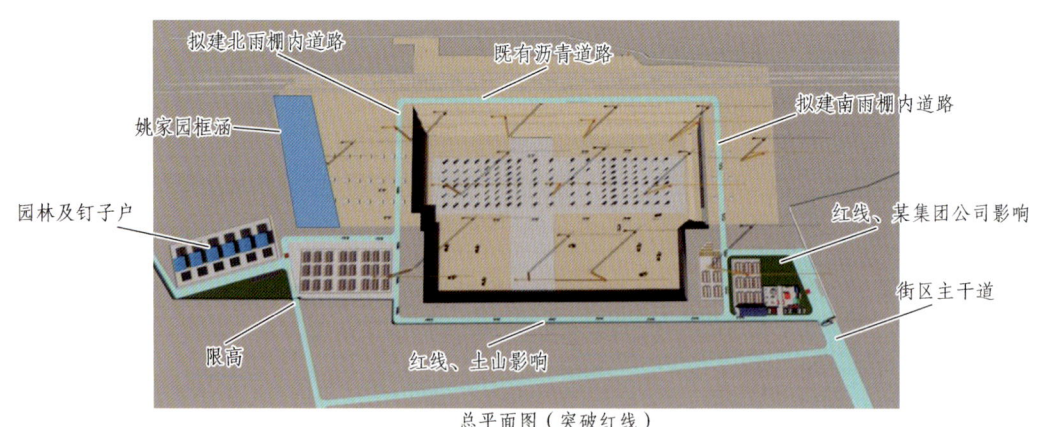

图1.8 工程场地范围平面图

3. 用地征拆难，工期异常紧张

工程于2018年8月8日进场，站房范围内2宗地、7宗地以及2宗代征绿地均为某集团公司未移交建设用地，其中存在乡属企业建筑1处、钉子户11户、违建1处，拆除难度大（见图1.9）。经过与甲方密切配合，多次协调取得突破性进展，2018年11月17日该集团公司移交施工工作面场地，但造成工程施工滞后约三个半月。截至2019年8月10日，尚有"6 + 3"户未拆除，红线外场地由于协议未签订尚无进展，南加工场、大门、洗车池以及配套设施暂时布置在路基及汽车坡道结构范围。

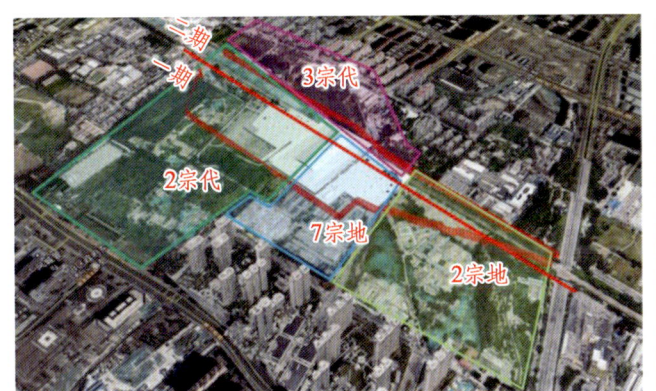

地块	影响情况
2宗代	现场道路、堆场加工区布置
7宗地	主干道、洗车池大门布置
3宗代	生活区建设及人员进出

图1.9　工程范围内用地征拆示意图

4. 临近既有线施工安全风险高

基坑边线距离既有线最近位置只有10 m，站房施工临近既有线，拨线后2、3、Ⅳ线启用，贯通道路被阻断，既有线安全防护风险大，如图1.10所示。

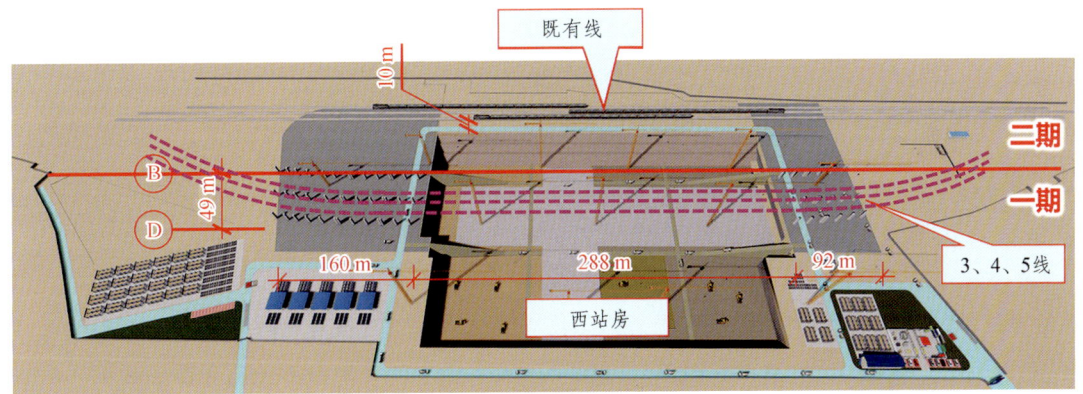

图1.10　临近既有线施工示意图

5. 站区现场周边道路条件差、施工环保要求高

项目周边四环路、五环路、姚家园路等干道均处于高负荷运转状态，常年处于缓行状态。站房周边只有南侧姚家园路可作为项目通行的主要干道，施工期间需与地方交管部门协调，合理规划进场道路，必要时修建场内外临时道路。此外，本工程属于市内主城区，对施工废水、废物、扬尘、噪声等污染物的排放要严格遵守北京市的相关规定。

1.4 项目信息化建设

我国信息化发展可追溯至 20 世纪 80 年代中后期兴起的办公自动化，30 余年的发展脉络可总结为：办公自动化、互联网、物联网、云计算、大数据、互联网＋、智能制造、人工智能、智能＋。随着我国经济的快速发展，新型城镇化建设的积极推进，全国各地建筑工程数量和规模不断扩大，随之而来的建筑工地安全事故、建筑质量问题以及建筑工地扬尘、噪声扰民等问题引起了社会的广泛关注。与此同时，各类重大基础设施工程遍地开花，从青藏铁路到港珠澳大桥，从高速铁路网到"一带一路"工程，这类大型工程规模庞大、技术复杂，使得工程建设管理难度日益增加。行业存在高污染、高耗能、高风险，自动化程度低，劳动力密集等问题，企业人员精力有限，亟须通过发展建筑信息化来转变建筑业发展方式，从而提质增效、保障安全、节能减排。

2011 年 5 月，住房和城乡建设部印发《2011—2015 年建筑业信息化发展纲要》，提出了"十二五"期间建筑业信息化的总体发展目标：基本实现建筑企业信息系统的普及应用，加快建筑信息模型（BIM）、基于网络的协同工作等新技术在工程中的应用，推动信息化标准建设。2016 年 8 月，住房和城乡建设部又印发了《2016—2020 年建筑业信息化发展纲要》，提出了"十三五"期间全面提高建筑业信息化水平，着力增强 BIM、大数据、智能化、移动通信、云计算、物联网等信息技术的集成应用能力，建筑业数字化、网络化、智能化取得突破性进展，初步建成一体化行业监管和服务平台，数据资源利用水平和信息服务能力明显提升。

1.4.1 现有技术及分析

在国家政策的导向下，近年来各类信息化手段在施工现场逐渐普及，智慧工地系统应运而生[1]，越来越多的项目选择采用信息化的手段加强施工的管理水平、补充管理漏洞、降低施工成本，并减少施工环境污染。所谓智慧工地，即运用信息化技术手段，对工地现场进行监控，将建筑、人员、机械、物料等信息整合起来汇总到管理平台，可以远程监管施工进度、施工质量、施工安全等情况，以此为依据提升工程管理信息化水平，实现施工高效、管理科学、生态环保。下面对现有智慧工地系统中主要应用的技术进行简单介绍。

1. BIM 技术在智慧工地系统中的应用

建筑信息模型（Building Information Modeling，BIM）是指建筑物在设计、建造中创建和使用的"可计算数码信息",可以将BIM视为数字化的建筑三维几何模型。BIM技术具有可视化、虚拟建造等特点。

从"十二五"和"十三五"规划纲要中可以看出,BIM技术的应用对建筑行业信息化起着重要的作用。在设计策划阶段,建立BIM,利用BIM技术可视化的特点,可以对复杂节点进行分析,让施工的难点、重点展现,同时进行综合管线碰撞检测,解决图纸的错、漏、碰、缺等问题;在施工阶段,利用BIM技术模拟施工,利用云平台实现基于模型的精细管理;在施工质量控制方面,管理人员将日常巡查发现的质量问题拍照上传到平台与BIM技术关联,逐一落实整改。

可以看出,BIM在项目的全生命期均产生了革新性影响,其核心是数据与工作流程的互联互通,通过全生命期建筑信息化建立高效协作关系,从而提高行业效率。在228国道乐清乐成至黄华段工程中,设计了基于BIM技术的智慧工地管理平台[2],开发了BIM、实名制管理系统、视频监控系统、质量管理系统、安全管理系统、VR(虚拟现实)安全体验、环境监测系统等应用模块,为公路工程打造全方位、智能化的施工管理模式,辅助管理决策和行业监管提供有效助力。在玉溪海绵城市建设时,利用BIM技术进行实景建模、模型优化设计、出图、提取工作量、三维布置施工现场、苗木三维还原、虚拟三维样板等,实现了智慧工地系统[3]。其他一些经典的工程,如"上海中心大厦""望京SOHO""港珠澳大桥""武汉方舱医院"等,也应用了BIM。

2. GIS技术在智慧工地系统中的应用

地理信息系统(Geographic Information System,GIS)是一门结合地理学、地图学、遥感和计算科学的综合性学科,已经广泛应用在不同领域。GIS包含空间数据和属性数据,具有集中、存储、操作和显示地理参考信息的功能。GIS技术能够应用于科学调查、资源管理、城市发展规划等领域,也能够为工程建立宏观的地理环境信息,在GIS地图中可以自动定位、实景呈现。GIS提供了位置信息,可以进行人员、物料、设备等的定位跟踪,并实时反馈到智慧工地管理平台上。管理者可以在GIS地图中清晰地看到工地中哪里出现了问题,并进行信息关联查询分析,拥有了全局视角。GIS技术为智慧工地提供了可视化、集成化的解决方案。

3. IoT(Internet of Things,物联网)技术在智慧工地系统中的应用

IoT技术改变了人们传统的思维模式,当IoT技术应用于工地,通过射频识别、红外感应等传感设备,实时采集人员、机械、物料等要素所处的状态,之后将数据进行传输及处理,

实现工地间的万物互联[4]。IoT技术在感应、监控、定位、智能化识别等方面做出了巨大贡献，帮助监管人员快速便捷地了解到工地的施工进度和安全质量问题，从而确保工期并有效降低安全事故发生的概率。

现有智慧工地管理系统往往利用单个技术解决施工中存在的单个问题，它们往往各自独立，存在信息孤岛。单纯地在施工现场设置监测点位，很难在空间上实现联动，管理者不能快速了解对应位置的监测情况，更难与施工管理业务流程联动；建筑模型数据、物料数据、当前进度数据不能有效整合，无法高效管理工程进度，更不能对工期完成节点进行合理的规划和日期预测；施工过程中涉及人、机、料的设备和系统相互独立，缺乏信息共享，增加了协作办公的难度，工作效率低下，无法高效、高质量管理大型铁路客站建筑项目。

1.4.2　工程特点及主要建设内容

大型铁路工程建设与普通建筑建设相比，是一项更为复杂的系统工程，建设周期长，参建单位多，协同组织难度大，技术、设备、物资、档案、质量等标准高，管理难度大，且施工环境复杂、质量安全风险控制责任重大。同时，大型铁路客站项目施工现场面积大，管理人员精力有限，工作强度大，容易造成重点部位生产操作过程不规范，隐患难以及时消除的情况，施工进度、施工质量很难得到全方位检查、监管。与普通工地施工相比，大型铁路客站项目具有如下几个特点：

（1）人员多而复杂，多个主体劳务公司同时进场，涉及专业多，监管单位多；

（2）整体工期紧张，需周密计划并严格执行；

（3）工序交叉多，需合理的施工组织来确保关键节点顺畅；

（4）施工场地大且受限；

（5）对周边环境影响大。

针对大型铁路客站的建设特点，如何打造一个面向多层级多角色的、具有统一入口的、能够在多个应用终端访问的、实现所有数据互联互通的、可实时监控管理的、服务全集团大型建筑项目需求的一体化数字化工程智慧管理平台是亟待解决的问题，也是集成应用现代信息技术全面提升建筑信息化水平的必经之路。

北京朝阳站的建设紧随国家"十三五"发展纲要中针对建筑行业信息化的建议和要求，积极探索将BIM技术结合多种现代信息技术，创新应用并解决已有信息化手段在大型铁路客站建造中的瓶颈问题，设计与开发了"156智慧建造管理平台"。该平台结合项目管理需求，运用现代信息化手段，将高新技术植入施工现场"人、机、料、法、环"五大要素中，实现了所有数据的整合与联动，完成了六大模块功能的设计与实现，并在五大终端中应用，有效提升了对施工全要素的管理水平。具体完成的工作内容包括：

（1）集团级、公司级、项目级不同层级的管理方法。针对不同级别任务需求，设计了不同层级的可视化监测平台。

（2）平台的架构设计。借鉴现有智慧建造的常用手段，结合对大型客站建造的特点及过程进行概述总结，分析出详细的需求，设计相应的应用架构、技术架构。

（3）围绕全业务场景的模块设计。分模块管理全场景的业务流程，对业务需求进行详尽的需求分析，设计了智能劳务管理、智能进度管理、智能物料管理、智能设备、智能监控、智能调度六大模块，涵盖了施工过程中的所有需求。将以上功能在物联端、计算机端、手机端、大屏端、微信端五大终端中进行显示与应用。

（4）关键技术瓶颈突破。人脸识别技术在多种场景下已被成熟应用，但需要解决在大量工人集体出场、工人脸部部分遮挡、逆光情况下保证识别效率和准确度的问题。分析单一定位技术在进行工人定位时存在的不足，设计复合定位方案以提高定位精度。设计合理且能直观显示的进度管控方案，解决大型施工项目进度管理复杂的问题。考虑施工过程涉及多种类、大量的物料，对进场物料的验收工作占用大量的人力，设计无人值守的物料自动验收系统等。面对当前BIM 4D进度管理的各种困惑，集团适时推出156智慧建造管理平台解决方案，平台中的节点亮灯智能进度管理模块通过三级节点爆灯管控机制，将线下的管理行为搬到线上，实现了进度管理的可视化模拟、纠偏及分析。同时，集团自主研发了模块化产品"Pocket BIM"轻量化协同平台，该平台内置的编码体系可以为156智慧建造管理平台提供进度管理、物料管理、人工及机械管理的底层数据，将BIM模型与三级节点进行准确地关联，形成了基于BIM技术的多业务联动进度管理模式，也实现了平台功能的创新升级。

北京朝阳站的信息化建设以"156智慧建造管理平台"为载体，实现了感知作业、协同生产、精益建造、量化监管、数字交付等目标，大大提高了施工效率，保证了施工质量与安全，增加了经济效益，并打造了一个成熟的智慧建筑平台，推动了项目管理、设计、建造、服务等方面的信息化技术应用水平，促进了建筑行业信息化水平的提升。

第 2 章
156 智慧建造管理平台

传统智慧工地通常由多个独立的管理系统组成，数据共享不便，无法高效、高质量管理大型铁路客站项目建设。为实现数据互联、实时监控、施工过程全程数字化、多层级多角色管理、多终端随时访问的建设目标，本平台采用了 BIM、GIS 空间信息、无人机倾斜摄影和实时视频采集等数据融合方法，并结合物联网、云计算、大数据、人工智能等信息化前沿技术，在集团级、分公司级可视化监测系统的基础上，实现了基于 1 个平台、5 个应用终端、6 大智能模块的"156 智慧建造管理平台"。平台能够实现工程建造中的人、设备、资源、环境的实时连通、互相识别和有效交流；实现跨区域的多个承建单位、多公司、多项目部的进度、安全、质量、资源等数据的汇总；实现多个工地、多个终端系统的统一管理、多场景应用和实时多方协同。本章主要从平台功能、总体架构、应用架构、技术架构、数据中心等方面阐述 156 智慧建造管理平台。

2.1 平台简介

"156 智慧建造管理平台"是基于多层级协作统管的"智慧工地"管理云平台，致力于探索智能建造技术与大型铁路站房建设全过程、全业务的融合管控，通过智能建造平台 + "物联网、计算机端、手机端、大屏端、微信端" + "智能劳务管理、智能进度管理、智能物料管理、智能设备管理、智能监控管理、智能调度管理"等方面的融合，针对大型铁路站房建设特点，把智能、高效、绿色、精益的理念植于设计和实践之中，将智慧工地云平台打造成智能化时代建设工地综合管理平台，实现了现场智能监测终端、BIM、地理信息模型以及物联网技术的整合运用，促进施工现场信息化水平再上新台阶。

考虑到集团、分公司、项目负责人所关注的任务不同，实现了面向三层级的应用系统，如图 2.1 所示。从业务执行层的角度，实现各个项目实施过程的数据采集、挖掘、分析；集团和分公司分别从指挥决策层和综合管理层的角度通过可视化监测平台进行预警管控，以期强化专业管理，统筹综合资源，全面提升铁路建设管理水平，提高建设团队的能力素质。

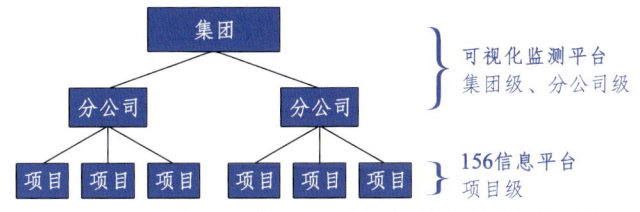

图 2.1　面向集团、分公司、项目级的多层级应用系统

2.2　平台总体架构

平台架构以数据的流向为主线，分为数据采集层、数据处理层、业务处理层（数据应用）、应用展示层（数据显示），如图 2.2 所示。为了实现工程建造中的"人、机、料、法、环"五大要素的实时连通、互相识别和有效交流，每一层的具体功能包括以下内容。

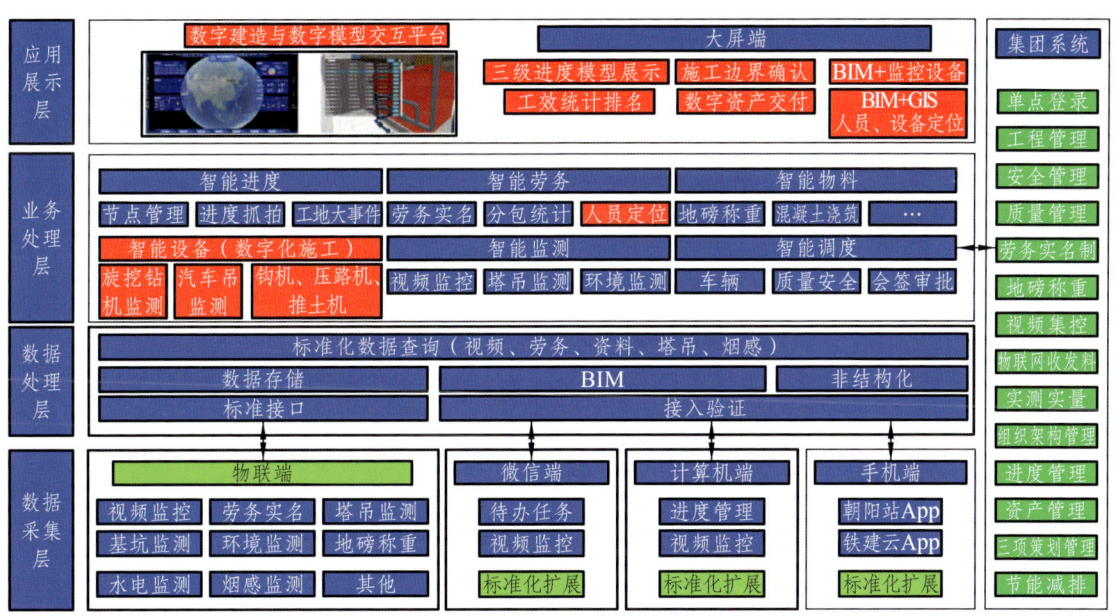

图 2.2　平台总体架构

1. 数据采集层

数据采集层以物联端、微信端、计算机端、手机端等渠道为主，通过标准接口以及接入

验证等方式，保障数据的实时性、真实性及有效性。自动化采集和人工录入相结合，完成各项数据的采集工作，提供了海量的基础数据。

2. 数据处理层

将数据采集后，通过系统标准化数据处理后进行数据存储，包括 BIM 数据、GIS 数据、进度数据、劳务数据、物料数据以及各项监测数据等，为整个平台的稳定运行提供最重要的数据支撑。

3. 业务处理层

智能进度、智能劳务、智能物料、智能设备、智能监测、智能调度六大业务模块是平台的主要构成部分，也是平台的核心。通过不同角度和业务模型，对各项功能进行分类管理，进行专业数据分析和统计，为不同层级、不同角色的管理人员提供了各自所需要的功能，满足不同人群的需求。

4. 应用展示层

通过大屏端对所有业务模块及相关数据进行集中分类展现，采用大数据可视化技术、综合数据分析、BIM + GIS 技术，面向管理层用户设计可视化展示界面，将实时监测数据、设备数据、进度模型数据、物料数据、劳务数据等与场景相结合。利用各种形象化和图表化的形式，提供色彩适宜且直观、高效的场景化监控及数据分析场面，使管理者能够获取更多、更及时的信息，从而更好地监督工程项目进度、提高项目预警能力，并有助于多部门协同决策，使管理更加高效，进而保障施工效率和施工质量与安全，以增加经济效益。

2.3　平台应用架构

平台采用的三层应用架构如图 2.3 所示。

第一层是前端感知层，也是终端层。充分利用物联网技术和移动应用技术提高现场管控能力，通过 RFID（无线射频识别技术）、传感器、人脸识别机、环境监测设备、摄像头、手机等前端信息采集及控制设备，形成工地物联管理平台。系统实现完整的项目信息管理，建立一线作业层大数据中心，通过移动应用等手段，集安全、质量、进度、劳务、环境、材料、技术、协同作业等多种数据于一体，实时掌握施工工地全方位的现场情况，提高数据获取的准确性、及时性、真实性和响应速度，实现对项目建设过程的全面感知、互联互通、智能处理和协同工作，并实现项目实施阶段的标准化协同，覆盖项目管理、工地管理的各个业务方面，从而提高现场管控能力。

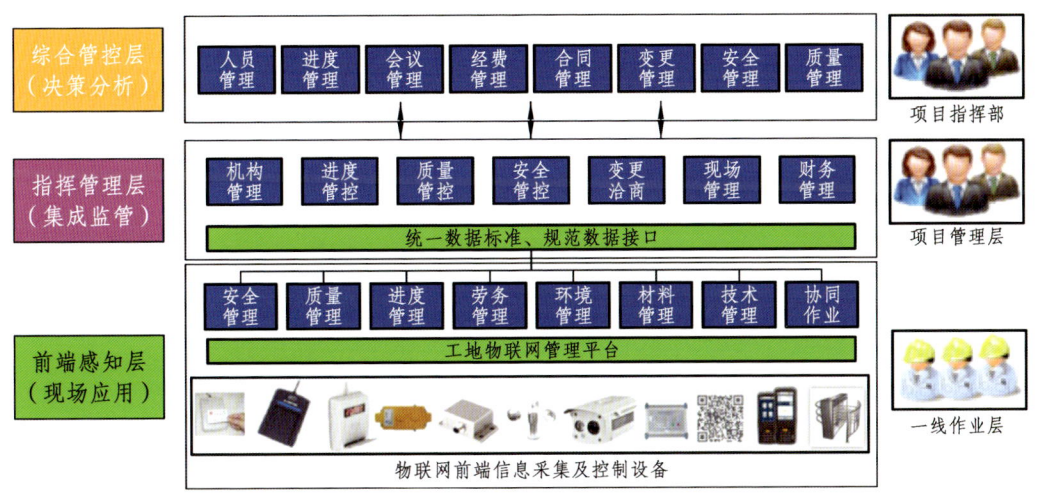

图 2.3　平台应用架构

第二层是指挥管理层，也是集成监管层、平台层。项目管理负责数据统一接入、存储及处理，通过统一的数据标准和接口规范，将现场应用的子系统集成到监管平台，满足政府、建设方的信息共享和实时监管，达到机构管理、进度管控、质量管控、安全管控、变更洽商、现场管理、财务管理的目的。综合运用感知层汇集的数据，构建业务协同场景，搭建立体式管控体系，共享信息资源，从而提高监管效率。

第三层是综合管控层，也是应用层，是集团总部级的项目集群管理平台，记录项目全过程数据，通过对所有项目数据的综合汇总分析，建立企业信息模型。以图形、图表等多种形式，实现对人员、进度、会议、经费、合同、变更、安全和质量等方面进行管理的目的，进而实现项目现场精益管理。实时掌控集团全局态势，洞察发展趋势，为综合管控层提供科学分析、决策和预测，实现智慧化的辅助决策功能，从而提升企业和项目的科学决策与分析能力。

2.4　平台核心功能框架

"156智慧建造管理平台"是以铁路工程信息管理平台、集团信息管理系统为数据基础，以BIM为空间支撑，实现的一套整合物联监控和智慧化管理的智能建造平台。以"1个平台、5大终端、6智融合、BIM + GIS集成、全业务综合应用"为核心功能框架，如图2.4

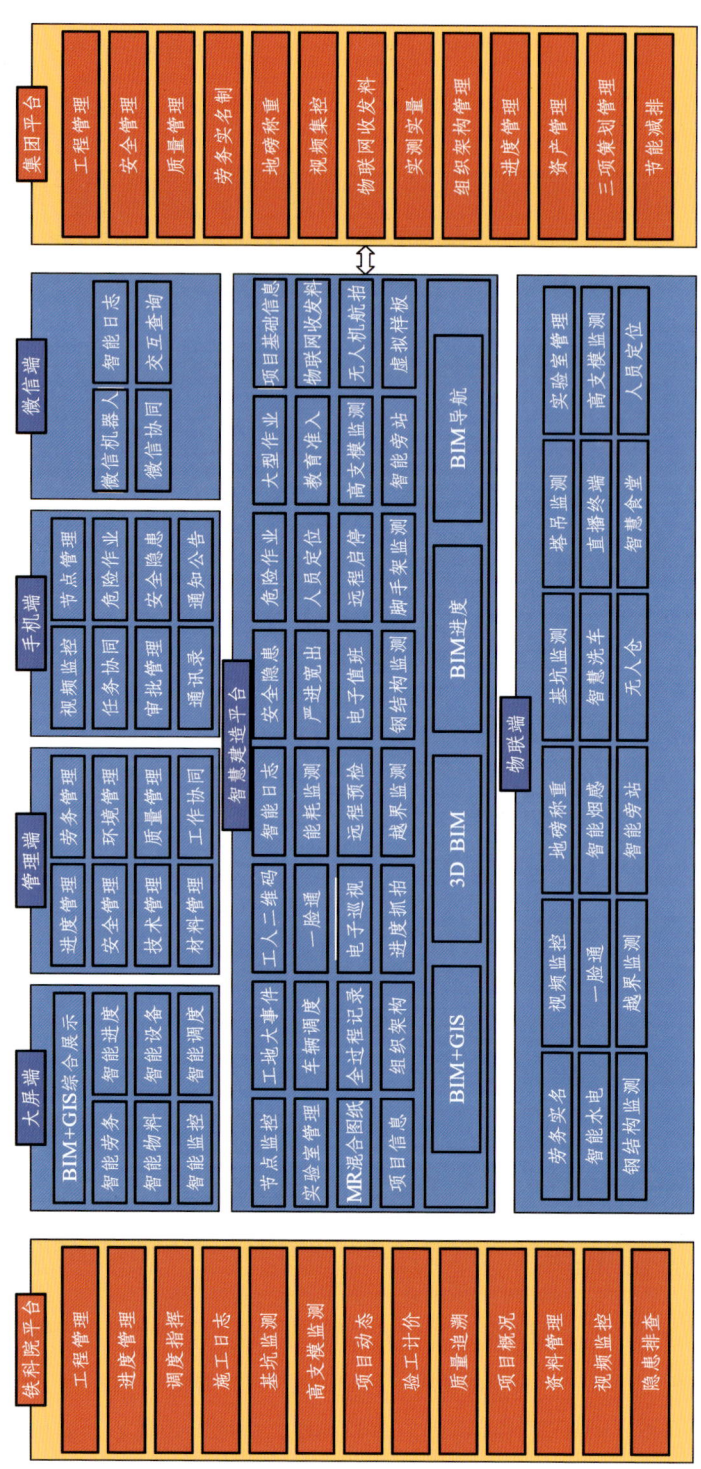

图 2.4 核心功能框架

所示，即利用 1 个平台，通过大屏端、计算机端、手机端、物联端、微信端这 5 大终端数据的互联互通，集中展现施工现场智能劳务、智能进度、智能物料、智能设备、智能监控、智能调度 6 大智能管理应用场景。

1. 一个智能建造平台

智能建造平台是一个基于多层级协作、统管"智慧工地"全过程的云平台，如图 2.5 所示。以 BIM 为主线，采用物联网、云计算、BIM 等信息化前沿技术，将 BIM 信息与 GIS 数据进行集成，并与多方传感器及摄像头采集到的多源异构数据进行整合，通过三级联动，实现数据的互联互通，对全业务场景进行综合展示。

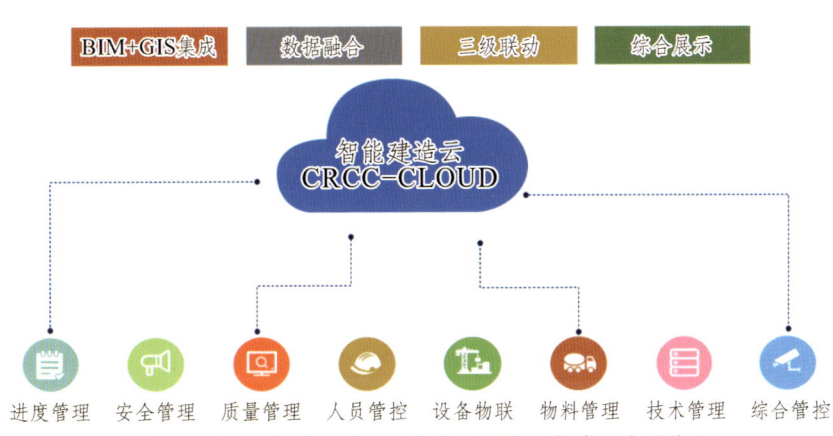

图 2.5　智能建造管理平台在北京朝阳站房建设中的应用

2. 5 大终端

5 大终端即物联端、计算机端、手机端、大屏端、微信端，5 大终端连接所有智慧化应用场景，通过 5 大终端数据的互联互通，实现了数据共享，集"千里眼"监控、"顺风耳"汇总、App 查询、云平台运算于一体的"智慧管家"，达到了随时随地可使用相应终端进行数据访问的目的。

物联端能够把施工现场所有携带数据采集功能的设备或产生数据的设备进行网络互联，将其数据进行融合，从而满足生产施工过程中的"人、机、料、法、环"的信息化接入和综合管理，如图 2.6 所示。

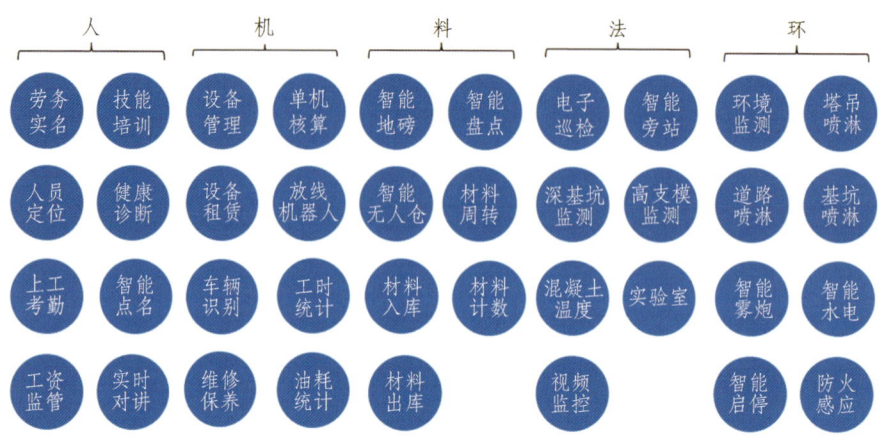

图 2.6　物联端

计算机端可在计算机上使用 Windows 程序直接查看任意场区的实时影像及设备的数据变化，并对数据进行处理，完成节点管理、安全隐患、实测实量、大事件公告、关键工序巡检、电子档案等业务工作，如图 2.7 所示。

图 2.7　计算机端

手机端可随时访问该平台，能够查看智能日志、项目资料库、项目人员信息、工作日志、计划进度等，并可完成工作协同、视频集控、数据检测、质量管理、安全管理等业务工作（见图 2.8），达到"一部手机就可以了解现场用工、材料进出场以及施工进度等一系列项目相关信息"的目的。

图 2.8　手机端

微信端主要采用在项目部微信群中加入群聊机器人的方式,通过聊天形式实时发布各类信息,并可进行项目信息查询,方便对项目资料、工作信息的及时分享(见图 2.9)。每天由机器人自动汇总项目工期及进展数据,包括视频抓拍数据,定时在微信群内进行发布。此外,项目部管理人员还可以基于微信开展各类工作协同,包括信息填报、任务发布等。基于 AI(人工智能)技术的群聊机器人,为项目管理带来了便利,节省了人工成本。

图 2.9　微信端

大屏端不仅可以在大屏幕上显示全景,而且能够按要求展示每个场区的施工实况。比如,通过访问智能调度系统,就可以看到混凝土罐车的实时定位,不用担心因手机联系不便而导致的信息滞后,如图 2.10 和图 2.11 所示。

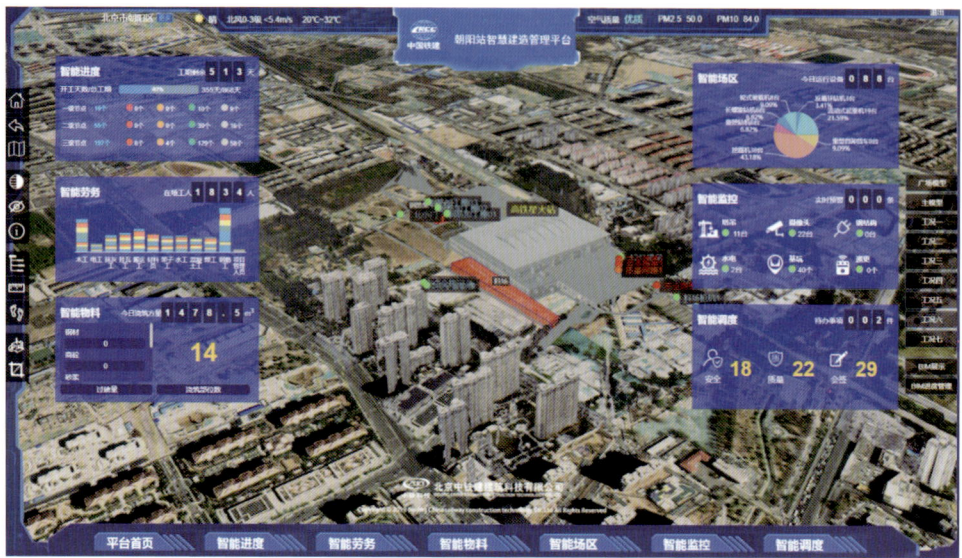

图 2.10 大屏端 – 项目级

图 2.11 大屏端 – 公司级

3.6 大智能模块

围绕工程建设的施工、运营全寿命期,通过"智能进度、智能劳务、智能物料、智能设备、智能监控、智能调度"6大智能场景(见图2.12),将施工进度、安全、质量、劳务、设备、物料、环境等全管理要素,进行空间、数据和时间维度信息的一体化整合,实现了数据的统一接入、统一管理和统一应用,打造了服务全集团的数字化工程管理平台,为企业和行业的大数据积累打下了坚实的基础。

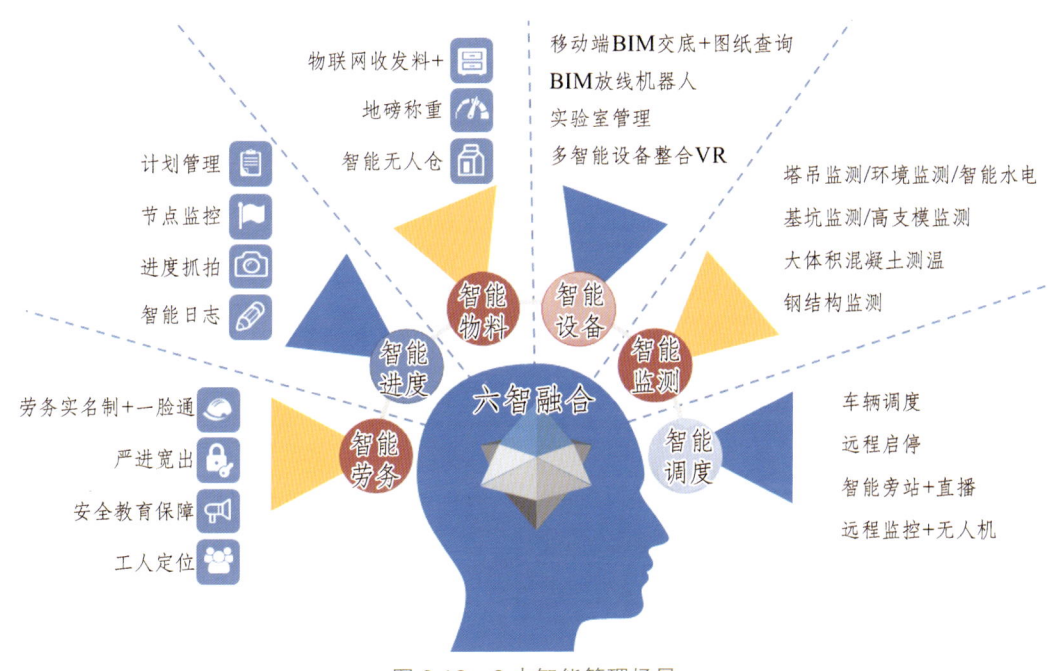

图2.12　6大智能管理场景

平台以建筑信息模型(BIM)为数据支撑,共融合40余项具体应用模块,如表2.1所示。智能化现代建设施工综合管理平台的建立,为施工项目的"人、机、料、法、环"提供了信息化服务和智慧化管理,向客户提供"一站式""菜单式"的定制产品服务,有效地提升了项目建设的管理水平。目前,"156智慧建造管理平台"已与铁科院铁路工程信息系统平台完成了对接,实现了数据"一次填报、多端应用"。站房所有建造资料全部以三维信息进行呈现,不仅方便了日后的运营维护,更为中国高铁建设留下了宝贵的数据财富和智慧资产。

表2.1 6大智能管理对应的主要业务功能

管理分类	主要业务功能
智能进度	劳务实名制通道、严进宽出、教育准入、安全教育答题、工人二维码、人员定位、VR安全教育
智能劳务	节点监控、计划管理、进度抓拍、智能日志、工地大事件
智能物料	收发料、地磅称重、智能无人仓、App收发料
智能设备	全景展示、大型设备、远程航拍、MR(混合现实)图纸、BIM放线机器人、实验室管理、3D打印、虚拟样板
智能监控	视频智能识别、远程预检、智能旁站、电子巡更、钢结构监控、塔吊监控+辅助驾驶、高支模监控、基坑监控、越界监控、烟感系统、能耗监控(水、电)、全过程视频记录、实测实量
智能调度	视频监控、智能车辆调度、雾炮+喷淋远程控制、智慧洗车、远程启停、电子值班、直播+回看、安全隐患管理、无人机航拍、智能广播

2.5 数据中心

"156智慧建造管理平台"既是管理平台,也是数据中心。通过标准化接口,将传感数据直接上传至云端,实现了实时数据无篡改,真实可靠,减少人为干预,形成完整的建设施工全过程大数据,历史数据永久记录。

随着信息化技术的飞速发展,人类已进入DT时代(数据处理技术时代),数据成了战略性资源。对于企业和政府来说,掌握数据就是掌握资源,数据是通向未来的钥匙。平台汇集遍布各地的项目数据,形成巨大的数据资源池,在项目管理6大业务方向上形成完整、不断积累的数据库。通过智慧工地平台的应用,带动项目管理数据中心建设不断完善,为大数据挖掘和人工智能的应用打下坚实基础。

第 3 章
建筑信息模型（BIM）应用

3.1　BIM 概念及发展情况

建筑信息模型（Building Information Model，BIM），由美国的查克·伊斯曼博士首次提出 Building Description System 演化而来。虽然他没有提出 BIM 一词，但他提出的问题解决方案已具有 BIM 平台的特点，因此他被尊称为"BIM 之父"。1984 年，匈牙利的 Graphisoft 公司提出了"虚拟建筑"的设计理念，以 BIM 技术为设计核心，推出了名为 Arichi CAD 的建筑设计软件，这是 BIM 技术软件的开端。2002 年，Autodesk 公司副总裁菲利普·伯恩斯坦首次在世界上提出 Building Information Modeling（BIM），同时，推出了 Autodesk Revit Architecture 等系列 BIM 软件。随着这一系列工具软件的应用、推广、普及和优化升级，BIM 技术很快在全球受到广泛关注，应用由建筑设计迅速发展到造价、施工和运维阶段，建筑设计师们逐步从繁琐的绘图工作中解脱出来，将更多精力放在建筑的设计构思上。2007 年，世界上第一个关于 BIM 的国家标准——NBIMS（美国 BIM 标准）第一版颁布，目的是通过开放的、共通的信息交换准则来进行信息交互，完善建筑信息交互环境。2008 年，美国在 BIM 应用的相关标准研究方面取得了丰富的成果，如 IFC（工业基础类标准）、美国国家 CAD 标准、BIM 杂志等。2009 年，首次使用 BIM 技术的大型公共建筑在美国威斯康星州正式开始施工。

相较于发达国家，我国对 BIM 的应用起步较晚，国内对 BIM 的认识主要是基于国际智慧建造联盟提出的 BIM 理念，并提出了一系列规划与政策。建筑业从"十五"期间开始对 BIM 数据标准开始研究；"十一五"期间重点开展基于 BIM 技术的下一代建筑工程应用软件研究，2008 年中国 BIM 门户网站成立，BIM 软件在我国本土的研究和应用初见成效，在建筑设计、三维可视化、成本预测、节能设计、施工管理及优化、性能测试与评估、信息资源利用等方面都取得了一定的成果；"十二五"期间重点加快推进 BIM、基于网络的协同工作等技术的研发，2012 年中国 BIM 产业技术创新战略联盟成立，2013 年住房和城乡建设部更是发布政策明确指出"2016 年后，所有政府投资的 2 万平方米以上的建筑的设计、施工必须使用 BIM 技术"；"十三五"期间进一步推进 BIM 与企业管理系统和其他信息技术的一体化集成应用，到 2020 年末，我国新立项的以国有资金投资为主的大中型建筑、申报绿色建筑的公共建筑及绿色生态示范小区项目在勘察设计、施工、运营维护中集成应用 BIM 的项目比例达到了 90%[5]。

可以看出，国内对 BIM 的政策支持更有力，这些政策的出台有效地推动了 BIM 在我国的发展。近年来，全国各地涌现出了多座运用 BIM 打造的地标性建筑，也涌现出一些采用 BIM 技术打造的智慧园区、智慧城市，如北京新机场航站区工程、北京城市副中心项目、北京凤凰传媒中心、国家会展中心、广州东塔、苏州中南中心、珠海歌剧院、白玉兰广场等。

3.2 BIM 应用范围及目标

BIM 应用范围（全生命期）：规划、设计、施工、运维阶段。

BIM 应用目标包括以下内容：

（1）国铁集团智能建造示范工程、集团公司 BIM 应用示范工地、新技术应用观摩工地；

（2）采用 BIM 技术减少设计图纸的问题，有效指导现场施工，提高施工质量；

（3）利用基于多方统一的 BIM 技术，解决各参建方作业交叉、碰撞等问题；

（4）通过 BIM 技术解决施工场地紧张造成的临设与疏散场地布置困难的问题；

（5）借助 BIM 技术加强环境管理，控制施工噪声排放，减少投诉，保障工程按期履约；

（6）通过 BIM 技术与智能建造平台的应用提升项目管理水平，搭建适合项目级的 BIM 数据协同环境；

（7）实现 BIM 应用标准化、建造过程可视化、施工过程信息化、质量安全监测实时化；

（8）将 BIM、物联网等技术相互结合，施工现场实现数模集合，帮助管理者将物联数据与施工现场快速连接，实现对建筑工程项目全面且精准地管控；

（9）搭建"156 智慧建造管理平台"，探讨施工空间位置与作业施工管理及物联监测间的关联，深度挖掘 BIM 技术的管理应用价值，解决工程施工细节问题，提高建造效率和管理效率。

3.3 BIM 建设

北京朝阳站 BIM 建设工作涉及结构、建筑、机电等方面。其中，结构专业完成了 LOD450 全部站房结构模型制作，包括中央站房、西站房、南北雨棚、综合通道、风道、车道等位置的结构基础以及墙、梁、板、柱、楼梯等结构构件（见图 3.1），所有结构构件已按照实际完成扣减，模型量准确。模型精度满足施工及运维阶段使用需求。

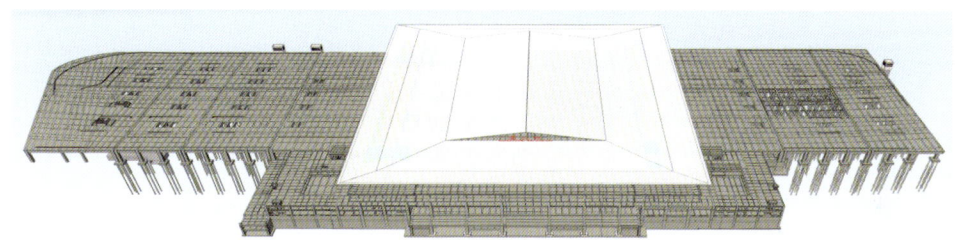

图 3.1　结构模型

建筑专业完成了二次砌筑（门、窗、洞口）模型、室外玻璃幕墙、陶板幕墙以及铝板幕墙装修模型深化等工作（见图 3.2）。室内装修模型深化包括地下两层和地上三层的墙、顶、地、楼梯、栏板、公共设备等。建筑专业模型精度均达到 LOD 400 以上标准。

图 3.2　建筑模型

机电专业完成了 LOD450 精度 BIM 建设工作，包括地下中央站房、西站房、站台层、高架层、设备机房所有机电管线专业的综合排布和 BIM 深化工作（见图 3.3）。

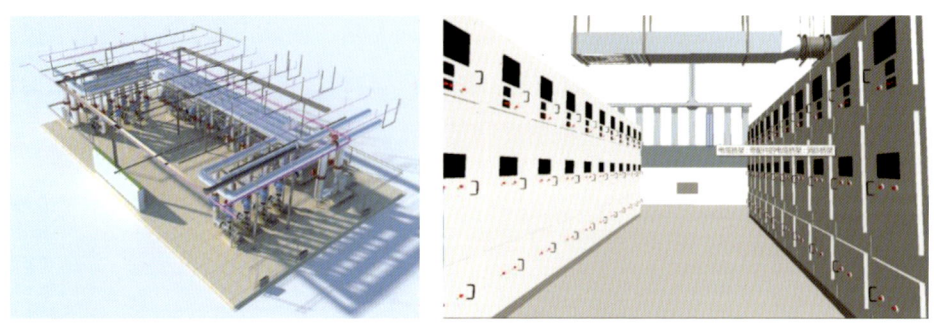

图 3.3　机电模型

3.4　BIM 应用场景

"156 智慧建造管理平台"以及自主研发的 Pocket BIM 轻量化协同平台，在北京朝阳站项目的很多方面都得到了应用，具体应用场景如表 3.1 所示。

表 3.1　BIM 应用场景

序号	应用场景	应用点
1	土建及施工策划应用	BIM + GIS 一体化应用
2		施工策划应用
3		场地布置与临设策划
4		技术方案模拟
5		BIM 审图
6		土建节点深化
7	装饰 BIM 深化设计应用	预埋件定位深化与算量
8		外幕墙深化与算量
9		装饰对缝优化与算量
10		二次机构、门窗定位
11	站房样板间 BIM 深化设计	出站楼图样板区模型深化
12		站台样板区模型深化
13		卫生间样板区模型深化
14		快速进展厅样板区模型深化
15		城市通廊样板区模型深化
16		售票厅样板区模型深化

续表

序号	应用场景	应用点
17	机电 BIM 深化设计应用	暖通机房深化设计
18		消防泵房深化设计
19		强电间与变配电所深化设计
20		装配式机房 BIM 应用
21		公共区域管线综合排布
22		机电 BIM 出图
23	可视化交底	交互式三维交底小程序
24		二维码交底
25		三维出图与三维动画交底

BIM 在项目工程中的实际应用主要包括三个方面，分别是基础应用、创新应用以及示范应用。在各类应用场景中，通过不同的应用技术，解决不同的问题，通过 BIM 的应用取得了经济、社会效益，具有一定的推广价值。

1. BIM 基础应用

（1）三维场地布置、临设布置（见图 3.4）。

通过 BIM 技术对现场临设布置、标准化、塔吊布置、道路布置、材料加工堆放、基坑开挖、行车路线等进行模拟策划，解决施工场地多变、策划困难的问题，从而提高场地利用率 20%，达到了加快施工进度、缩短工期的目的。

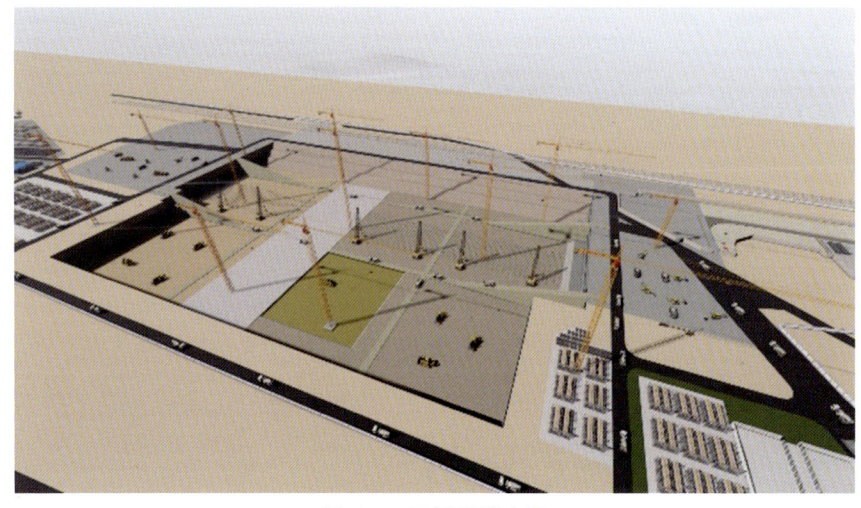

图 3.4 三维场地布置

（2）辅助图纸会审。

通过 BIM 三维审图以及深化设计过程中对图纸问题进行记录留存等方式（见图 3.5），解决二维审图不够全面，容易遗漏细节的问题，使图纸会审更为详尽，与设计方沟通对接更为顺畅。过程中发现图纸问题 200 余项，通过与设计方沟通已基本解决。

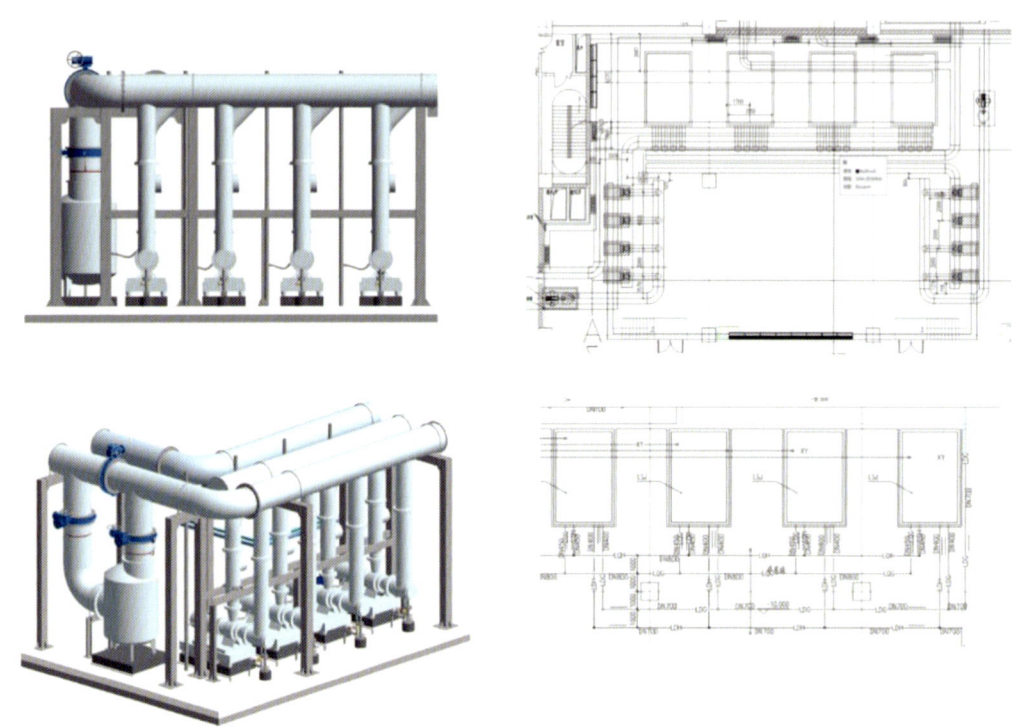

图 3.5　辅助图纸会审

（3）多专业模型深化设计（结构、建筑、装饰、机电）。

通过搭建 BIM 协同设计平台，实现土建、机电、装饰协同深化设计（见图 3.6），提前解决了施工过程中可能出现的问题，达到了减少返工、加快工期、节约成本的目的。

（4）三维可视化交底。

通过 BIM 技术，以三维出图、三维动画、视频等方式对关键部分进行三维可视化交底（见图 3.7），解决了传统文字＋二维图交底不直观、不落地的问题，使得技术交底更好地落实到现场，从而提升工程质量。本项目通过 BIM 技术共制作交底视频 20 个、三维交底图 30 余张、二维码 100 余个。

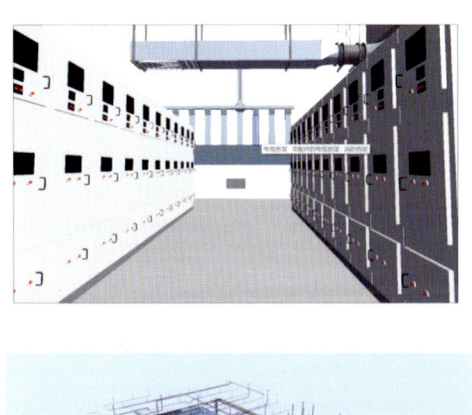
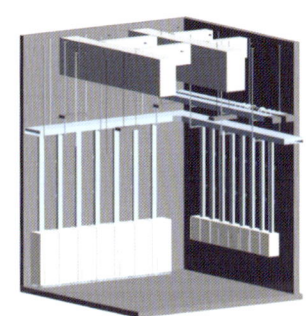
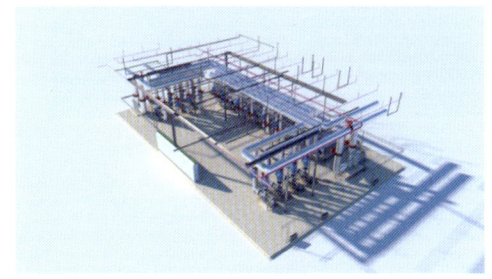

图 3.6 多专业模型深化设计

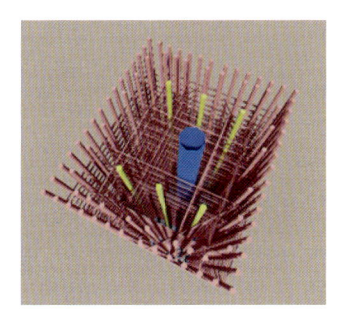

图 3.7 三维可视化交底

（5）质量安全巡检管理。

通过基于 BIM 的智能建造管理平台进行质量安全巡检，实现各方参与、问题闭环处理、问题数据统计分析等应用，解决了传统质量安全管理困难、管理不闭环的问题，达到了现场精细化管理的目的，并通过对问题数据进行分析汇总，实现基于数据的项目管理。目前，通过巡检发现问题 800 余项，99% 的问题已解决。

（6）技术管理：基坑施工、塔吊安装拆除、施工运输、钢结构吊装等重大方案。

基于 BIM 技术对高危、重大方案（基坑施工、塔吊安装拆除、施工运输、钢结构吊装等）

通过多角度、多维度进行模拟分析，对方案进行优化完善（见图3.8），有效避免了因方案不合理可能产生的问题，提升了项目技术管理水平，从而提高工程质量，节约工期。

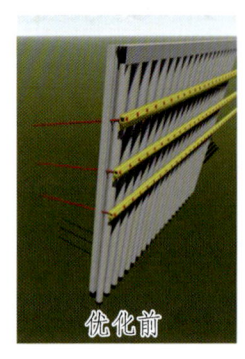 

图3.8 方案优化对比

（7）成本管理，工程量提取。

通过BIM深化建模，将技术与成本应用二合一，实现模型深化与出量的深度统合，基于BIM技术直接生成实体、周转料工程量（见图3.9），解决了技术管理与成本管理之间信息传递不及时、不准确的问题，实现了工程量及成本的精细控制。本项目工程量误差控制由传统的3%下降至1.5%。

地面排砖优化
为确保室内各个区域地砖排布合理，在BIM上，对地砖排布进行深化，并支持从模型导出工程量，可对优化后的地砖和石材分楼层、分区域进行工程量统计，辅助项目材料下料及材料成本核算，提高了项目成本控制管理水平。

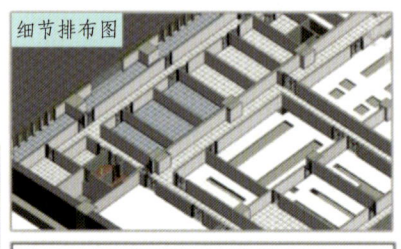
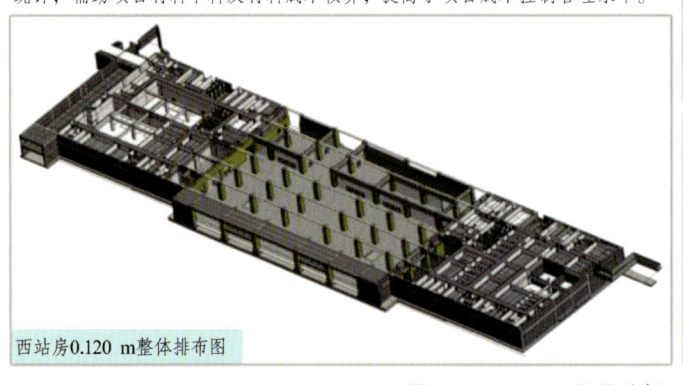

图3.9 BIM工程量分析

（8）标准化构件库。

结合项目施工阶段与运维阶段的需求，制作"北京朝阳站房工程标准化构件库"，对通用构件、机电设备、家具等构件建模并赋予信息，解决了数据在不同施工阶段的传递问题，实现了BIM技术在施工与运维之间的无缝对接。

2. BIM创新应用、BIM示范应用

（1）VR虚拟仿真应用。

北京朝阳站搭建全项目18万平方米站房＋6万平方米雨棚精装修BIM＋VR虚拟仿真场景（见图3.10），快速实现材质切换、方案比选，实现了工程施工全过程可视化及站房运营的沉浸式体验。站房售票厅、进站大厅、卫生间会制作大量实体样板间，对比后确定材质样式，通过VR虚拟仿真场景减少实体样板间的制作数量、制作范围。预计减少实体样板间制作费用50万元人民币。

通过项目实施应用，建立了标准化BIM构件库、工艺工法库、材质贴图库，可以在建造过程中实现所见即所得，为方案比选提供直观的、可视化的条件，提升方案确定的质量和效率。在项目实施中制作虚拟样板间，有效减少实体装修样板的制作面积、制作数量，经济效益显著，可以针对大型公共建筑推广该项应用。

图3.10　VR虚拟仿真场景

（2）建筑材料、垃圾分类。

通过BIM平面策划，工程建设过程中产生的建筑废弃物进入本项目临时性资源化处置设施,同时制作专项垃圾处理方法和实施方案。本项目已节约垃圾处理费用100余万元人民币。

借助BIM技术的可模拟、可视化、可分析、虚拟建造的功能,根据项目进度、制作站房一期、铁路拨线路、高架层施工、钢结构安装几个阶段现场策划工况,充分考虑建筑废弃物的资源化处置设施,在本项目南北区雨棚边道路两侧设置不同功能的建筑垃圾分类存放区(见图3.11)。此项措施达到了节能环保的要求,起到了良好的示范作用,为北京市同类项目实施提供了借鉴意义。

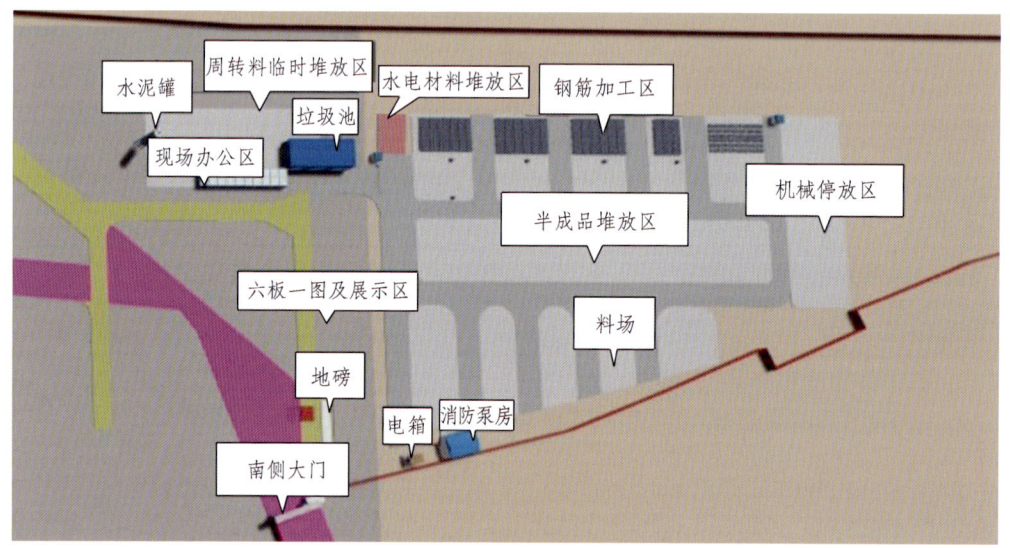

图3.11 建筑材料、垃圾分类

(3)北京朝阳站BIM细部设计作品集。

根据项目实施,基于技术工艺,施工工序总结提炼BIM成果作品集(见图3.12),将成熟实施成果应用推广。

据了解,很多设计师还是不认同通过BIM直接出蓝图,出节点大样。因此可通过实际项目做出具体成果,总结提炼站房细节工艺做法,化解使用者的疑虑,将BIM深化设计功能推广应用。

(4)BIM+GIS+一体化应用。

创新采用BIM+GIS综合应用,通过整合BIM技术、GIS信息以及倾斜摄影实景模型(见图3.13),进行拆迁规划、施工道路布置、场地布置策划等应用,有效解决了前期施工场地的策划及征拆工作难点,达到了优化场地布局、加快土地移交以及确保工期的目的。

图 3.12 BIM 成果作品集

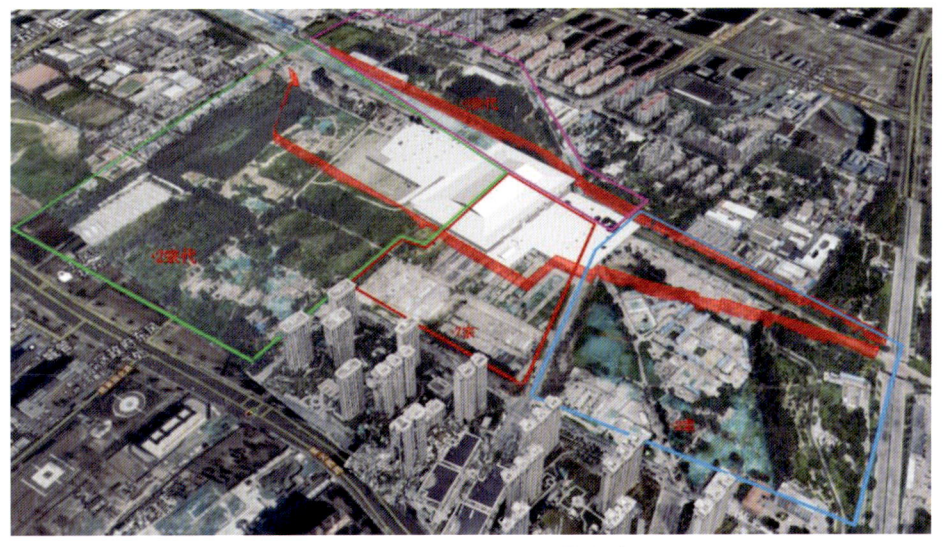

图 3.13 BIM + GIS + 一体化应用

BIM 结合无人机倾斜摄影建模技术,将既有建筑与拟建建筑完整结合。通过结合 BIM + GIS 的虚拟建造,切实减少施工中可能出现的问题,可以在轨道交通类项目、大型住宅、公共建筑、文物保护等项目实施中推广应用。

(5)可视化站房结构、轨道监测技术。

北京朝阳站项目部搭建了基于 BIM 的可视化健康监控系统(见图 3.14),对承轨层结构、屋面钢结构进行健康监测,通过预埋安装钢筋计、加速度传感器等末端设备采集信息,最终数据回传到健康监测平台,当数值波动超过预设报警值时将发出警报。铁路线路位置安装 24 个静力式水准仪,对现场基坑以及通车后承轨层结构的变化情况进行自动化、可视化监测,在承轨层预先埋设传感器,监测数据通过 4G 网络传输至云平台,并在模型室大屏进行可视化综合展示,对承轨层受力变形情况进行实时的可视化监测。

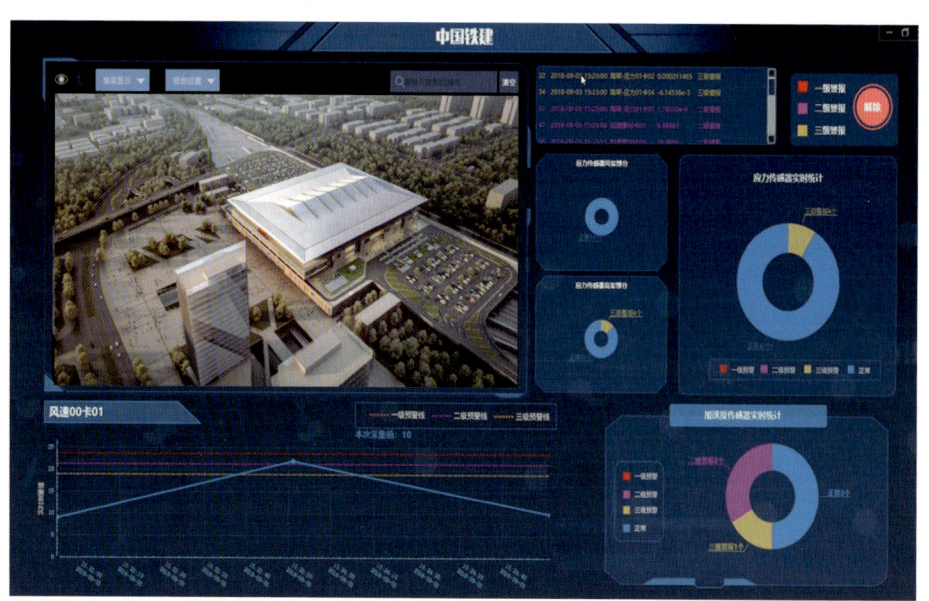

图 3.14 可视化站房结构、轨道监测

目前,大部分的健康监测系统都是基于二维表达,监测点位空间关系不明,通过平台测量定位难以实现,监测点位联动关系响应不及时,表现也不能满足需求。基于 BIM 的可视化健康监测系统经过柳州站、北京朝阳站两个大型项目的应用,硬件选型打磨、安装技术逐渐成熟,平台接口和数据联动进一步完善,可以在同类项目中得到推广,并为北京市 BIM 的广泛应用产生极大的推动作用。

(6)BIM 技术在基坑开挖与支护、土方运输、火车运土方面的应用。

采用 BIM 技术对土方开挖、降水及基坑支护进行施工模拟、节点深化,确定土方施工最优方案（见图3.15）。同时，采用物联网、大数据技术，对每日出土量以及周边交通情况进行实时追踪与分析，结合项目具体情况创新提出火车运土方案，并进行方案三维模拟，缓解了项目土方施工的巨大压力，大幅缩减工程工期，提前15天完成了一期既有线拨线工程节点。

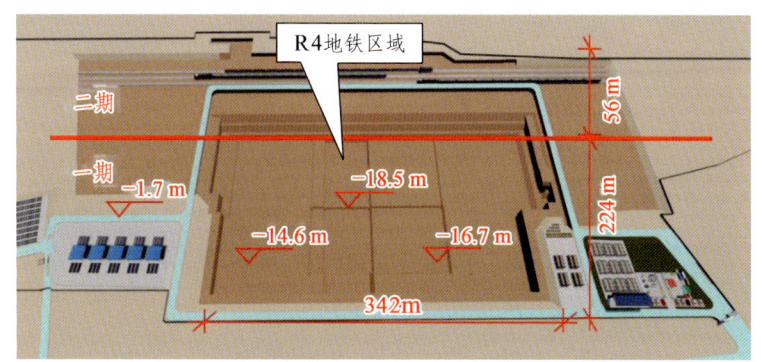

图3.15　土方施工方案模拟

（7）技术质量管理智能专家系统。

基于人工智能技术研发具备一定技术质量管理能力的智能专家。目前，已经完成样机制作，同时相关专利已经申报完成。

3.5　BIM应用成效

通过BIM及信息化技术在该工程中的全面应用，经济效益、社会效益以及环保效益等都得到了提升。

1. 经济效益

在施工前期，通过对项目精细化地建模，进行三维图纸会审和优化设计，消除变更。通过合理优化场地布置方案，进行可视化交底、施工方案论证等，保证项目施工进度，提升施工质量。在施工过程中，通过自主研发的"156智慧建造管理平台"进行项目各方的协同管理，重点对进度、质量、安全等方面进行管控，保证项目完全按计划实施的同时，通过平台对数据进行汇集，为运维提供基础（见表3.2）。

表 3.2　经济效益分析表　　　　　　　　　　　　单位：万元

序号	项目	内容	节省金额
1	图纸审查	建立全专业 BIM，发现各专业图纸问题，并提交问题报告，减少图纸变更	246
2	机电管线综合	提前对机电管线进行排布和优化，避免不合理现象，减少返工	305
3	深化设计	对复杂节点进行模型建立和深化设计，节约人工、材料和时间成本，保证质量	556
4	施工场地规划	对不同阶段场地布置进行方案优化调整，使场地布局合理，减少临设、塔吊迁移、材料二次倒运等费用产生	186
5	模板算量应用	利用三维模板设计软件，计算模板总量，出模板拼装图，有效减少材料浪费	76
6	可视化施工交底	利用三维模型、全景图、视频等形式进行交底，模拟现场施工，提高施工效率	46
7	北京朝阳站 156 智慧建造管理平台	BIM＋GIS＋物联网与平台应用结合，加强对项目进度、劳务、物料、质量、安全、机械设备等方面的管理，实现降本增效	324

2．社会效益

本工程通过 BIM 及信息化技术的应用，在智能建造管理平台、可视化健康监测以及 VR 虚拟仿真等创新性应用中，加强了项目 BIM 技术应用的深度和广度，为 BIM 技术在建筑行业的推广起到积极和深远的作用。北京朝阳站 BIM 及信息化技术的应用受到业主单位的一致好评，北京朝阳站从项目进场至完工，共接受检查、观摩数十次，累计接待人员 2800 余人次。国铁集团副总经理在参观北京朝阳站项目后对北京朝阳站的 BIM 及信息化建设给予高度肯定（见图 3.16）。

图 3.16　领导参观北京朝阳站的 BIM 及信息化建设情况

3. 环保效益

本工程通过 BIM 及信息化技术的应用，合理规划场地布置，水平运输线路合理，减少材料二次倒运，减少能源消耗，并且对现场进行噪声、扬尘监测，使用自动喷淋系统，最终实现绿色施工的目的。

第 4 章
智能劳务管理

4.1 劳务管理的意义

工人在施工中占主体地位，如何对其进行合理、有效地管理一直是建筑行业的热点研究问题。2019年2月28日，住房和城乡建设部、人力资源社会保障部联合下发《建筑工人实名制管理办法（试行）的通知》（建市〔2019〕18号），并于3月1日正式实施，为贯彻推进落实劳务实名制管理指明了方向。

由于大型建造工地的实名注册工人有万余人，进出场往往较为集中，单纯依靠信息化手段进行劳务管理无法应对大型智慧建造工程的需求，亟待一种借助前沿技术进行劳务管理的方案。智能劳务管理是"156智慧建造管理平台"中有关"人"的管理，在整个系统中占有重要的地位。该模块主要通过工人身份信息实名制登记注册，在线安全教育培训考核，配合人脸识别考勤入场等功能，并结合工人定位信息，真实、准确地掌握施工现场人员的实际情况，建立人员信息管理体系，制定统一的人员信息管理规则，保障企业基础数据的准确性，实现劳务人员数据的动态管理；实时自动记录集团公司、分公司、项目部各工种劳务人员的在册人数、在场人数、工人出勤率和月实际用工数，并统计分析各工种的比例、工人年龄分布及男女占比情况等，实现对劳务队和班组的分级管理，剔除进入"黑名单"的不良人员和班组，优化集团公司的劳务资源；同时对项目部劳务计划的准确性、工种匹配的合理性进行验证，以提高项目管理人员的工作能力。

在人脸识别考勤之前，常见的考勤打卡方式主要是射频卡考勤以及指纹考勤两种。但是，射频卡和指纹考勤都面临着被"冒充"，即打卡者是否是本人的问题。射频卡可以将卡交由其他人进行打卡代替；而指纹考勤虽然没有射频卡那样容易作弊，但是随着"指纹膜"代替考勤的技术日益"成熟"，指纹考勤模式的代人打卡现象也无法避免。

随着面部识别技术的发展，代打卡的问题又一次得到了解决。活体识别技术的发展使得用照片代打卡变得更加不可能。人脸识别技术能够替代射频卡和指纹等模式，最大的原因就是这种模式在当前环境下，能有效地杜绝代打卡现象的发生，能真正做到本人打卡，规范企业考勤管理，数据真实有效。人脸识别考勤还有其他优势。例如，相比指纹模式，一般工地现场的工人是从事繁重体力的劳动者，这样相当一部分工人的指纹信息不全，影响考勤质量。而人脸识别只要工人在摄像头前稍作停留，即可完成考勤，识别速度快，而且准确率高。人脸识别考勤模式，是不需要接触考勤设备就可完成的。这样，减少了细菌或病毒的传染途径，让工人没有不安感，尤其是在疫情期间，此种方式更加安全有效。

平台中智能劳务管理主要借助进出场的人脸识别技术以及工人定位技术对工人进行实名制管理，如图 4.1 所示。利用人脸识别技术对工人身份进行辨别，如场区的出入口管理、关键岗位人员的考勤管理。采用定位技术对工人的位置进行监控，可为管理人员提供现代化的技术管理手段，从而提升工作效率，有助于减少人员伤亡率。考虑到安全原因，贯彻执行"宽进严出"的策略，进场要求每个工人通过闸机，出场考虑工人集中外出，采用群体识别技术，对人脸信息进行集体扫描。

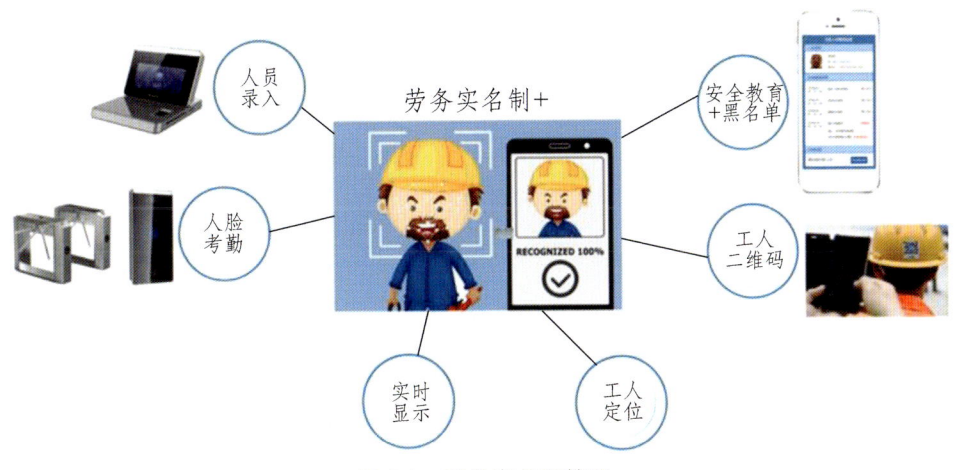

图 4.1 劳务实名制管理

4.2 基于人脸识别技术的劳务管理手段

4.2.1 人脸识别技术简介

人脸识别是基于人的脸部特征信息进行身份识别的一种生物识别技术，其在安防、反恐、安监等行业应用广泛。应用时主要通过摄像机采集含有人脸的图像或视频流，并自动在图像中检测和跟踪人脸，进而对检测到的人脸进行脸部核对分析，包括人脸图像采集、人脸定位、人脸识别预处理、记忆存储和比对辨识，达到识别不同人身份的目的。

随着我国科技与物联网的发展，经过这么多年的研发，人脸识别技术已经取得了重大突破，很多经典算法和人脸库相继出现。随着人脸识别技术的不断成熟，它所渗透的领域也越来越广。近年来，利用人脸识别技术对施工现场人员进行实名制管理成为智慧建造的常用手段。钟锦泉等人[6]介绍了人脸识别技术在工地出入口管理、关键岗位人员考勤管理及特殊岗位人员管理方面的应用。丁小虎等人[7]提出了基于人脸识别技术的数字工地智慧安监平台IT解决方案，解决了人帽合一管理、闸机管理、考勤管理和塔吊识别管理。龚结龙等人[8]对基于人脸识别的施工升降机安全监测系统进行了详细设计。殷允辉等人[9]以雄安市民服务中心项目为例，探索了实名制管理、人脸识别、人员实时定位、工资线上支付、移动管理端等在施工现场的多维度劳务管理的新思路和新方法。宁岩等人[10]利用视频中的人脸识别算法对出入门管理方法进行了阐述。

可以看出，大部分已有文献仅仅总结了人脸识别技术在156智慧建造管理平台的应用范畴，没有对应用中可能遇到的困难进行详细阐述。尤其是对于大型基建工程的人员管理问题来说，工人数量庞大（以北京朝阳站项目为例，工人总数超过13 000人）、工人构成复杂、工人进出场时间集中、管理人员有限，对人脸识别的速度和精度提出了新的挑战，如何更好地应用人脸识别技术是亟待研究和解决的热点问题。

4.2.2 人脸识别技术在大型建造项目中的应用挑战

人脸识别由于其具有的自然性、不被察觉性、非接触性和唯一性，有着其他刷卡机、指纹机不可比拟的优势。然而，由于建造工地人员数量庞大、环境复杂、人员穿戴样式多变等外部因素，为人脸识别技术在大型建造项目中的应用带来了诸多挑战：

（1）大型建造工地的实名注册工人有万余人，进出场往往较为集中，采集特征和在数据库中进行比对的过程都很耗时，大型施工现场数量庞大的待识别人员对识别效率提出更高要求。

（2）建造工地中，用于人脸识别的视频采集机器多安放在室外，室外环境更加复杂，可能受到阴天光照不足、逆光时的曝光过度等光线不稳定因素影响，为人脸识别技术的实际应用带来挑战。

（3）工人在出入工地时，往往佩戴安全帽，也有可能出现脸部被口罩或灰尘遮挡的现象，这为人脸识别的验证过程带来了一定挑战。

4.2.3 人脸识别算法模型及解决方案

人脸识别系统在156智慧建造管理平台中的应用部署主要由两部分构成，即人脸识别设备和156智慧建造管理平台。先用设备录入施工现场所有实名制人员的"人脸基础库"，再利用网络把从人脸识别设备中采集到的人脸特征数据传输到智能云平台。平台将获取的数据与基础库中的信息进行匹配，通过与智能建造云平台中不同应用相关联，从而实现各种应用场景的智能化比对。针对不同的应用场景采用不同的智能硬件设备，如人脸识别机、门禁刷脸机、双屏客户终端机、智能摄像头等。通过以上智能硬件的场景化应用，实现对工地全范围的人脸统一识别应用，满足对人员鉴别的全面化应用和信息管理。

本平台采用了最新的Face Image + V4人脸识别算法，并配合强大的ARM处理器（32位元精简指令集处理器），实现脱机使用，系统工作稳定。Face Image + V4沿用了虹膜识别融合特性以及对佩戴眼镜识别影响小的优良表现，增加了双模式人脸特征识别特性，使一次识别命中率大大提高，极大地降低了误识率，使得总体识别速度有较大的提升，能够在普通照片中提取人脸特征值，加快了比对查询速度，单台计算机对比速度为每秒5万~300万张。支持全局人脸识别和分部人脸部件的人脸识别，例如，降低女性的头发、化妆等变化对识别率的影响，引入了光照算法处理，对光线变化具有更强的适应性。ARM处理器具有体积小、功耗低、成本低、性能高等特点，支持Thumb（16位）/ARM（32位）双指令集，能很好地兼容8位/16位器件。大量使用寄存器，数据处理指令只对寄存器进行操作，只有加载或存储指令可以访问存储器，从而提高了指令的执行效率。除此以外，ARM体系结构还采用了一些特殊技术，在保证高性能的前提下尽量缩小芯片的面积，并降低功耗。同时，通过专利设计的"多光源人脸识别"技术与高性能、低功耗ARM处理器的完美结合，分析人脸特征作为身份识别的依据，提供准确的考勤记录，取代市场上的指纹、打卡考勤机。人脸机采用RS 485输出接口在显示器和主控之间进行通信。

人脸识别信息的采集及智能比对，运用了人工智能算法。在录入阶段记录人脸多角度特征数据，包含正面、侧面、仰角、俯角 4 个角度的基础图像采集，并根据人脸特征，将全局、人眼、鼻子、嘴部等特征分别形成模型，同时按照描点特征数据进行分析记录，存储特征子空间信息、融合特点数据、全脸样本数据。在对工人信息进行识别时，人脸角度是影响识别成功率的重要因素之一。有实验数据表明，当人脸的旋转角度超过 30° 时，识别率只有 50% 左右。所以在录入人脸数据时，尽量要控制人脸的角度，并且在符合角度的前提下，采集人脸多角度的特征数据。人脸定位算法需要选取若干个面部特征点，点越多越精细，但同时计算量也越大。兼顾精确度和效率，选用眉毛、眼睛、鼻子、嘴部、脸部轮廓等特征分别形成分类子模型，提取各自特征点的信息进行分析记录数据，存储特征子空间信息、融合特点数据、全脸样本数据等。在对工人信息进行识别时，采取抓拍多张、不同角度的方式，按照人脸特征进行分区比对，再通过融合算法计算特征匹配。通过特征匹配度模型计算的结果来分析是否为同一个人。其中，照片模糊度、人脸完整度等参数对识别率影响较大，可通过调整修改这些参数配置来提高人脸的识别效率和成功率。一般照片模糊度要小于 0.7（取值范围 0～1，0 为最清晰，1 为最模糊），人脸完整度一般设置为 1（取值为 0 或 1，0 为人脸溢出图像边界，1 为人脸都在图像边界内）。具体的算法模型如图 4.2 所示。

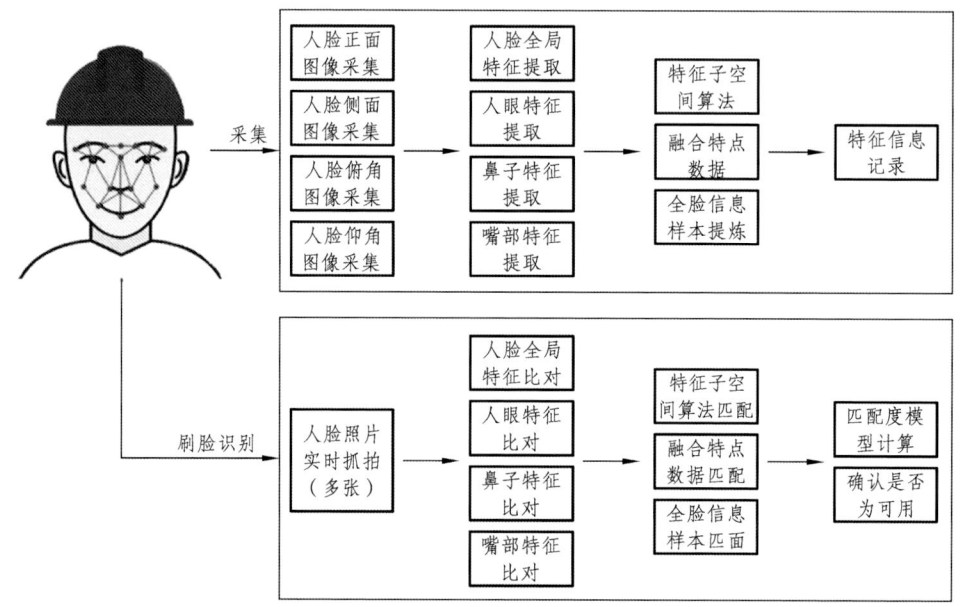

图 4.2　人脸识别算法模型

4.2.4 人脸信息采集技术方案

人脸识别比对准确的关键环节之一在于对原始人脸信息的精准采集。为了能够应对建造工地的复杂应用环境，"人脸基础库"中的脸部特征要确保足够清晰、角度覆盖全面。

在设备应用和算法调试过程中发现，人脸特征识别的基础包括图片尺寸必须大于 100 px × 100 px，双眼中心之间的像素点大于 60。人脸采集质量的重要参数，概括起来主要包括：遮挡、模糊度、光照、完整性等。其中，遮挡是指人脸各部位的遮挡比例，人脸中各个部位的遮挡程度判断，区域可以分为左眼、右眼、鼻子、左脸颊、右脸颊、嘴巴、下巴（通常某一个或者多个区域遮挡面积过大，会影响最终的识别效果）。模糊度指人脸的清晰程度，一般要求有一定的清晰度才能符合采集标准。光照指人脸的光照强度，人脸部分光照的灰度值，反映脸部的光照情况，人脸过暗对识别会有显著影响，所以通常在所有质量校验中，要优先保持人脸的光照充足。完整性指图片中的人脸是否完整。

实际采集过程中，也会将姿态作为一个重要的控制指标，姿态即人脸在三维空间的角度分布。人脸角度限定水平偏转 30° 以内，俯仰偏转 30° 以内，旋转偏转 30° 以内。图片大小建议几十到几百 kB 之间为宜，但也不能太大，超过 1 MB 就会影响入库和识别的速度。

除软件外，硬件也是影响人脸采集质量的重要因素。例如，曝光度、ISO（感光度）、光圈、快门等参数，以及相机和镜头的质量等都决定了原始照片的质量。

针对人脸照片识别准确测试研究，发现不同的识别算法和设备对人脸识别的准确率不同。其中算法的采样结果如下：

厂商：商汤。设备型号：SensePass。原始照片标准：图片分辨率建议不小于 640×480。通过率：不小于 99%。检测速度：小于 0.3 s。

厂商：旷视。设备型号：MegEye-W3K-45S。原始照片标准：图片分辨率建议不小于 640×480。通过率：不小于 99.5%。检测速度：小于 0.5 s。

厂商：百度。设备型号：RK3288。原始照片标准：图片分辨率建议不小于 640×480。通过率：不小于 99%。检测速度：小于 0.3 s。

厂商：海康。设备型号：DS-K1T6Q-F70M。原始照片标准：图片分辨率建议不小于 640×480。通过率：不小于 99%。检测速度：小于 0.3 s。

4.2.5 群体人脸识别技术方案

人脸识别比对准确的另一个关键环节在于识别过程中的采集质量。由于工人在出入工地时，往往佩戴安全帽，也有可能出现脸部被口罩或灰尘遮挡的现象，对人脸采集和识别有一定的影响。针对此部分功能，采取对用户是否佩戴安全帽或口罩这一属性进行判断和分类。对佩戴安全帽或口罩此类情况下的人脸识别，用户不需要摘掉安全帽或口罩，就可以完成人脸检测、特征抽取和比对，从而实现身份验证。

在上下班高峰期，通过群体识别可实现大批量工人快速出场。摄像头实时获取工人动态视频画面，随后程序开始对视频提取单帧图片（1 s 内可提取数张）。将程序选取的图片进行处理，对图片进行人脸检测并截取人脸，保存为矩形形状，将截取的人脸每 10 个为一组进行拼接，再将拼接后的新图像发送到人脸识别服务器进行处理，这样图片比之前单张处理要小很多，降低了网络传输量，提高了识别效率。接着，由服务器完成对人脸的识别比对工作，满足相似度要求就记录考勤信息。若服务器识别的人数未达到图片上的人脸数的 90%，则重新提取视频中的图片，再重复进行拼接和识别步骤。最终由系统完成考勤数据的合并计算。

另外，因现场环境条件，在视频图像采集和识别过程中，设备可能处于逆光状态，需要采取对逆光状态进行识别，以及采用合理的避光手段、识别设备补光、合理调整设备角度等措施。例如，闸机方面，摄像头往往置于机器顶部，应尽量避免对着强光源，如室内外大灯、阳光直射处等。根据布设的高度，摄像头可调整为向上仰成一定的角度，为了避免与光源正对，可以在水平面有一定旋转角，一般低于成人平均身高，行人路过时，只需微微低头俯视闸机上的摄像头/屏幕即可。避免因摆放不当，导致采集到的人脸俯仰角度过大，而影响采集速度和效果。门禁方面，摄像头应当置于成人身高平视高度，一般安置在门框侧面，如果行人朝向正门，侧面对视摄像头，避免造成采集的人脸水平角度过大的同时，也要注意动作不要太大。

如果采集设备安装位置是室外架杆顶端，架设角度尽可能保持与水平面的夹角较小，即垂直向下倾斜一定角度，水平方向有一定的拍摄广度。一般俯仰和水平角度变化范围较大，所以采集到的人脸往往存在大量的俯角过大以及侧脸等问题，导致识别效果不佳。这种情况下，一般采取调整摄像头角度（摄像头与水平面夹角减小）、调整最小检测人脸（在行人靠近摄像头时尽可能早些检测到人脸)、增加摄像头数量(不同角度互相补充,避免采集死角),在项目实际实施过程中,需要通过实地考察,基于现场环境一点点调整摄像头角度,来达到理想的采集位置和角度。

通过上述方法对现场环境的识别设备进行符合实际情况的调整,大大加快了采集速度和质量。采用的最新人脸识别算法,零点几秒即可完成人脸的识别比对。经测试,每名工人通过人脸识别设备的识别和通行时间平均在 1~2 s,基本上以平时走路的速度即可完成。

4.2.6 基于人脸识别的劳务管理应用场景

利用互联网、云技术,实现智能建造系统云端部署,各场景分布应用,将物理上各自独立的管控单元实现信息化整合,实现"人脸信息库"共享,并将现场劳务业务数据实时整合,为企业及项目部劳务风险控制提供应用支撑。通过信息化系统与智能硬件设备的结合,实现对工人实名登记、及时记录并掌握工人安全教育情况,实时统计现场劳务用工情况,分析劳务工种配置,监控人员流动情况,监管工资发放,为企业及项目部保障生产提供数据决策依据。帮助建筑行业实现智能信息化管理,保障建设工程质量安全的目标。人脸识别技术在大型智慧建造项目中的应用场景主要有以下几类。

1. 日常考勤

有现场工作人员,每日进入工区作业前,在大门、生活区门口、关键通道部位,通过刷脸识别进场。通过该方式,可以自动记录各分包劳务队工人的进出场频次、作业时间、工种,采集出勤数据后,根据队伍、班组、个人姓名等关键字检索统计当月作业人员的出勤信息。考勤记录功能的应用,在帮助企业降低成本、规避风险、提高管理效率的同时,确保劳资双方合法权益,从而有效规避劳务纠纷,使项目综合管理水平迈上新台阶。

2. 门禁权限控制

对办公区的主要大门,安装人脸识别门禁主机,通过人脸识别,确定人员身份和权限后,方可进入办公区域,方便严格管控人员进出,并对人员进出记录形成全面的记载,确保了项目部的访问安全。图 4.3 所示是标准施工门区,现场施工区独立可封闭,设置唯一工人通道,用于人员进出,设置快速通行小门,用于小推车和特殊人员使用。

图 4.3　安装人脸识别闸机的实名制通道

施工区现场由于情况复杂，需要设置多个工人通道，选择 1 个门区作为监控室，局域网连接 2 个或多个门区，共同管理进出。工人通行自由，考勤及影像资料均完整保存，适用于用工量较多的项目。由于项目有多个地块，为了对其独立管理，控制工人进出权限，进 A 区的工人不能进 B 区，管理人员可进出所有区域。分别按标准方案部署 2 个独立施工区域，集成统一管理，分区进行工人卡授权（工人卡用颜色区分 2 个区域的权限），严格管理通行权限。

此外，项目划分有施工区、办公区、生活区等多个区域，需对不同功能的区域做不同程度的管理，例如，控制工人不能进入办公区，生活区只统计人数（不考勤），后勤人员不能进入施工区等。参照"多个独立施工区"方案，在每个区域建设通道，设置门禁设备，按不同人员和区域授权，实现多种管理。

3. 不安全行为防控

通过摄像头画面的主动识别，以及对隐患照片的人像识别，分辨现场各类不安全行为的人员信息，匹配相关人员，并形成不安全行为记录库，随时监督各分包队伍的工人安全行为，为施工人员遵规守律提供重要的技术支撑。

4. 日常教育培训

项目中的各类培训是必不可少的，其中，安全培训教育的效果直接影响现场安全管理，因此需要保证每个人都能参加到培训中，并且真正达到培训效果，使每个现场施工人员都能认识到安全和掌握安全施工技能的重要性。通过手机 App 进行刷脸，对被教育对象的人脸识别，可以快速地记录参加教育培训的人员信息，方便管理人员对教育情况的真实记录。

5. 特种作业操作员匹配

对于升降机、塔吊等特种作业设备，其操作员必须是指定的具备相应技术操作资格的技术工人，因此，通过人脸识别联动，辨别操作员身份，可以确保危险性作业设备的使用安全。

6. 旁站监督

对于重要的危险作业，要求指定人员必须到场进行旁站监督，而如何监管人员是否准时到位，则是一项管理难题，通过手机GPS（全球定位系统）定位，辅助人脸识别功能，确保指定安全监督人员及技术指导人员都能真实到场，有效地杜绝了危险情况的发生。

7. 生活服务

通过"一脸通"系统，实现工人食堂刷脸就餐、超市刷脸消费，方便工人的日常生活，并提高付费的安全性，整体提升了工地现场的服务保障水平。

4.3　基于复合定位技术的劳务管理手段

4.3.1　常见定位技术

定位技术目前比较常用的是红外线感应、无线局域网、RFID（射频识别技术）、Bluetooth（蓝牙）、Global Positioning System（GPS）、Ultra-Wideband（UWB，超宽带）、ZigBee（紫蜂）等。

红外线感应定位系统通过红外线通信实现定位，其特点是定位精度高、功耗低、体积小。所有目标发射出的信号必须经过集中处理后才能返回结果，且系统工作时需要多个基站和以太网线的支持，导致系统布置困难、定位过程复杂、延迟时间长、成本高。

无线局域网定位系统以无线方式连接各种终端设备组网实现目标定位，系统定位精度高、底层硬件相同、基站少、成本低。但系统的通信半径小，抗电磁干扰能力差，功耗大，适用于小范围定位。

RFID定位是一种利用无线电射频信号进行通信的非接触式自动识别技术，通过射频信号自动识别目标对象并获取相关数据。一般RFID硬件系统由标签、解读器、天线三个基本要素构成，其工作原理为：标签进入磁场后，接收解读器发出的射频信号，凭借感应电流所获得的能量发送出存储在芯片中的产品信息的无源标签或被动标签，或者主动发送某一频率的信号有源标签或主动标签。解读器读取信息并解码后,送至中央信息系统进行有关数据处理。RFID定位技术具有低能耗、非视距读取、无接触、抗干扰能力强、传输距离远、环境适应性强等优势,使用范围较为广泛。

蓝牙技术是一项通用定位技术,它具有功耗低、抗干扰强的优点,成本适中,并且与手机等有较好的适配性。蓝牙定位主要由定位标签和定位基站组装,定位标签定时发送广播数据,定位基站不断扫描广播数据,并得到RSSI(接收信号强度指示器)值,通过RSSI值计算出定位标签的位置,基站将定位信息通过4G网络上传到平台进行显示。

GPS定位技术的基本原理是根据高速运动的卫星瞬间位置作为已知的起算数据,采用空间距离后方交会的方法,确定待测点的位置。这种定位方式要求待测点必须在卫星可观测范围内,故其虽然定位精度很高,但是也受到自身定位原理及适用范围限制,只能应用于室外环境下GPS信号源强的地方。

UWB即超带宽技术,已经被广泛应用于短距离高速无线传输工作中,它虽然具有系统结构简单、传输速度高、功耗低、安全性高、多径分辨能力强、定位精确等多种优点,但由于其采用超声波技术,最远能传输到30 m的通信距离,所以其比较适合近距离定位,如无线电视、高速网关方面的应用。

ZigBee技术具有自组网、抗干扰、适用范围广的优势,但在实际应用中,其最大的缺点是价格相对昂贵,这一点限制了很多实际环境的使用。其次是其协议占用带宽量对信道带宽要求较高,而不能满足其条件的话,就会直接影响通信距离和环境适应性,虽然可通过提高发射功率满足上述要求,但是这样又增加了能耗,从而提升了使用成本。

可以看出,单一的定位技术均有其优势和缺陷,若将它们直接应用到156智慧建造管理云平台中,会给劳务管理带来一定问题,从而降低施工效率。因此,采用复合定位技术进行施工现场的劳务管理是一种必然趋势。

4.3.2 GPS和蓝牙技术相结合的复合定位方案

施工现场有其特殊性,比如,使用范围广、在场人员多、工作区域有限定要求、同时具备室内环境和室外环境、受项目管理成本控制等条件约束,同时各种定位技术也拥有其自身的特点及使用范围,所以导致很多定位方法在实际环境中都受到使用限制。

例如,红外线感应考虑到使用范围和人数,成本难以控制;无线局域网不适合范围大的使用环境；GPS 难以满足室内信号弱的环境；UWB 考虑到成本不适于施工现场环境；ZigBee、RFID、蓝牙等技术从理论上都可满足现场环境，但是都需要搭建各自系统的基站，以满足数据的采集和传输。在满足使用的前提下，首先考虑搭建系统的费用，其次还要考虑安全性、穿透性和抗干扰性等因素。

经过实际环境测试，ZigBee 效果较好，但是成本较高，超过预算范围。RFID 虽然成本较低，但是在施工现场的效果要弱于蓝牙。蓝牙是比较适中的选择，但是其定位精确度要低一些。经过研究分析，目前一般智能手机都具备 GPS 模块，如果利用 App 调用手机中的 GPS 模块，会极大地降低系统硬件环境的搭建费用。GPS 定位的精确度较高，只是受到室内环境信号弱的限制，而蓝牙正好可以弥补 GPS 无法满足室内定位的缺陷。所以最终采用了 GPS 与蓝牙定位技术相结合的方式，既满足现场人员定位管理需要，同时也降低了管理成本。

具体采用的方案如图 4.4 所示，通过在现场内安装一定数量的定位基站，使基站信号覆盖整个需要定位的区域，由工人佩戴定位标签的安全帽，以及携带安装 App 的手机设备进入现场，由定位基站或从 App 中采集定位信息，通过互联网将相关信息传输到服务器。其中，App 通过手机的 GPS 模块实时获取到位置信息，通过手机联网将定位信息上传到服务器。

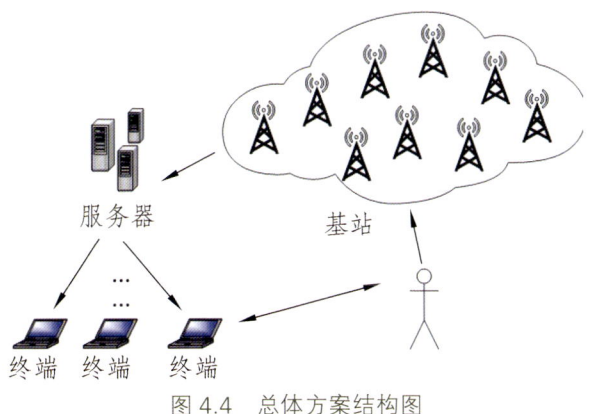

图 4.4　总体方案结构图

采用 GPS 技术进行定位，其信号时强时弱，给定位信息的采集带来了一定挑战。当 GPS 信号弱的时候，为解决定位数据缺失问题，主要使用定位标签获取定位信息，定位标签负责定时发送广播数据，定位基站不断扫描广播数据，并将接收到的数据通过计算，得到具体位置信息，再将定位信息通过 4G 上传到服务器。

现场部署如图 4.5 所示，可以看出，采用 GPS 与蓝牙技术相结合的方式，能够充分利用 GPS 的高精度及蓝牙的高稳定性。

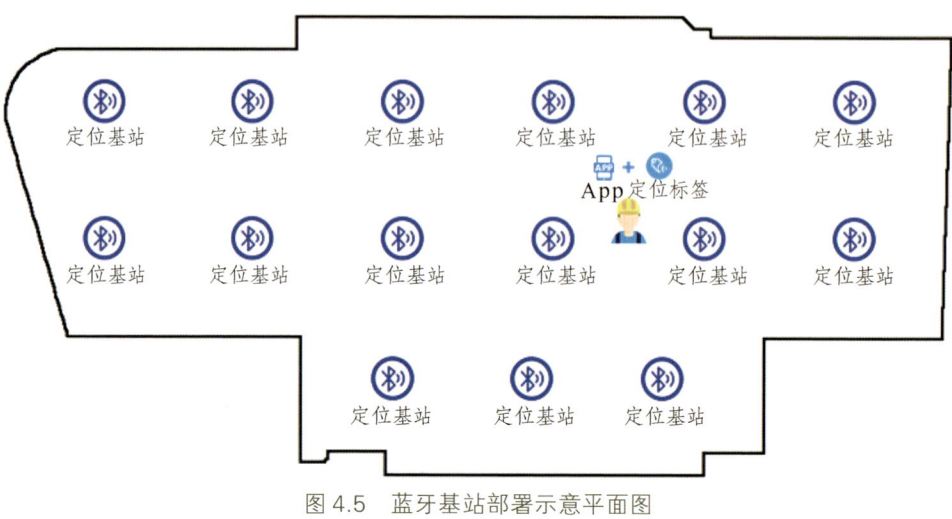

图 4.5　蓝牙基站部署示意平面图

4.3.3　基于复合定位的劳务管理应用场景

在项目实际环境应用中，基于复合定位的劳务管理的具体应用场景主要包括：工人的实时定位、历史轨迹查询、电子围栏设置、考勤管理、数据统计分析等功能。

1. 实时定位管理

工人使用手机下载安装 App，通过手机登录后，按照帮助进行操作。录入自己的信息（例如：姓名、身份证信息、照片）后，自动启动定位。启动定位之后，手机每 30 min 记录一次定位位置，在上班期间，这个定位就会形成员工一天的行动轨迹。

可在后台查看施工人员实时位置分布情况、工人总数量、各个工区内具体有哪些人员及实时轨迹动态等。可查询一个或多个人员现在的实际位置，并查看某个人员的详细信息，也可通过平面地图查看整个现场内各个区域中工人数量的分布情况，能及时了解施工现场状态，掌握当日实际工作的内容和区域，同时与项目进度计划进行比对，杜绝人为因素造成的工作偏差，对项目现场施工工作的日常进展情况进行掌控。图 4.6 所示是实景中定位的模拟图，工人携带定位卡，通过与基站的通信将其定位，该位置信息通过网络上传至平台中心。

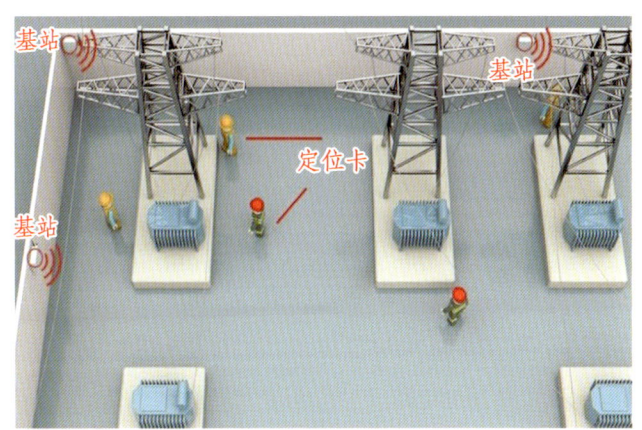

图 4.6　定位实景模拟

2. 历史轨迹查询

在后台可在任一时间点查询并显示某个地点的人数、分布情况及工人身份信息,也能查看工人最近几日的轨迹,这样不仅可以实时了解各工区工人的分布情况,还能够防止工人私自串岗情况的发生。此外,还可查看施工现场相关人员的历史活动轨迹,直接输入人员姓名后可查看其历史活动情况,并查看该名工人在某个地点的到达或离开时间记录,以及停留在某个地点时工作时间长度等一系列信息。

根据历史记录信息,可以监督和落实巡更或检查人员是否亲自按时到达指定地点进行实地查看或执行检查工作,进行各项数据的检测;管理人员能够及时掌握相关信息,加强工作监督管理,提高工作效率,从而尽量降低相关事故发生的概率,提高施工效率。

3. 电子围栏设置

通过电子围栏设置功能可以将任意区域设置为电子围栏区域,未经授权的人进入就会触发报警提醒,并显示进入禁区的人数及身份信息。可以设置危险禁区或重要区域,根据人员进行单独或群体授权管理。对于危险禁区,禁止所有人员进入,当发现有人员靠近或进入该区域,系统第一时间进行报警,提醒该人员停止靠近或立即离开,由管理人员进行驱逐确认工作,人员离开后报警解除。对于重要区域,授权指定人群可以进入,当非指定人员进入时,与危险禁区一样进行报警。如果是有权限人员进入时,也可设定对该人员和管理人员进行提醒,提高警惕和安全意识,保障人员和区域安全,防止意外发生。同时还可以设置滞留预警,一旦人员在某个区域停留时间过长,系统则预警提醒该名人员和管理人员注意要及时离开该区域。

4. 考勤管理

通过定位方式,也可对出入施工现场的工人进行统计,实现项目施工人员的智能化考勤。可以将任意区域设置为考勤区域,实现非接触式考勤管理。考勤记录功能,可实时监控工人进出场频次、作业时间、工种,记录到达和离开时间,统计工作时长,根据管理人员需要,对考勤数据进行查询,建立各类考勤报表,如出勤日报表、出勤月报表、加班报表、旷工报表等。图 4.7 所示为某天的出勤情况统计,上部分给出了近 5 日工人出勤人数的线图,下部分分别给出了不同工种(砌筑工、电气设备安装调试工、杂工、管道工等)近 3 天的出勤人数折线图。

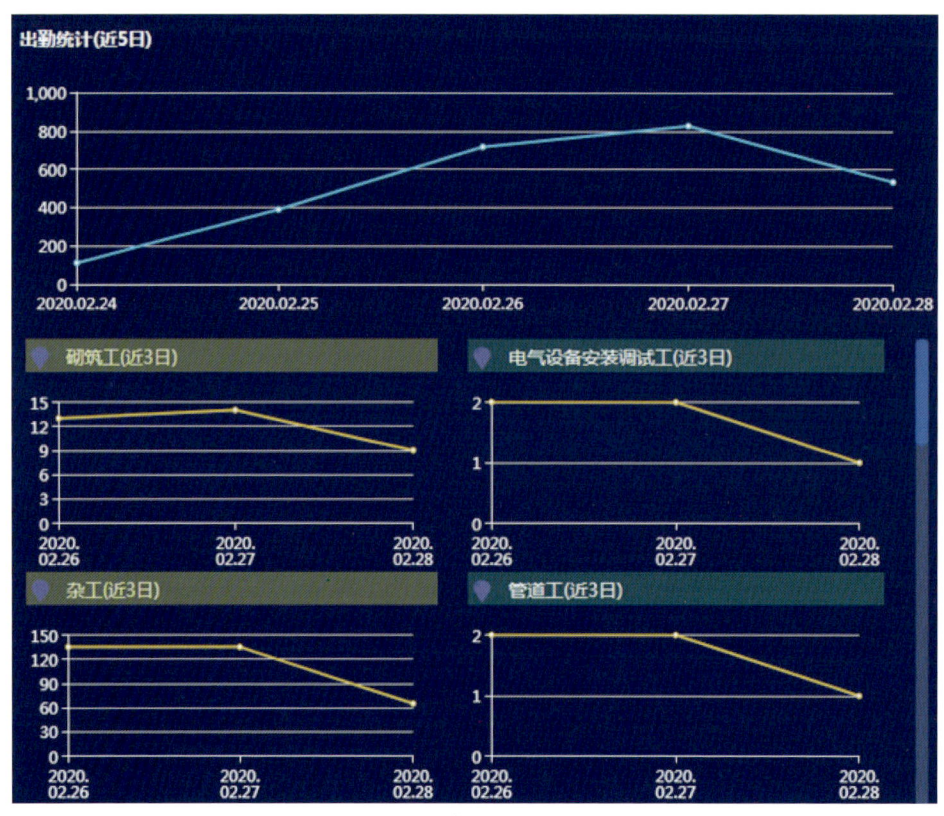

图 4.7　出勤统计示例

此外,采集出勤数据后,根据队伍、班组、个人姓名等关键字检索统计当日、当月或者某一时间段作业人员的出勤信息。考勤记录功能的应用,一是为恶意讨薪提供查询依据,降低企业风险；二是可监控各队伍及班组实际出勤人数，为生产计划安排、工种配比、劳动效率分析、工人成本分析提供依据。另外，还能够追溯计划的准确性，及时根据施工组织设计纠正人员偏差，确保用工计划符合实际需求。

5. 数据统计分析

将工人的定位信息进行整理分析，结合项目的进度计划，能实现对施工现场的工效进行分析，具体要统计分析的内容要根据管理需求进行数据处理。例如，某项工作从开始到结束时间内，一共用了多少工人，以及每个工人的工时具体是多少等。

4.4 智能劳务管理应用成效分析

以北京朝阳站站房建设为例，智能劳务管理实现了对现场劳务信息的管理功能，界面如图 4.8 所示，左上角展示的是在册人数，近 7 日出勤率展示现场注册工人总数以及一周的每日上工人数比例；左下角的工人统计是以劳务队为筛选标准来展示每个劳务队中各工种的人数。中间的上部分工区工人分布图以划分的工区来展示每个工区中工人的工种和人数；中间的下部分用工统计则展示了近几天上工人数和各工种上工人数，并按照每日各工种上工人数排序展示。右侧显示了工人的信息以及相应的二维码，这些二维码是每个在场注册工人的专属二维码，工人的个人信息、安全教育记录、违规记录都可扫码查看。利用人脸识别技术实现对工人进出场、考勤管理与分析、教育培训、特种作业设备管理、生活服务等。所采用的人脸识别方法能够有效完成平均每天 3 000 余人的实名制考勤管理，每人平均识别需要花费 1～2 s。另外，还对现场工人进行了在线安全教育及考评。在早晚上下班高峰期，通过群体识别完成批量工人的考勤记录，上千人的考勤，可在 10 min 内完成，有效预防劳务人员过剩或不足的情况，实现了零恶意讨薪。

在 2020 年的疫情防控中，人脸识别技术也大显神威。利用 156 智慧建造管理平台，为每名工人生成个人信息二维码，通过扫描安全帽上粘贴的二维码，可轻松掌握工人的详细信息。在系统中设计安全区、观察区、隔离区三区网格化管理，建立现场蓝黄视觉识别系统，通过实名制通道验证，还能有效掌握每天劳务用工人数、出勤情况。智能管控使现场劳务人员从 2 月初的 80 多人增长到 1 200 多人只用了短短 20 多天，不仅全体管理人员无一人感染，劳务人员、供应商等相关合作方也实现了零感染。

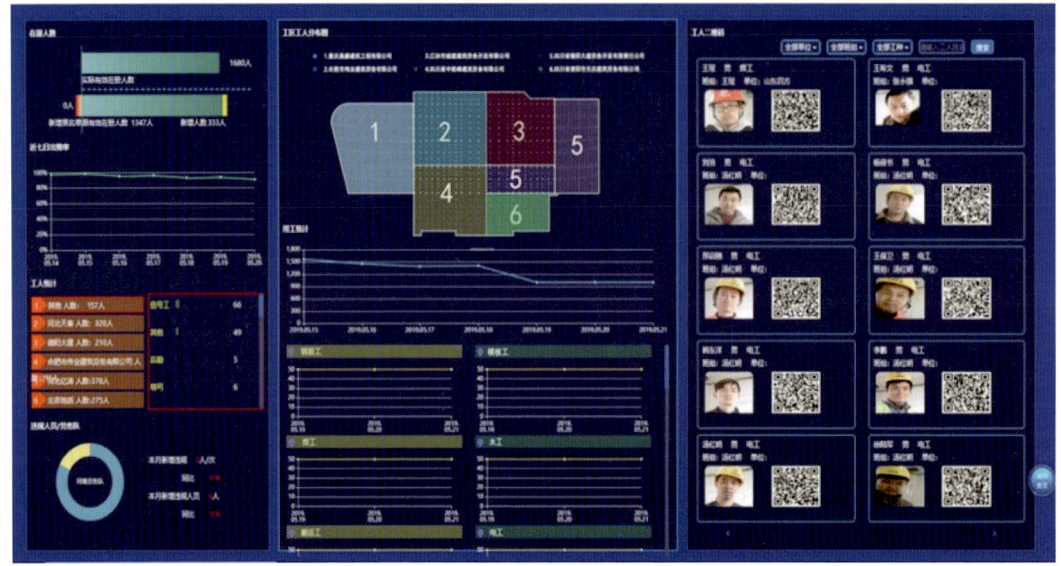

图 4.8 智能劳务模块图

智能劳务管理可准确显示工人所在班组信息,实时显示进场人数、在场人数、出勤人数等数据,并可通过分区定位,将工人分区进行管理和定位,协助管理人员实时了解现场工人的活动情况,及时与日常工程进度进行核对,有效地提高了管理效率。像特种设备的操作员确认、旁站监督、安全区域人员管理等方面,通过人脸识别,数据真实有效,避免了冒名顶替的行为,准确率高达 99.99%,提高了安全性,也可落实具体人员的责任,并提供准确有效的证据信息。在特殊时期,整个识别过程中工人不需要直接接触识别设备,减少了细菌或病毒的传染途径,提高了卫生安全性。

第 5 章
智能进度管理

在当前形势下，人力成本持续攀升，建设单位要求高周转，对项目工期要求格外严格，给施工单位带来很大压力。据测算，目前施工领域中 90% 以上的进度计划都存在问题，各种原因导致的工程延期、盲目抢工、资源浪费普遍存在，企业对项目集中进度管控力度有限，导致无法从集团层面统筹优化、协调资源。

以京沈客专最大客站北京朝阳站项目为例，在项目建设初期，就遇到了场地狭窄，用地征拆难（见图 5.1）：2 宗代、7 宗地红线内区域虽已移交到该项目，但尚有"6 + 3"户未拆除；红线外场地由于协议未签订尚无进展；南加工场、大门、洗车池以及配套设施暂时布置在路基及汽车坡道结构范围；生活区建设仅能满足 1 300 人住宿，远远不能满足现场实际需求，导致开工时间严重滞后。

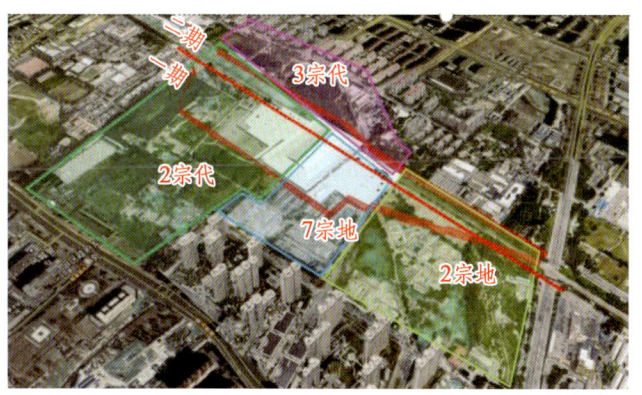

图 5.1 施工场地平面图

在施工阶段，影响进度的因素也比较多，如施工难点多、环保压力大、方案变更频繁等。

以基坑支护为例，基坑支护采用围护桩+锚索预应力体系及围护桩（见图5.2），一期围护桩516根，二期478根，围护桩合计994根，基坑一二期分界处原设计有围护结构，二期土方开挖尚需进行锚索回收，围护桩分段拆除，工期长、作业难。再如，屋面钢结构跨度大、变截面曲线造型，矢高相差近9 m，对接控制难，单榀桁架拼装后需翻身，楼面整体拼装精度要求高，胎架用量大；两排直柱和两排Y形斜树杈柱（见图5.3）为屋面支撑，Y形柱后塞斜交对接难，施工难度大。又如，在基坑开挖时，最深处为–18.5 m，滞水埋深约2 m，承压水埋深11 m，拨线区域土方量约58万立方米，日均出土量达到15 000立方米，而现场仅有一条出土外路，运输压力大。针对不同的问题，管理人员不仅要花费时间研究应对方案和措施，以便保障施工能够在计划工期内按时完成，还要及时关注各种影响进度的因素。

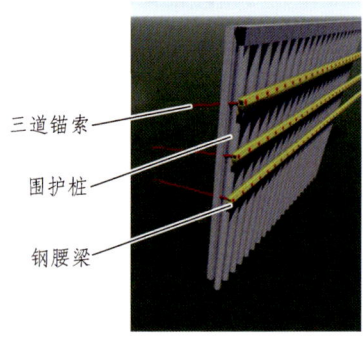

图5.2　围护桩+锚索预应力体系

图5.3　Y形柱

北京朝阳站作为京沈高铁的"龙头"，它的质量与工期，对整个工程非常重要。自工程开工以来，面对着工期紧、任务重、技术难、疫情突然来袭等众多不利局面，为了确保项目工期目标的实现，中铁建设北京朝阳站的管理团队想方设法推进管理创新，自主研发了"156智慧建造管理平台"，将进度、质量、安全等方面纳入"云平台"，随时掌控施工现场情况，全力推进工程建设。

创新地提出基于BIM技术的三级节点亮灯智能进度管理方法，对关键节点实施亮灯监管机制，通过进度计划三级分解、配合BIM关联绑定，模拟施工过程中可能出现的各种进度问题；同时将实际进度与计划进度在BIM上进行对比，提前制定应对措施，寻求进度计划和施工方案的最优结合。该方法能够简单清晰地掌握进度动态，为进度管理中的信息集成、BIM可视化、进度控制等创新提供理论和方法支持，适合在大型复杂项目的进度管理中广泛应用和推行。

5.1 传统进度管理理论及方法

项目进度控制与项目投资控制、项目质量控制并称为项目控制的三大目标。进度控制管理是采用科学的方法确定进度目标，编制进度计划与资源供应计划，进行进度控制，在与质量、费用、安全目标协调的基础上，实现工期目标。由于进度计划实施过程中目标明确，但资源有限，不确定因素和干扰因素多，这些因素有客观的，也有主观的，主客观条件不断变化，计划也随着改变，因此，在项目施工过程中必须不断掌握计划的实施状况，并将实际情况与计划进行对比分析，必要时采取有效措施，使项目进度按预定的目标进行，确保目标的实现。进度控制管理是动态的、全过程的管理，其主要方法是规划、控制、协调。

如图5.4所示，先制订进度计划，接着实施该计划，在实施过程中收集进度数据，将数据与进度计划进行比较，如果出现不吻合的情况，则马上调整进度计划，接着继续实施该计划，遇到问题再进行调整，直到完成所有计划为止。

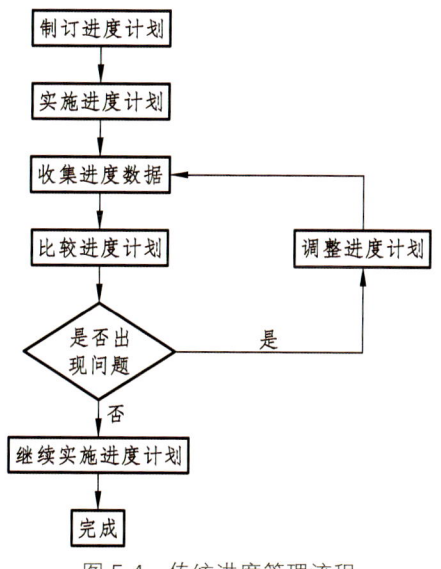

图 5.4　传统进度管理流程

5.1.1 传统进度管理理论

传统的项目进度控制原理包括：动态控制原理、系统原理、信息反馈原理、弹性原理、封闭循环原理和网络计划技术原理。其基本特点都是在前期制订详细进度计划的基础上，通过不同的控制方法，对实际进度的反馈、对比、纠偏，使工程项目按照预定的进度计划实施。

5.1.2 传统进度管理技术方法

随着建设工程项目管理的发展，进度管理技术方法的发展大致经历了甘特图法、网络计划法和关键链法。甘特图法又称为横道图法，其具有简单、直观和逻辑关系清晰等特点，广泛应用于工期计划的编制中。网络计划法是当前进度管理的核心方法，可以进行工作时间的计算、表达工作间的逻辑关系并体现项目的关键工作，能有效提高管理效率、缩短项目工期和降低工程造价。

5.1.3 传统进度管理存在的问题

施工进度管理作为工程项目管理的三大控制目标之一（质量、进度、成本），直接关系到项目的成败，在项目实施过程中具有举足轻重的地位。它不仅关系到项目从开工到竣工投产的持续时间，也从实践的维度对项目整体的成本、物资、质量等各方面进行了约束。进度控制与成本控制、质量管理相互关联、相互制约，一个合理的进度计划和进度控制方法有利于项目的整体化控制。

虽然企业制定了一系列进度管理的制度、方法和流程，取得了一定成效，但进度拖延的情况仍然时有发生，进度与成本、质量的多方协调仅采用传统进度控制方法很难兼顾。主要原因有如下几点：

1. 进度计划变更频繁

传统进度计划的形成主要靠人工记录。项目施工进度计划编制虽然有甘特图、网络计划、Project 等技术工具，但进度计划的绝大部分还是靠项目管理者的经验，在实施已制订计划的过程中，由于各种干扰因素的存在往往不能按照原定计划进行，进度计划完成情况通常由人工记录统计，未进行进度计划调整，工作量巨大，导致进度计划控制无法及时进行。尽管管理者对施工的进度计划很重视，但仍然会出现计划进度与实际进度存在偏差甚至脱节的情况。据测算，目前施工领域中 90% 以上的进度计划都存在问题，60% 以上需要进行工期调整，短的 1~2 个月，长的 2~3 年。而且据不完全统计，在工程结算时，由于工期延长导致的管理费用增加，已经占到工程造价总额的 2%~4%。出现上述问题的原因，可能是进度计划的制订不够合理,不能如实反映施工现场的情况;也可能是计划的执行者没有进行科学合理的动态控制管理,没有高效地进行施工组织与协调。

2. 进度管理模式落后

大型复杂工程系统复杂,技术要求程度高,重点施工工序多且难度大,对进度目标的控制要求十分严格,传统进度管理模式下,实际进度计划表达不直观。CAD使人们甩掉了图板,但这种在计算机上画图与在纸上画图的差别不大。形象关联性差,对外在形象复杂的立体性结构表达上不够直观,无法检查碰撞等的施工过程,各种原因导致的进度失控、工期拖延、盲目抢工、资源浪费普遍存在。落后的进度管理模式使得作为决策层的企业,不能有效掌握项目的完整信息,无法有效发现施工进度计划中的潜在冲突,对项目集中进度管控力度有限,导致无法从集团层面统筹优化、协调资源,心有余而力不足;而项目部作为施工进度管理的执行层,因自身管理水平不能与时俱进,使得工程施工进度跟踪分析困难,在处理工程施工进度偏差时缺乏整体性。

3. 进度系统反映滞后

随着工程项目复杂性不断增加,工程项目进度管理面临信息实时、共享、融合等要求,即及时对工程项目施工过程中产生的大量信息进行采集、分析和处理,并在不同参与主体之间进行交流和共享,从而全面地反映工程项目进度的实时变化,准确反映进度管理需求。虽然当前绝大多数的工程项目均配有进度管理系统,但一些进度系统仍然存在不能实时集成反映进度管理现状的问题,导致实际进度与计划进度不一致,不能完成进度目标。

4. 进度管理未能实现多方协同

为了应对工程项目动态变化的过程,进度计划需要根据实际需求及时优化来保证施工过程的顺利开展。进度管理是一个多主体参与的过程,但是,在目前的施工过程中,进度优化方案往往只考虑多个目标之间的协调,并未实现多主体的协同管理。

5. 传统进度管理方法的局限性

传统进度控制方法是根据定期的进度报告发现进度偏差,依据进度计划、偏差原因和管理者的工作经验对工程项目的后续工作进行调整。这个过程中,进度报告的反馈信息明显滞后于项目实际进度,因此,制定的进度控制内容无法很好地满足实际进度需求。另外,传统进度控制方法只是事后的弥补,不能在事中进行预测,提早发现进度偏差,及时调整方案,在复杂的工程项目中应用有很大局限性，不能满足进度控制的要求。

5.1.4 进度管理对工程管理的意义

1. 合理控制成本

工程项目施工成本需要控制在一定的范围内才能带给企业经济效益，施工过程中投入的人力、物力、财力以及其他花销都属于工程施工成本。合理规划和控制工程成本，可以有效避免资金浪费，增加建设单位的经济效益。项目进度管理可以结合项目成本管理控制材料数量和进场时间；科学规划材料采购的方式以及保管所需资金；定期检查建筑场地内的施工设备，延长硬件设备的使用寿命，避免因为维修延长工期，增加成本投入；控制施工人员的数量和质量，避免因人员专业技能问题返工，或因人浮于事造成人力资源浪费。

2. 科学安排工期

大部分建筑工程项目开始于合约签订，合同中对工程项目规模、施工质量标准、资金投入量、管理方式和工期等都有严格的要求，施工方需要严格按照合同要求完成任务，否则会给企业带来巨大的经济损失。项目进度管理一方面可以根据合同要求，科学安排各分项工程的施工时间，确保项目能如期交工；另一方面，还可以结合各阶段的影响因素，解决具体操作中出现的问题，对合同中资金、工期等内容进行审查，积极与项目甲方沟通，结合项目的动态发展，及时制定补救措施，确保施工质量，提高企业信誉。

3. 保障工程质量

进度管理可以全方位、立体化跟踪施工过程，严格把控施工的细节，监督和检查工程的质量，按照合同中约定的质量标准对人员、机械设备、材料、施工方法、环境等进行监督。

通过人员自检、施工双方互检、指派监察人员等方式对施工材料、施工过程以及竣工标准进行检查，严格把关施工质量，保证施工安全，提高工程的整体质量。

4. 提升管理水平

工程项目的管理工作内容复杂、工作量繁重，而进度管理能够全面掌握施工过程，结合各分项目的进度，审视施工管理方案，有效协调施工管理部门与施工人员的矛盾；还可以及时寻找施工薄弱环节，补救具体过程与合同规定的偏差部分，提升工程管理的效率，有效加强管理人员的责任意识和团队意识，提升管理水平。

智能进度管理模块是基于物联网、大数据、互联网+、云计算和BIM的施工进度管理信息模型，能够实时感知进度计划的完成情况，使得物理空间和信息空间充分互联，将进度有关的信息集成在一起。针对施工进度管理点，通过对进度计划实施过程的实时跟踪，及时发现偏差，采取有效措施纠正偏差，确保进度目标的实现，使进度计划的控制更加有效。

行业的发展和现代建筑信息技术的推广，要求我们必须利用科学的管理方法组织施工，进度管理不仅是项目管理的三大目标之一，也是项目管理的源头，所以，精准、科学的进度计划管控势在必行。

5.2 基于BIM技术的智能进度管理

BIM技术在建设工程项目进度控制中的应用涵盖项目实施的全过程，主要通过数据模型模拟施工，指导项目进度的计划、推进、检查、纠偏和评价。具体方式是：首先通过三维模拟软件构建各专业的信息模型，然后根据项目资源和总工期要求编制详细的进度计划，通过链接三维模型和进度信息，将空间信息与时间信息整合在一个可视的4D模型（见图5.5）中，可以直观、精确地反映整个建筑的施工过程和虚拟形象进度。

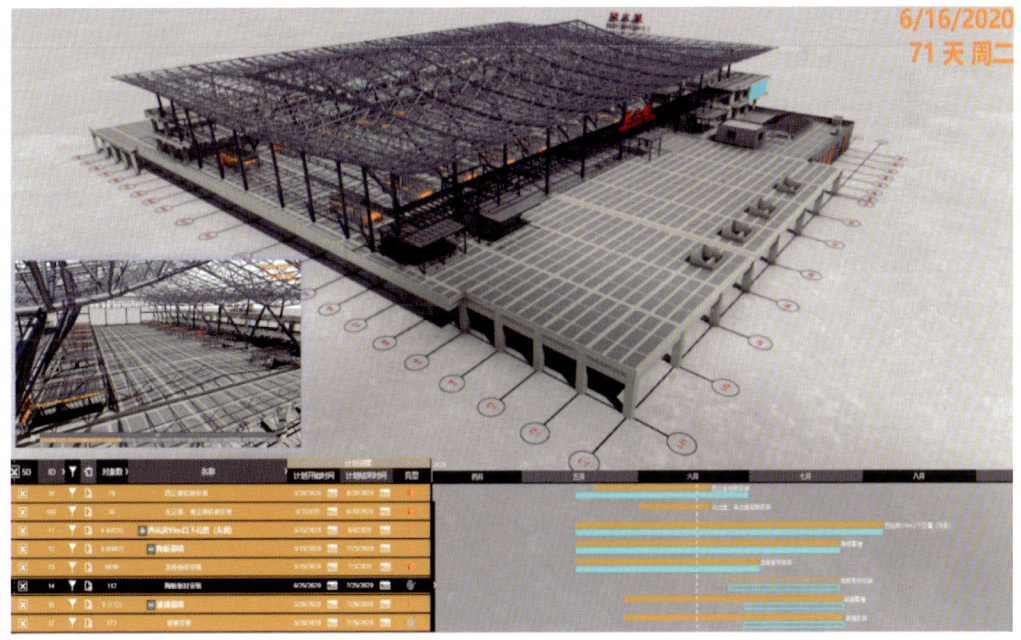

图5.5 4D进度模拟

通过4D进度模拟，管理者可以全方位掌握项目视图，快速追踪项目状态，实时把控项目进度。通过BIM现场信息的采集与施工进度计划的对比，及时发现偏差，找出原因，然后通过有针对性地改进施工方案和资源配置情况，调整各工序之间的逻辑关系等手段进行纠偏控制，BIM相关的软件会根据实际的现场状况自动更新进度计划，实现进度动态控制。

依靠BIM技术对施工方案的模拟、施工信息的共享、动画模型的展示，可以精确地反映整个施工过程，提高施工效率，在有效缩短工期的同时，实现进度、质量、成本的最优结合。

5.2.1 BIM 4D进度管理流程

1. 进度计划导入

基于BIM的进度计划，首先要进行工作结构分解，然后对WBS（工作分解结构）分解后的工作包和BIM编码之间进行相互关联。将进度信息与构件的基本信息、三维信息相关联。同时，对相关资源进行配置，每一进度点所需的资源量都有所规划，当选定作业和时间后，即可查看构件的四维信息和资源信息，可直观有效地进行进度计划的编制。将BIM技术用于进度管理的流程如图5.6所示。

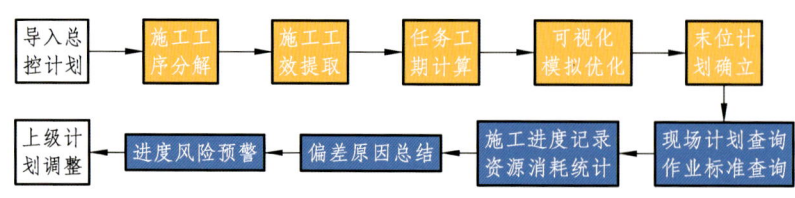

图5.6 BIM技术用于进度管理流程

基于BIM的进度计划包含各工作的最早开始时间、最晚开始时间和持续时间等基本信息，明确各工作间的前后顺序。计划安排有一定的弹性，随着项目的进展，为后期进度计划调整留有接口。

2. 进度计划编制

根据项目特点与验收的先后顺序，划分项目的施工任务及节点，在线或通过导入方式编制项目各级进度计划，包括任务名称、计划时间、所需资源等关键信息，并且根据关联规则将三维模型中的构件与进度计划中的任务节点进行关联。

3. 进度计划跟踪

项目人员将项目进度信息、现场照片等真实反映项目进展的相关信息录入平台，也可通过接入现场视频监控实时查看现场施工状况,并通过模型与进度计划进行对比,真实地反映项目建造过程及各项工作实际的完成时间,实现项目进度管理数字化(见图5.7)。

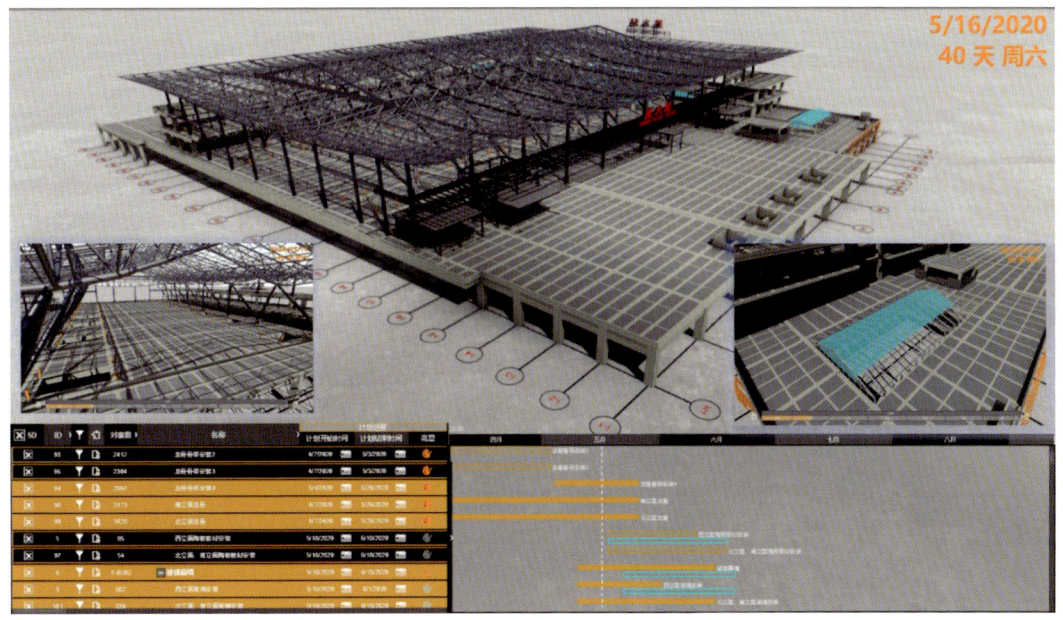

图 5.7 项目进度管理示意图

工程施工过程中不可控因素很多,进度进展有可能未能按预期计划完成,因此,制订项目初始进度计划后,仍需要在项目实施过程中不断进行调整。进度调整是在进度分析的基础上,对比实际进度与进度计划的差异,寻找纠正差异的措施,确保按期完成。

进度分析主要是通过里程碑控制点和关键线路分析以及实际进度与计划进度之间的比较进行的。基于BIM的事中控制通过摄像头、激光扫描仪等工具,加上人工判断,了解当前进度进展情况,将实际进度与计划进度进行对比分析,生成进度对比图。当进度偏差达到需要调整进度计划的程度时,在BIM控制平台中,参考共同的资源中心数据,协同各方达成一致意见,这种方式比传统的商讨后再逐级上报的方式应对更加迅速,反应更加敏捷,问题能在最短时间内解决。

在确定解决措施后,施工方根据修改方案对具体的进度和资源进行细化调整,并上传至BIM共享平台,形成新的细分计划,指导后期施工作业,为后期进行进度评价留下信息资料。

评价通过三维模型直观地观察到整个项目的建设过程,并与初始的模型进行对比。在进行评价时，BIM可以输出相应报表，对比分析计划进度与实际进度的偏差、资源分配的合理性等，进而可以清晰地分析项目参与方的工作效率及各方责任。这种分析评价不仅对施工单位很有价值，对所有项目参与方都有借鉴和指导意义。

4. 施工进度模拟

施工进度计划是施工组织设计的核心内容，通过合理安排进度计划，在人力、材料、机械及资金消耗最优的情况下，按规定工期完成工程施工任务。

基于BIM的工程进度模拟，能充分体现模型含有海量信息的特点。通过基于BIM的进度管理软件，将BIM技术与项目进度文件关联，将BIM技术赋予时间信息，以可视化方式形象地对施工进度计划进行模拟，将管理人员从复杂抽象的图形、表格和文字中解放出来，便于管理人员组织决策，提高工作和沟通的效率，减少因工期交叉造成的工程返工，节约人力和物力成本。同样，基于BIM的工程进度模拟能提供一个协同化、集成化的工作平台，提升沟通效率并减少信息流失。通过数据驱动模型的方式生成实际进度和计划进度模型，两个模型在线直观进行对比或者以数据驱动模型的方式模拟未来某个时间点的计划进度，了解现场实际进度超前或是滞后，为物料准备以及劳动力分配提供依据，及时采取应对措施。

5. 进度状态报告

生成各类反映项目进展的报告，如已完成项清单、逾期尚未完成项清单、进行中的工作项清单等。

6. 进度过程记录

为更好地追踪工程具体施工情况和工程实际进度，系统规划了工程日志管理功能，加强了对项目大事记、施工日报、施工周报、施工月报、监理日报、监理周报、监理月报的管理。

（1）施工日志。

施工日志是施工建设项目必须按日进行记录和留存的施工过程资料。施工日志按部门对当日天气、工程进展情况、进场人员情况、物料情况、设备情况进行详细记录（见图5.8）。施工日志管理功能，支持手机端分部门方式的日志留存填报，并可以进行拍照上传照片档案，支持多种日志模板的Word文件自动生成和导出。

（2）大事件报告。

对工地大事件进行记录。记录负责人及联系方式，登记大事件内容及相关进度（见图5.9）。

图 5.8 施工日志填报界面

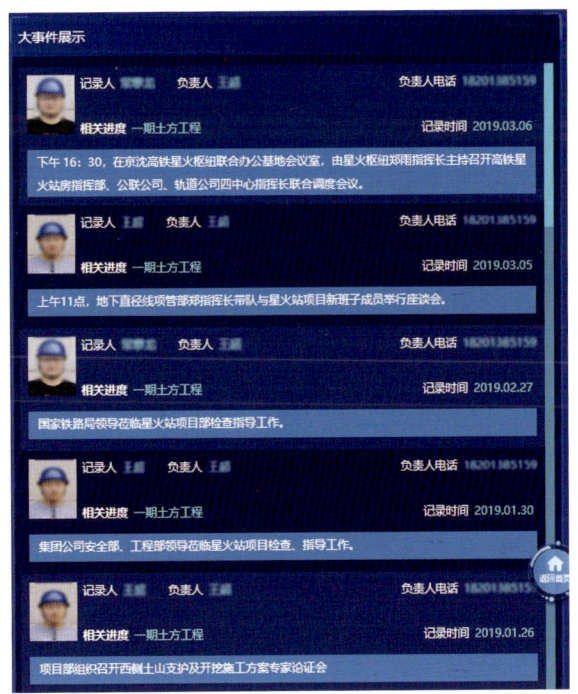

图 5.9 大事件展示示例

(3)智能日报。

对日志的上传管理。手机和后台按权限上传日志，自动汇总日志，在手机端和大屏端展示日志结果。

(4)联系单/指令单。

为了更好地管理项目施工现场的开停工，施工现场所有工作开展需要进行指令单的申请，规划的功能有形象开工登记、开工令管理、停工令管理、复工令管理、监理联系单及业主指定单，功能实现如图 5.10 所示。

图 5.10　指令单功能示例

5.2.2　BIM 4D 进度管理的优势

1. 可视化优势

相比传统的进度计划横道图、网络图，BIM 4D 施工进度模拟更加直观，而且对整体进度情况反映较好。复杂的横道图、网络图在展示时需要不断阅读文字与时间，效率较低。施工进度模拟更加直观、形象，表达出的信息量大，在大量进度任务并行工作时其作用尤其显著。

2. 信息集成优势、工作流程高效

在估算工程量、估算施工持续时间、估算施工成本等方面，BIM 的信息集成、调用方便，使用流程也清晰，可以提高整个估算过程的速度与准确性。相比传统方式，基于 BIM 的进度管理可以更快处理变更，快速进行方案检查，快速规划、分析建造过程以及快速匹配估算工程量、施工持续时间、施工成本等数据。

3. 协调能力突出

BIM 进度模型、动画直观生动，可帮助现场各方沟通与协调。数据集成的优势方便进行数据分析，辅助项目部进行决策；方便各方理解进度部署，达成共识。

5.2.3　BIM 4D 进度管理的不足及应对措施

1.BIM 4D 的不足

BIM 技术在国内发展仅仅只有十多年，因此虽然有着各种各样的优点，但也存在一定的不足。

（1）增加了建模的工程量。

运用 BIM 技术进行进度计划编制，BIM 准备是第一步。运用施工进度模拟的 BIM 的质量、表达方式都决定着该项运用过程中的效果。如果是用色块、体量进行工作面表达，视觉效果很简陋。因此一般会采用简化模型进行进度模拟，模型可粗可细，建立的工作量可变动区域较大，如果对进度编制目标不明确，很容易在制作模型等环节产生工作量失控、重复性工作等状况。

（2）增加了管理流程的复杂性。

基于 BIM 的进度计划编制使用相当多的软件进行协同工作，管理难度也随之增加。不仅要规范工作流程，而且要管控好各个软件生成文件的版本、流程与方式。只有提前制定好合理的工作管理流程方法等，才能保证各软件之间很好地进行协同工作，形成各软件之间的合理对接。

（3）软件投入高。

软件投入费用高，需要考虑性价比。目前，用于 BIM 施工进度模拟的软件非常多，功能方面也有所不同，就当前市场情况来说，运用效果好一点的进度软件都需要付费才可以实现，故对运用成本的投入也随之增加。

（4）专业人员的要求高。

基于 BIM 的进度计划编制对施工人员的要求较高，想要基于 BIM 技术编制出高质量的施工进度计划必须能力全面，有经验、懂技术也擅长软件。具备该能力的工程师培训周期较长，一般刚参与工作的新手虽然软件非常熟练，也很难马上投入生产活动。所以，当前人才的缺少也是 BIM 技术运用面临的一大问题。

2. 针对 BIM 4D 不足的应对措施

面对当前的 BIM 4D 进度管理的各种困惑，行业期待基于 BIM 技术的进度管理可以让建造更快、成本更低、使用效果更好。基于以上思路，集团适时推出 156 智慧建造管理平台解决方案，平台中的节点亮灯智能进度管理模块通过三级节点爆灯管控机制，将线下的管理行为搬到线上，进行信息化管理，大大提高了项目管理效率，管理更细化并具有针对性。

5.3 "156 平台"基于节点亮灯的智能进度管理

"156 智慧建造管理平台"以节点爆灯管理为核心，分步定义三级节点，并特殊标记合同节点、里程碑节点。所有三级节点以树状关系与进度自动联动爆灯，未按工期完成的节点自动亮黄灯预警，延期 10 天以上的节点亮红灯爆灯。另外，平台将节点进度与 BIM 进行关联绑定，将 BIM 构件按节点对应的施工区块进行分组，按颜色高亮区分在施部位和存在延期的部位。

集团、分公司、项目部通过关注不同层级的项目节点进度，实现三级协同管理，确保工期与人力、物力的合理调配。在实际应用中，通过节点的不同颜色（绿灯正常、黄灯预警、红灯警告），各级管理人员在平台上能直观地了解节点的进度及滞后原因，责任人也一目了然，避免了工作人员天天进行进度汇报。

三级节点亮灯智能进度管理系统主要包括三大部分：一是节点监控界面，将所有进度控制节点通过层级、颜色两个维度进行展示，可以直观掌握项目过程控制点及进度情况；二是基于 BIM 的进度、日报展示界面，通过 BIM 可以直观查看当日及往日现场施工进度、三级节点下对应模型构件进度完成百分比、当日及往日施工日报等信息；三是 BIM 状态管理后台，作为每日施工进度与 BIM 挂接的管理窗口，通过 BIM 记录的每日施工工况和结构化数据的记录，在前端展示界面以三维形式展示任一天的累计施工进度、当日完成进度等信息。

以北京朝阳站项目为例，通过施工总计划共计导入一级节点 19 个，二级节点 55 个，三级点 197 个（见图 5.11），每一个三级节点下面挂接 100 ~ 800 个 BIM 构件，一共关联 BIM 构件 251 821 个。

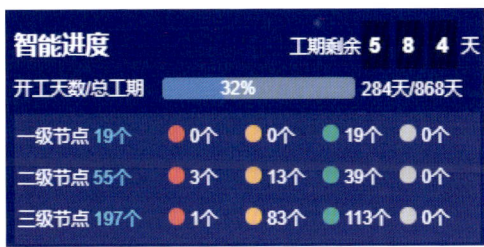

图 5.11 智能进度三级节点

北京朝阳站项目每日通过 BIM 记录，体现当日进度，通过平台记录每日完成的 BIM 构件，阶段时间累计后可对任一日进度进行调用查看（见图 5.12 和图 5.13）。

图 5.12 智能进度信息模块界面

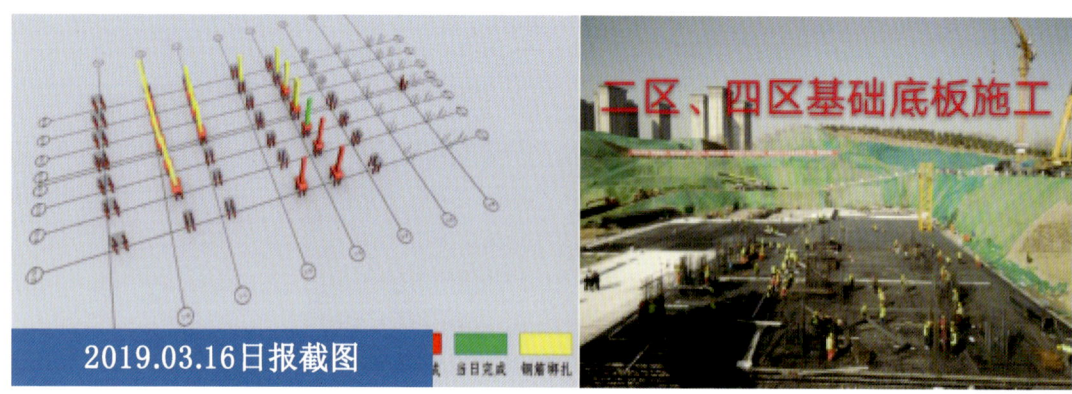

图 5.13 日报示例

例如,三级节点"一期 Y1 区桩基施工":三级节点下有 90 根桩,通过每日的记录,此三级节点下的所有 BIM 构件都完成,此节点进度正常完成,显示已完成(见图 5.14 和图 5.15)。同时,二级节点"一期雨棚施工"下面所有三级节点都已完成,此二级节点显示已完成(见图 5.16)。

同时,考虑实际情况下施工策划的流水划分与实际进度流水划分有局部差异。三级节点下的构件不一定完全按照最初计划的样子在一个阶段完成。现场实际情况会有一部分划分到其他流水段中进行组织施工,平台在 BIM 状态管理后台界面对此部分进行调整,从而确保管理规范并富有弹性。

构件名称	分期	劳务分区	楼层	流水分区	状态
800mm 直径	1期	1分区	undefined	y1-1	已完成
800mm 直径	1期	1分区	undefined	y1-1	已完成
800mm 直径	1期	1分区	undefined	y1-2	已完成
800mm 直径	1期	1分区	undefined	y1-2	已完成
800mm 直径	1期	1分区	undefined	y1-1	已完成
800mm 直径	1期	1分区	undefined	y1-2	已完成
800mm 直径	1期	1分区	undefined	y1-1	已完成
800mm 直径	1期	1分区	undefined	y1-1	已完成
800mm 直径	1期	1分区	undefined	y1-1	已完成
800mm 直径	1期	1分区	undefined	y1-7	已完成
800mm 直径	1期	1分区	undefined	y1-2	已完成
800mm 直径	1期	1分区	undefined	y1-7	已完成

图 5.14 一期 Y1 区桩基施工构件详情

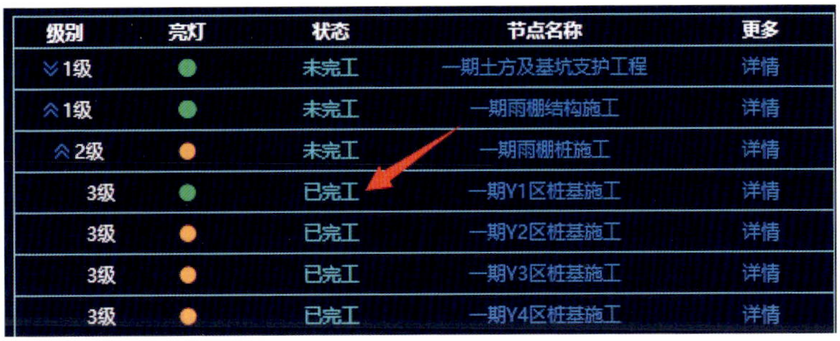

级别	亮灯	状态	节点名称	更多
1级	●	未完工	一期土方及基坑支护工程	详情
1级	●	未完工	一期雨棚结构施工	详情
2级	●	未完工	一期雨棚桩施工	详情
3级	●	已完工	一期Y1区桩基施工	详情
3级	●	已完工	一期Y2区桩基施工	详情
3级	●	已完工	一期Y3区桩基施工	详情
3级	●	已完工	一期Y4区桩基施工	详情

图 5.15　一期 Y1 区桩基施工进度

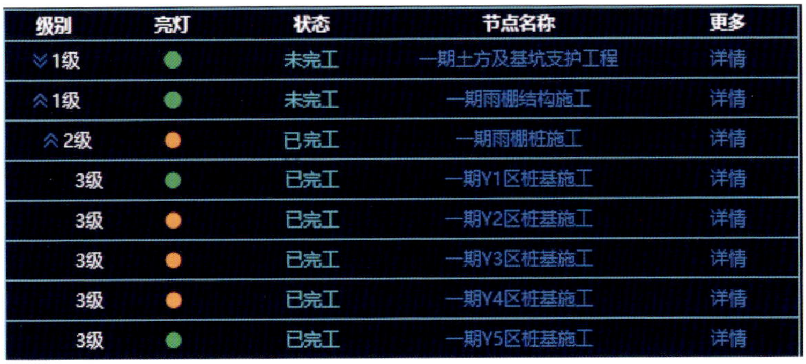

级别	亮灯	状态	节点名称	更多
1级	●	未完工	一期土方及基坑支护工程	详情
1级	●	未完工	一期雨棚结构施工	详情
2级	●	已完工	一期雨棚桩施工	详情
3级	●	已完工	一期Y1区桩基施工	详情
3级	●	已完工	一期Y2区桩基施工	详情
3级	●	已完工	一期Y3区桩基施工	详情
3级	●	已完工	一期Y4区桩基施工	详情
3级	●	已完工	一期Y5区桩基施工	详情

图 5.16　一期雨棚施工进度

基于以上保障，项目部在短短两个多月的时间内，完成拨线区域全部 9 万平方米结构施工，提前完成了阶段性工期目标。在实现项目进度管理实时性的同时，大大减少了人工汇报的工作量，缩短了汇报时间，提升了工作效率。在节点亮黄灯时，即进度延期刚刚发生时，管理者就可及时发现问题所在，有针对性地确定调整方案、采取具体措施，进行节点计划变更申请，待审批通过后，按照新的进度计划执行和监管。通过亮灯监管及时发现问题，并由多方共同协调和处理问题，减少或避免工程的延期。在节点亮红灯时，管理者通过进度管理系统可以清晰准确地定位具体的问题和负责人，及时进行止损和后期追责，提高大型复杂工程的进度管理效率，确保进度目标的控制和实现。

5.3.1　节点的管理

1. 节点计划分级

节点计划分三个层级管理：一级节点、二级节点、三级节点。不同级别节点的任务，审批流程不同。

如图 5.17 所示，一个项目包括多个一级节点，一级节点是最大的节点，一级节点下面包

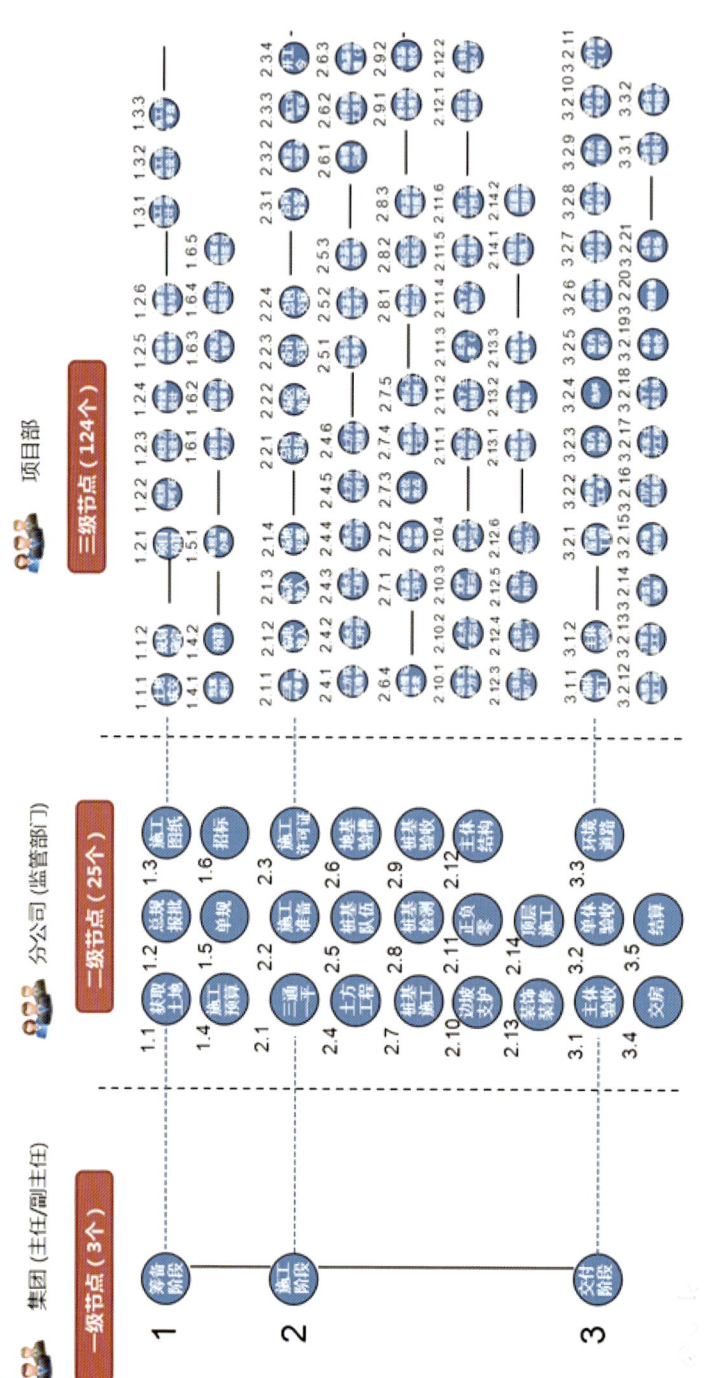

图 5.17 北京朝阳站项目节点计划分级示例

括多个二级节点;二级节点是中间节点,下面可包含多个三级节点;三级节点是最细、最末端的节点。其中一级模板节点为必备节点,因此在项目部 Project 计划文件导入时,必须包含以上模板节点,否则无法创建节点计划。

三级节点由项目部自行把控,一、二级节点由公司进行把控,如果一、二级节点超过总工期,则进行重点监控。

一级、二级节点包括标准化的模板节点,项目部可在模板基础外,自由添加其他节点,模板节点如表 5.1 所示。

表 5.1 模板节点示例

编号	一级节点名称	二级节点名称
1	土方工程	场地平整
		土方开挖
		土方回填
2	基坑工程	基坑支护
		基坑处理
3	地基与基础工程	基础底板
		地下室结构
4	主体工程	主体结构施工
		二次结构工程
5	装饰装修工程	外部装修
		内部装修
6	屋面工程	
7	建筑给排水及供暖	
8	通风与空调	
9	建筑电气(强电)	
10	智能建筑(弱电)	
11	电梯工程	
12	室外设施	道路
		广场、停车场等
13	附属建筑及室外环境	围挡、大门、车棚、草坪、花坛等

BIM 技术结合分层级节点管理，使进度管理更加精细化，同时也可以将工程节点按照管理层级进行细化，使分工和监管更加明确，让管理和责任划分得更加清楚。通过层级划分后，项目部需要负责管理三级节点的进度，对各个节点进行明确分工，落实责任。如果单纯只使用 BIM 技术，只是单方面地达到了工程进度可视化的管理，只限于模块或构件的进度完成情况，对进度的细化程度不够。并且，对于管理层级的责任划分并不清楚，不能一目了然地确定是哪个层级、哪个执行过程出现的问题。

2. 节点分类

节点分为三个类别。

（1）基础性节点。

包括集团规定的一、二级节点。

（2）关键路径节点。

包括位于关键路径上的所有节点。

（3）一般节点。

指除上述两类外的其他节点。

基础节点具有强制性和一致性两个特点。强制性是指要求基础节点必须包含在节点计划中，且级别不能变化；一致性是指基础节点可以进行选择，一旦包含，级别就不再变化。

3. 节点亮灯规则

在强化进度管理，又能执行高效管控的背景下，采用对进度计划节点进行亮灯机制监管，既能简单清晰地掌握进度动态，又不把进度管理复杂化，具体亮灯规则如图 5.18 所示。

根据制订好的节点计划，对每个计划的状态进行带颜色标识，就可以非常直观地看到现场进度与施工计划上存在的差异，真正实现预警可见。无论哪个级别的节点，亮灯规则均如下定义：参数 m 表示超过该阈值节点亮灯颜色程度加深的天数，参数 n 表示考虑到项目管理有误忘记按时填报时留给项目部管理人员填报的缓冲时间，参数 m、n 可自由配置，$n<m$，m 默认为30天，n 默认为10天，里程碑节点和一般节点参数 m、n 可分开设置。具体情况如表 5.2 所示。

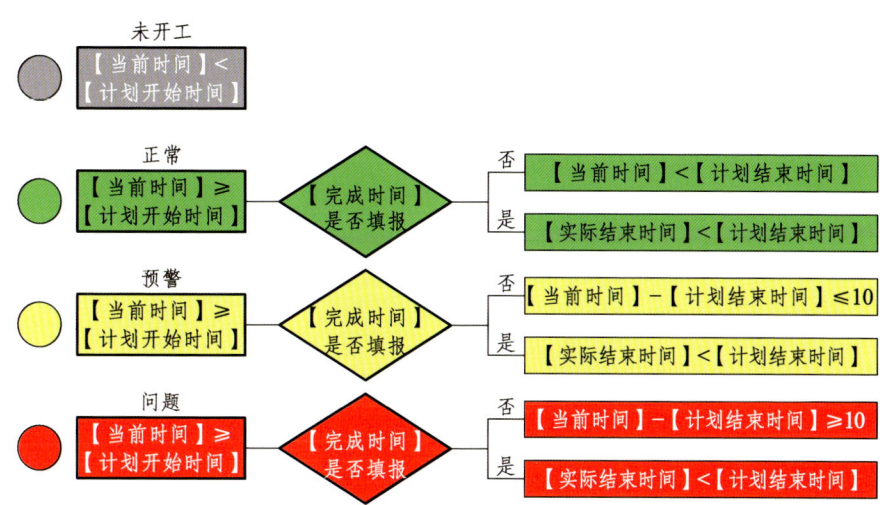

图 5.18 北京朝阳站项目节点亮灯规则

表 5.2 北京朝阳站项目节点亮灯标准参数

绿色	表示该节点在节点计划时间范围内进行	（1）项目进度提前
		（2）项目按期完成
		（3）项目进度正常
黄色	表示项目在该节点有轻微延期	项目进度有延期或延期填报，延期时间在 m 天内（含），节点显示黄色。但延期时间在 n 天内（含），填报完成后节点变成绿色；延期时间在 $n \sim m$（含）天，填报完成后节点仍为黄色
红色	表示项目在该节点延期严重	项目进度有延期或延期填报，延期时间在 m 天以上或者超过上一级节点截止时间，节点显示红色。但延期时间在 $m + n$（含）天内，填报完成后节点变成黄色；延期时间超过 $m + n$ 天，填报完成后节点仍为红色

在节点亮灯管理中，三个级别节点联动亮灯。因为无论哪个级别的节点，都是按现在时刻是否完成，即按相同的亮灯规则，并且上一级别的节点时间范围包括了下一级别所有节点的时间范围（见图 5.19），因此联动效果有以下 6 种情况：

（1）下级节点全绿，或只有灰色和绿色，上级节点为绿色。

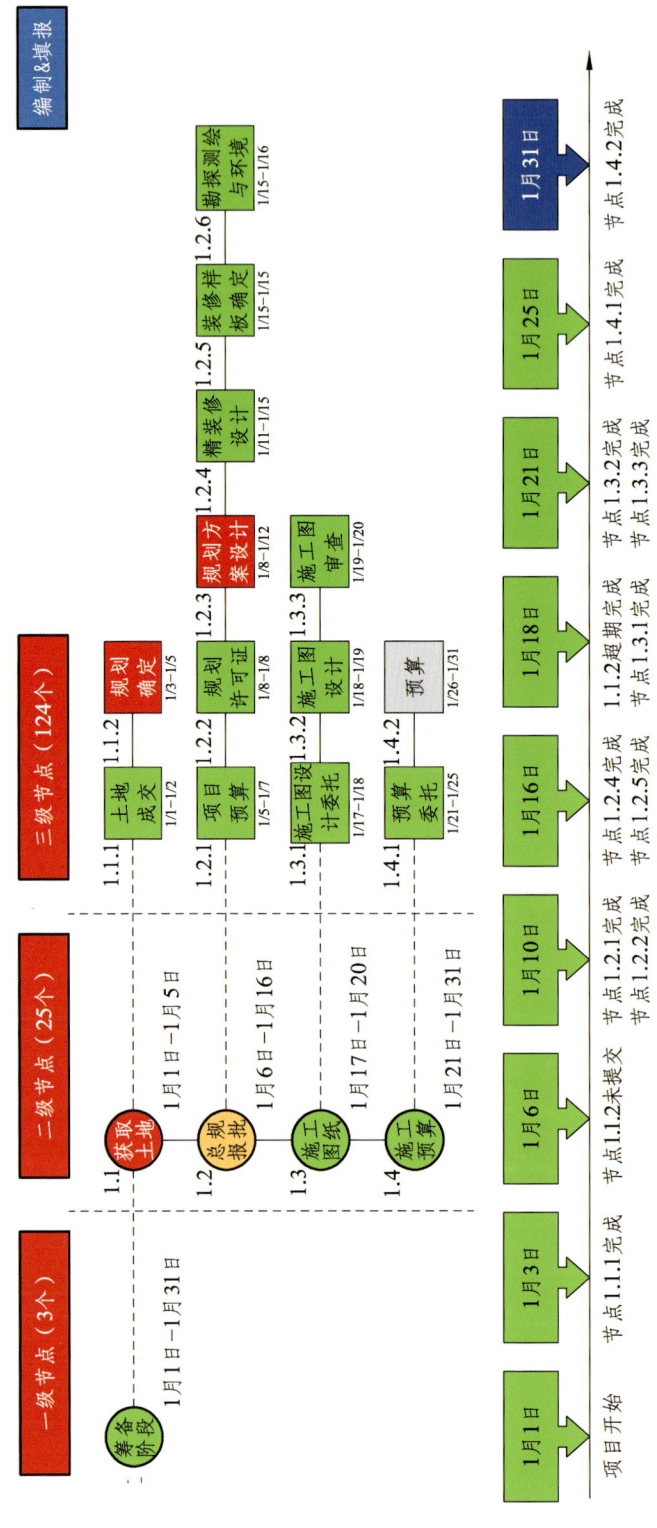

图 5.19 北京朝阳站项目三级节点联动亮灯示例

（2）在当前时刻，下级节点有黄色亮灯，但上级节点在计划时间范围内，此时上级节点为绿色。

（3）在当前时刻，下级节点有黄色亮灯，并且上级节点也延期m天以内（含），此时上级节点为黄色。

（4）在当前时刻，下级节点有红色亮灯，但上级节点在计划时间范围内，此时上级节点为绿色。

（5）在当前时刻，下级节点有红色亮灯，并且上级节点也延期m天以内（含），此时上级节点为黄色。

（6）在当前时刻，下级节点有红色亮灯，并且上级节点也延期超过m天，此时上级节点为红色。

通过对项目进度采取节点亮灯管理，有效提高了相关职能部门的责任意识、工作效率和服务水平，敦促各职能部门全程跟踪掌握项目推进情况，督促项目部按计划时间节点完成施工，倒逼管理人员直视问题、解决问题，扭转工期拖延的现象。图 5.20 所示为北京朝阳站项目三级节点爆灯监管控机示例。

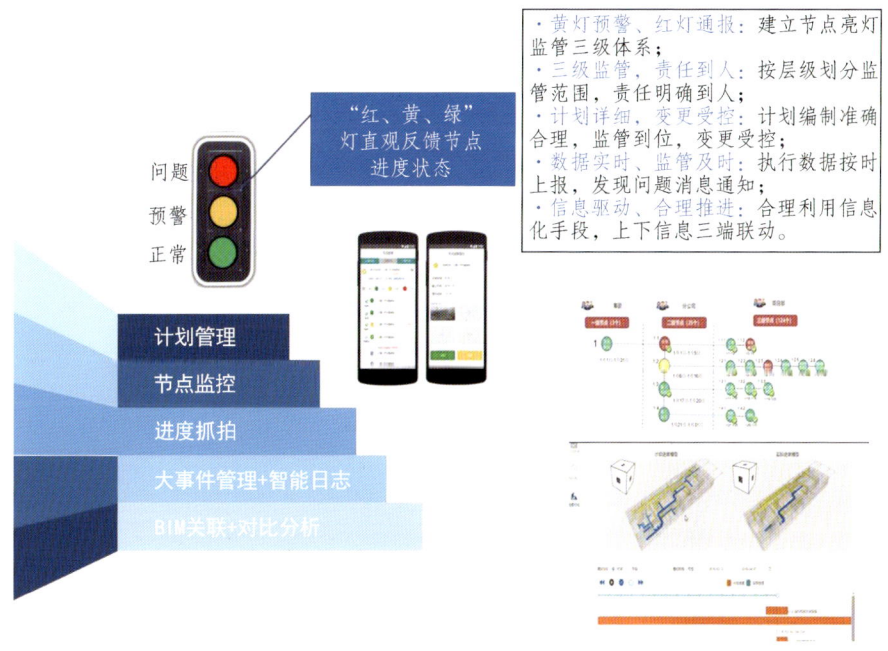

图 5.20 北京朝阳站项目三级节点爆灯管制机制示例

4. 节点管理难点及解决方案

采用节点计划分层管理时，遇到的首要难点是要将BIM技术与节点之间进行准确地关联。通过Project等工具完成进度计划的编制，编制的同时要考虑模型数据的兼容性。首先对计划中三级节点工作进行划分，计划划分完成后从最小的工作分解级别内容进行分析，确保计划的合理性。将BIM构件与各个节点间的逻辑关系进行分配，赋予模型构件详细的信息，如计划开始时间、计划结束时间、实际开始时间、实际结束时间、人员分配、物料分配等。

另外一个难点是要对每级节点进行权限划分，不同等级的节点对应不同的管理层级，不光是查看权限要进行区分，同时变更和审批功能也要设定对应的流程和权限。一级节点由集团负责管理，二级节点由分公司负责管理，三级节点由项目负责管理。其中，项目主要把控三级节点的执行情况，可根据实际情况进行变更审批申请，并做出相应调整。在不影响到二级节点进度的情况下，项目可自行把控调整方案并执行操作，如果影响到二级节点进度，乃至一级节点也受到影响的话，则需要上级逐层审批通过后，才能进行调整。

针对进度管理，北京朝阳站项目156智慧建造管理平台创新推出的节点管理，对进度关键节点进行亮灯监管机制，通过进度计划三级分解，配合BIM进度关联绑定，将实际进度与计划进度在BIM上进行对比，有针对性、有前瞻性地解决进度管理难点。图5.21所示为进度关键节点亮灯监管机制示例。

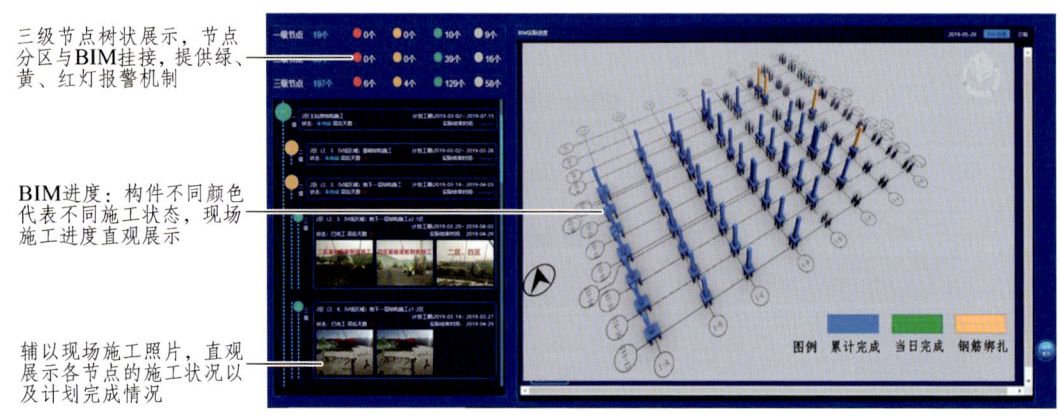

图 5.21　进度关键节点亮灯监管机制示例

5.3.2　节点计划变更

基于BIM技术的层级进度管理有严格的管理流程，在进度执行的过程中，存在各种来自不同部门、不同时期的影响因素，会对工程进度产生复杂的影响，使得工程难以一直按原定的进度计划执行。因此，进度管理人员要不断掌握工程实际进展情况，并与计划进度进行对比，从中得出偏离计划的原因并制定调整措施。如果需要变更进度计划，即遇到节点变更，应严格按照变更规则执行。图 5.22 所示为进度计划管理业务流程。

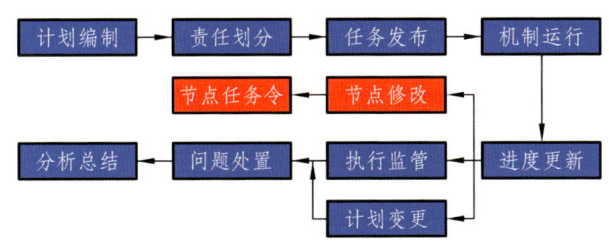

图 5.22　进度计划管理业务流程

1. 变更的分类

（1）按节点变更。

计划执行中，如果遇到工期计划调整，可进行计划变更。每个节点变更超过 5 天，需提交变更依据审核（审核流程及人员可自由配置）。

节点计划支持重新上传，上传时可根据实际制作的计划灵活选择多种覆盖方式，包括直接全覆盖（同步历史节点填报数据）、全覆盖（删除历史节点填报数据）、覆盖未完工节点（即留存完工节点），如图 5.23 所示。

图 5.23　节点变更示意

（2）按计划整体变更。

项目部如果需要重新上传计划，在导入新计划后可选择两种方式：一种是全覆盖，另一种是保留完工数据。全覆盖的方式是从头到尾完全按新计划进行监控，新计划的每个节点需重新上报。保留完工数据的方式是已完工的节点不变，增加新上传的计划节点数据，重新接着完工节点进行编号。

2. 变更规则

（1）节点初始修改规则。

在收到节点任务令后可进行一次三级节点任务令初始调整；每个节点任务调整时间范围不得超过上一级节点计划；任务令调整并提交后不可再次修改，如再修改，则需进行计划变更；调整提交后，移交到二级单位审批。

（2）计划小规模变更规则。

计划执行中，如果遇到工期计划调整，可进行计划变更；每个节点变更时间范围不超过上一级节点计划并且变更时间在 30 天内（含），项目可自行调整；每个节点变更时间范围超过上一级节点计划时间并且变更时间在 30 天内（含），则需提交变更依据审核，审核流程及人员可自由配置。

（3）计划一般规模变更规则。

节点变更时间超过 30~60 天，并且没有超过所属一级节点合同规定时间，提交变更依据到二级单位副总经理审批（审核流程及人员可自由配置）；节点变更时间超过 30~60 天，并且超过所属一级节点合同规定的时间，提交变更依据到二级单位总经理审批。

（4）计划大规模变更规则。

停工等原因导致的工期计划大规模调整，超过 60 天并且没有超过所属一级节点合同规定的时间，提交变更依据到二级单位副总经理审批；停工等原因导致的工期计划大规模调整，超过 60 天并且超过所属一级节点合同规定的时间，提交变更依据到二级单位总经理审批。图 5.24 所示为重大计划变更流程。

5.3.3　节点进度展示

节点的进度展示除了包括项目层面的项目亮灯界面展示、关键路径节点展示、分级节点展示外，也可以对整个集团的地图节点进行展示。帮助各层级的管理者实时监控进度进展情况。

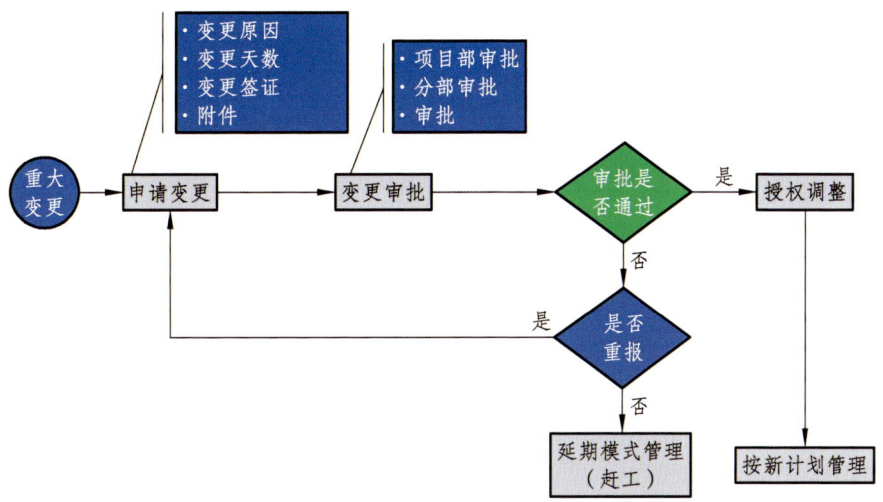

图 5.24 重大变更流程

1. 地图节点展示

地图节点展示的是所有项目中一级节点的亮灯颜色，如图 5.25 所示。地图上方可统计出所选单位范围下项目的总数、正常状态绿灯数、预警状态黄灯数、严重状态红灯数。鼠标移动到项目位置，浮框可显示出项目名称，该项目的一级节点、二级节点、三级节点分别有几盏红灯、黄灯、绿灯及延期天数。

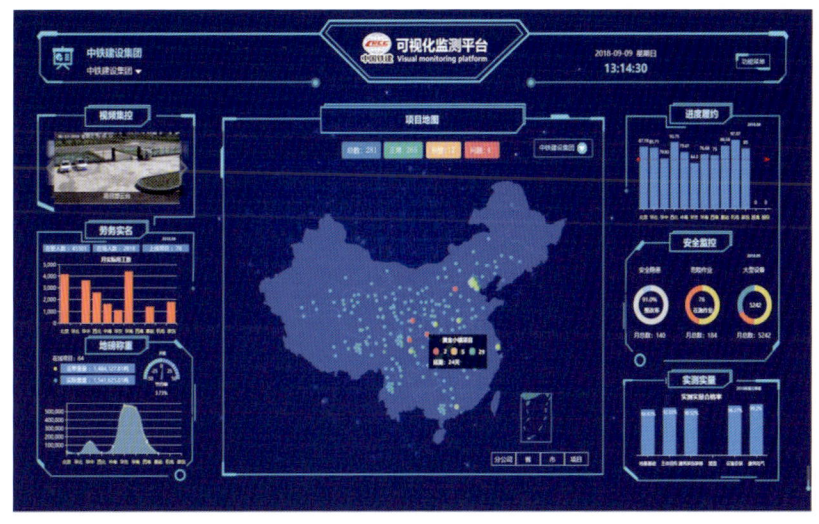

图 5.25 地图节点展示

2. 项目亮灯界面展示

项目亮灯界面如图 5.26 所示。

图 5.26　项目亮灯界面

左侧区域统计开工天数/总工期、各亮灯节点数及总数、大事件展示、智能日志。

右上区域自动统计出关键节点，形成关键路线，节点名称后加上滞后或提前的天数，统计出整个项目滞后天数和预计完工时间。

右下区域为节点详情，支持筛选不同维度的节点情况。点击名称旁边的"详情"显示节点信息，包括节点名称、状态、开工完工日期、手机上传的完成节点照片，并标注哪些是关键节点。

3. 关键路径节点展示

经过计算整个项目的三级节点统计出关键路径节点，如果有多条，则显示多条。关键节点根据最新的节点计划生成，结合节点计划的执行状态计算出整个工期最长的关键节点线路，如图 5.27 所示。

4. 分级节点展示

节点列表可以切换节点级别、状态（已完成、在施、未开工）、亮灯颜色（正常、预警、问题、未开工），如图 5.28 所示。点击"详情"，弹出该节点的所有信息，包括前后置节点。

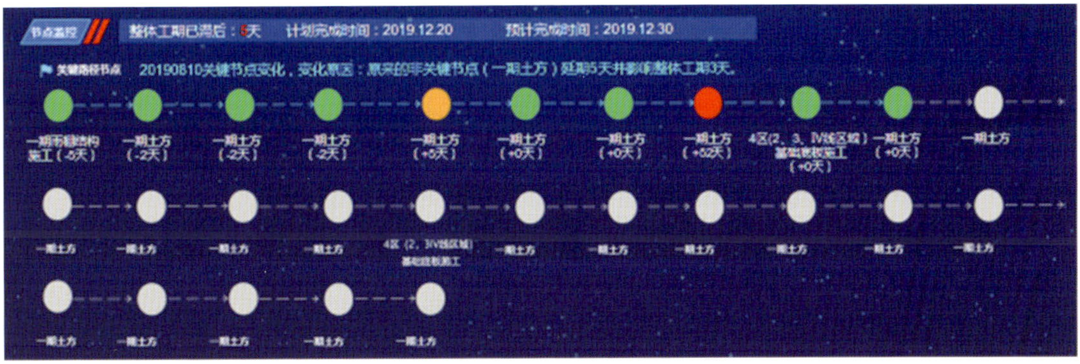

图 5.27　关键路径节点展示

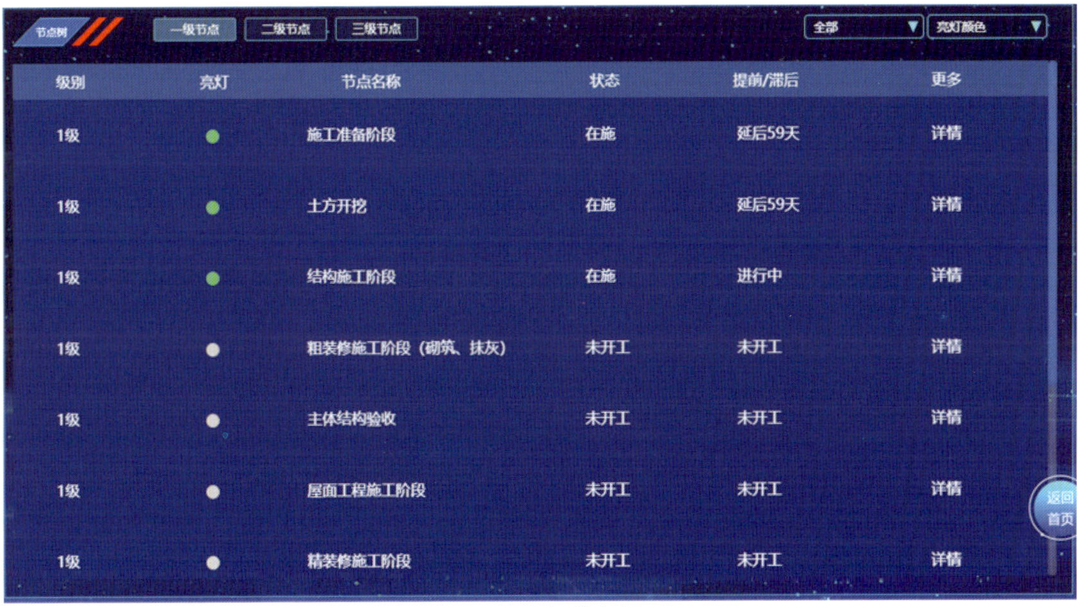

图 5.28　分级节点展示

5.3.4　节点计划维护管理

项目开工时，后台导入节点计划 Project 文件，如图 5.29 所示。可在线编辑与调整时间、一级节点合同时间及负责人，设定节点为里程碑节点（见图 5.30）。系统默认含有必要的初始一级节点、二级节点模板，可在此基础上增加节点。比较模板，如果导入的 Project 文件含有的一级、二级节点不全，提示缺少的节点并要求重新导入。

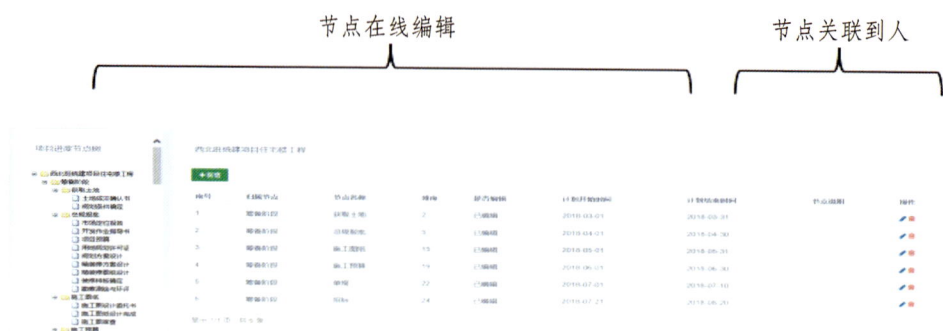

图 5.29　后台节点管理列表

图 5.30　后台编辑节点页面

　　初始提交后，需进入审核流程。审核结束后，可做延期申请（见图 5.31）。点击"申请延期"表示该节点在此刻未完成，并且节点计划时间将会变更，该节点计划截止时间推后到申请时间，节点亮灯按亮灯规则重新显示新的颜色。

节点申请延期

*节点名称：	三通一平
*开始时间：	2020-05-20
*结束时间：	2020-07-10
*变更到时间：	2020-08-10
变更原因说明：	
上传变更凭证：	
新增图片：清空图片	选择文件 未选择文件
变更记录(0次)	

保存　关闭

图 5.31　节点延期申请示例

显示上一级别任务信息，选定变更延期时间后，提示变更后结果及可能需要的审批、延期申请原因（见图 5.32）。提交审核后，上级领导可对该节点进行审核处理。

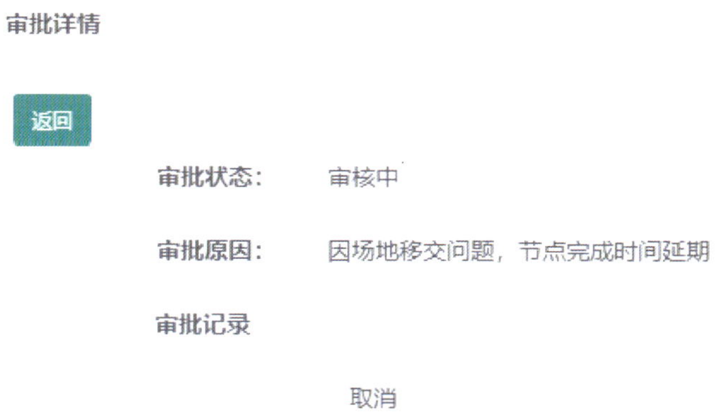

审批详情

返回

审批状态：　审核中

审批原因：　因场地移交问题，节点完成时间延期

审批记录

　　　　　取消

图 5.32　单项目节点延期申请审核

评审全部通过后，节点亮灯状态按规则更新。评审不通过，节点亮灯状态不更新。发起变更者可查看审核结果及意见。计算机端可自由配置项目节点变色的延期天数以及延期填报的缓冲天数（见图5.33）。

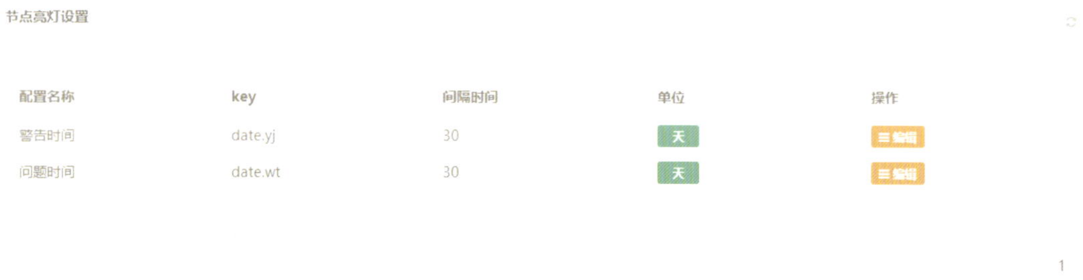

图5.33 节点亮灯设置页面

计算机端可按分公司自由配置所管辖项目不同节点变更条件的审批流程及人员（见图5.34）。

图5.34 审批流程及人员设置

5.3.5 节点进度填报管理

节点计划导入后，如果发生不可抗力因素等需要变更，支持在手机App上提交变更申请（见图5.35）。

通过审批调整完成后，点击节点，进入节点填报页面（见图 5.36），选择实际完工时间。如果节点亮黄灯和红灯，需要填写滞后原因、解决措施、情况说明。

图 5.35　节点变更申请

图 5.36　节点进度填报

项目开工时，导入节点计划 Project 文件后，各个负责人接到各自新的任务令（见图5.37），支持一次修改调整，调整规则参照节变更规则制定。

调整完成后，点击节点，进入节点填报页面（见图 5.38）。

节点填报页面显示出节点名称及亮灯颜色、亮灯说明、开始时间、截止时间、延期多少天、是否有变更、变更前状态、历史版本查询、情况说明、上传照片、一级节点显示合同时间。

图 5.37　单项目节点任务令

图 5.38　单项目填报节点进度

点击"完成"表示该节点在此刻已完成，亮灯处理有以下几种情况：

（1）当前状态为绿灯，点击"完成"按钮后仍为绿灯；

（2）当前状态为黄灯，并且超过计划截止时间 n 天，点击"完成"按钮后变为绿灯；

（3）当前状态为黄灯，并且超过计划截止时间 n 天以上 m 天以内（含），点击"完成"按钮后仍为黄灯；

（4）当前状态为红灯，并且不超过计划截止时间（$m+n$）天，点击"完成"按钮后变为黄灯；

（5）当前状态为红灯，并且超过计划截止时间（$m+n$）天以上，点击"完成"按钮后仍为红灯。

查看节点进度结果（见图 5.39）：单项目节点显示到三级节点，上方切换查看各级别的节点，默认显示一级节点，统计出该级别各状态节点的数量，列出节点名称、起止时间、节点亮灯颜色、是否填报状态。绿色对钩表示正常时间填报，灰色对钩表示未填报，上一级节点提示下一级是否有超过截止时间未填报的节点。

图 5.39 单项目节点进度

点击节点可查看所点击的一级节点所属下一级节点信息列表，页面上方显示所选上一级节点的信息。下一级节点列表可以切换筛选上一级节点，或者选择所有上一级节点即可看所有全部级别节点。

（1）分公司级别。

登录 App 后可见所有下属项目的进度节点情况。通过下滑查看各项目的各级节点颜色及数量。停工项目标注停工，后置在最下方，从停工开始节点状态保持不动，项目启动后刷新红黄绿灯并重新计数。

（2）集团级别。

登录 App 后可见所有下属二级单位的进度节点情况（见图 5.40）。

通过下滑查看各二级单位的节点各颜色数量、延期项目数。支持项目、二级单位名称关键字搜索。节点计划导入后，如果发生不可抗力因素等需要变更，支持在手机 App 上提交变更申请（见图 5.41）。

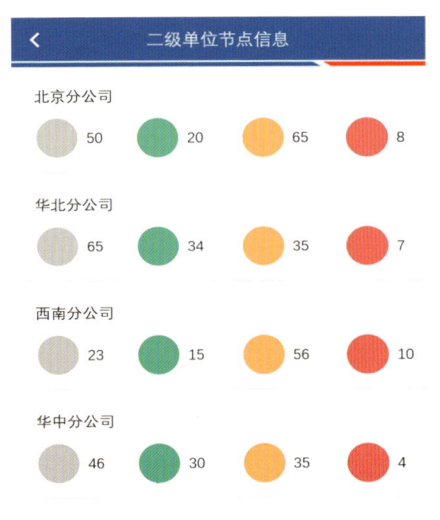
图 5.40　集团下二级单位节点信息列表

图 5.41　节点变更申请

通过审批调整完成后，点击节点，进入节点填报页面，选择实际完工时间、如果节点亮黄灯和红灯需要填写滞后原因、解决措施、情况说明。

随着行业 BIM 应用的逐步深入，模型编码的重要性逐步体现出来。通过对模型编码，可以很方便地将模型与业务数据进行关联，实现基于 BIM 的进度管理、物资管理等落地应用。

5.4 "Pocket BIM"轻量化协同平台

WBS 建立的过程就是任务分解的过程,任务包含用空间描述的任务与不能用空间描述的任务,其中空间描述的任务可以利用 BIM 属性自动生成结构化目录树,通过进度计划与目录树的连接实现 WBS 与 BIM 的连接,不失为一条好的解决路径。该方法不改变工作习惯,工程师仍然编制进度计划,通过选择分区信息实现了 BIM 4D。

基于以上思路,中铁建设集团自主研发的"Pocket BIM"轻量化协同平台,根据使用单位实际需求定制业务模块,实现模型多端浏览、施工流水段及施工进度管理、图模对比、工程数据记录等应用场景,使项目管理可视可控、内外部沟通更加顺畅。

该平台能够解决多专业、大体量 BIM 在施工建设应用中的问题,该系统基于 WebGL 技术,在 Web 端无插件渲染模型,无须安装大型 BIM 软件就可以通过浏览器快速查看、应用模型。

"Pocket BIM"轻量化协同平台作为中铁建设集团"156 智慧建造管理平台"BIM 模块支撑引擎,为 156 平台首页、智能进度、资源管理、智能设备等提供图形三维支持。"Pocket BIM"轻量化协同平台内置的编码体系可以为 156 智慧建造管理平台提供进度管理、物料关系、工人及机械管理底层数据,帮助 156 平台更高效地实现业务功能。

5.4.1 "Pocket BIM"轻量化协同平台的主要功能

1. BIM 基本应用部分

"Pocket BIM"支持多达 44 种常规二维及三维格式文件的导入,支持超过 10 G 大小的模型文件的处理(建筑面积超 40 万立方米),支持二三维联动、图模对比、模型集成、查看模型、测量尺寸、剖切截面、漫游浏览、应用展示界面、二维码分享等常见操作。

2. BIM 管理功能

BIM 能实现 BIM 4D 进度管理可视化、基于 BIM 的物料提单 + 进度自动关联管理 + 资源管理、三维分区管理、工程量快速统计、视图联动管理、工人定位功能、AI 模型管理、图纸及模型版本管理、图纸及模型变更对比、施工样板管理模块、三维标注管理、功能区空间标记、多级流水分区管理、基于 BIM 的进度资源管理等功能。

3. 二次开发能力

由于 BIM 需求的多样性,以及 BIM 数据内容的灵活应用空间和扩展能力,通过二次开发接口，不仅能够实现对 BIM 数据的调用和综合展现的集成，还能按照项目需要不断地扩展更多的应用功能。

5.4.2 "Pocket BIM"轻量化协同平台与三级节点的关联

"Pocket BIM"轻量化协同平台属于集团自主模块化产品，单独产品应用，速度快，安全可控；156 平台所有 BIM 应用的入口，都不需要 IT（信息技术）人员维护。

首先，应用 WBS 将项目按照一定的原则进行任务分解，按照节点再将任务分解成三级，也就是三级节点。北京朝阳站项目一级节点有 19 个，二级节点 55 个，三级节点 197 个。通过控制三级节点来实现二级和一级节点的完成。

然后，编制进度计划并导入 156 平台，施工过程中每一个三级节点都包含若干个 BIM 构件，通过三级节点完成情况来判断节点下面的 BIM 完成情况，BIM 颜色与灯的颜色一致，红色代表滞后，绿色代表正常，灰色代表还未开始（见图 5.42）。

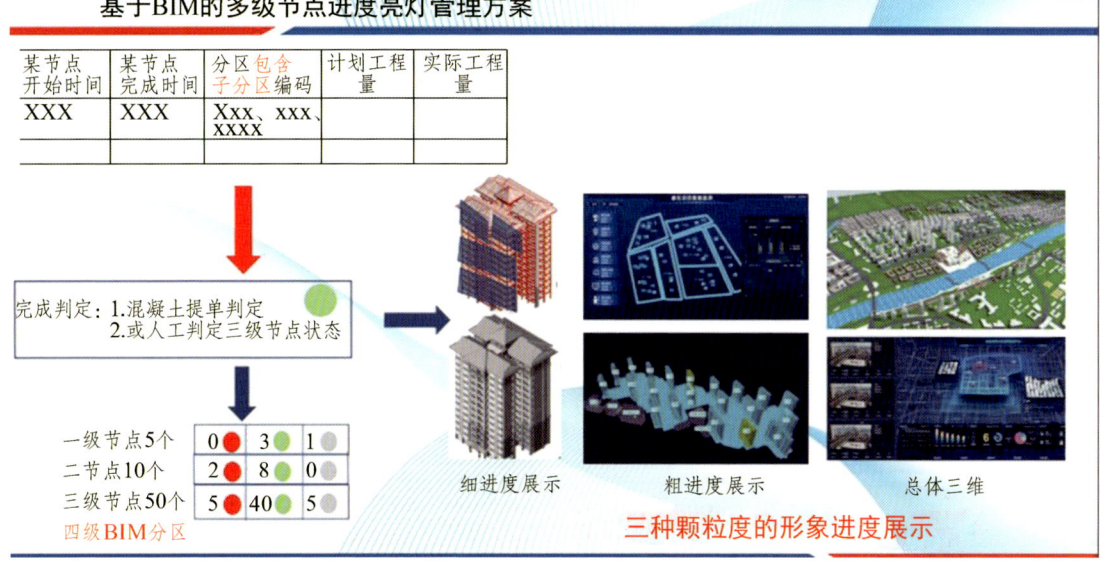

图 5.42 基于 BIM 的三级颗粒度可视化进度展示

将三级节点与 BIM 进行关联，达到了 BIM 可视化、可模拟的效果，也实现了平台功能的创新升级。

5.4.3 "Pocket BIM"轻量化协同平台编码体系

1. 编码标准分类（见图5.43）

项目属性，分为2个字段。与项目的单位、子单位工程划分一致。

专业属性，分为3个字段。其中，二级子专业字段主要用于机电专业，土建专业只需专业与子专业两个字段，与项目的分部分项工程划分一致。

分区属性，分为3个字段。参考一般房建、站房项目的流水划分，针对单体建筑，3个层级的流水划分足够使用。

构件属性，分为4个字段。考虑到项目管理的颗粒度，将构件子类别、构件类型、构件实例三个字段作为可选扩展字段，常规项目使用构件类别字段即可满足需求。

释义：构件类别（桩）、构件子类别（钻孔桩、水泥搅拌桩）、构件类型（桩径600、桩径800）、构件实例（1号钻孔桩、2号钻孔桩）。

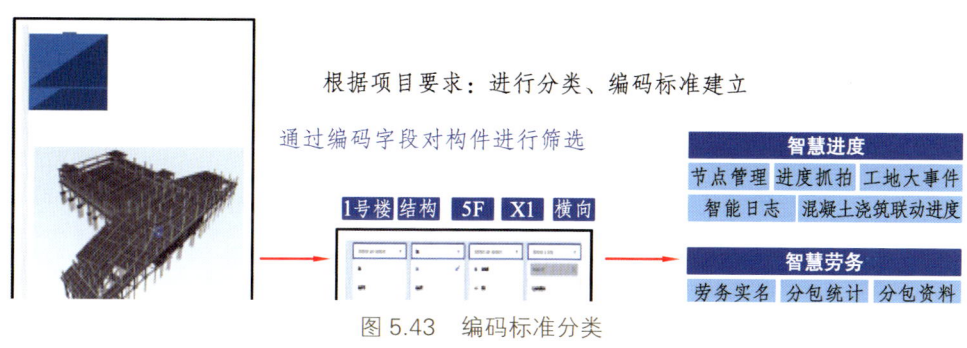

图5.43 编码标准分类

2. 项目进行分类及编码标准建立的价值

（1）对施工流水段分区编码、统一标准，编码可以实现认知唯一，多部门共用。

（2）编码内置于业务系统，数据录入时按规则录入，实现数据录入、应用的结构化。

（3）分类法方便使用，根据业务需求，方便不同维度、不同颗粒度进行BIM构件筛选（见图5.44）。

（4）对没有模型的钢筋、周转料进行清单生成，实现后续工效统计。

（5）基于编码连接业务与模型，即使模型已更新，编码仍与业务挂接，重新导入模型仍保证模型与编码关联，变相与业务关联，不会导致业务信息消失。

（6）编码能够实现不同系统之间的通信功能。

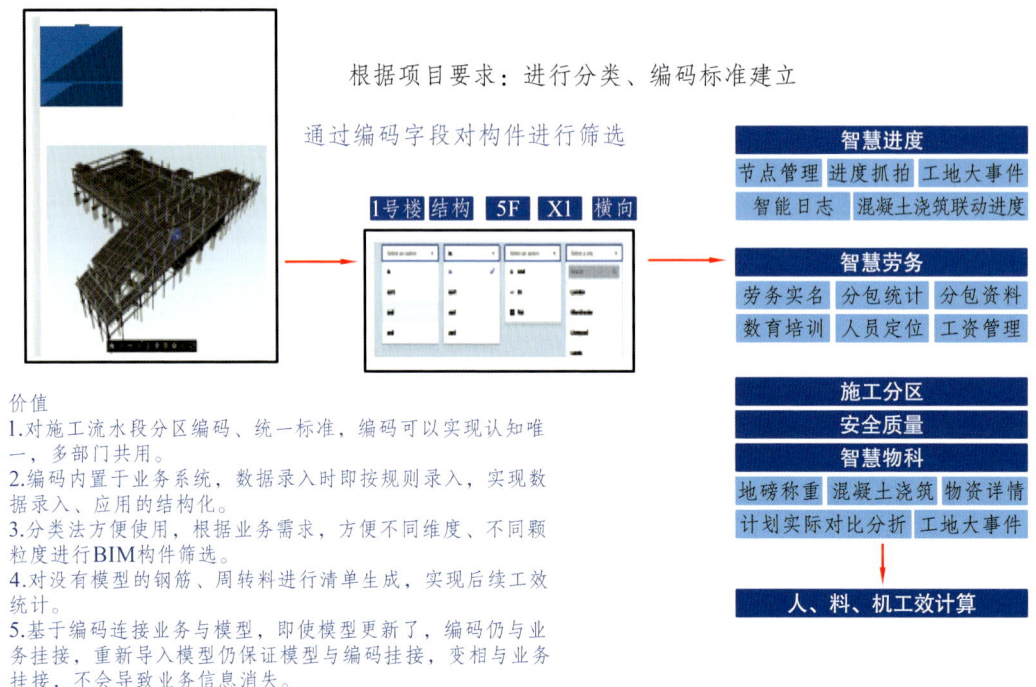

价值
1. 对施工流水段分区编码、统一标准，编码可以实现认知唯一，多部门共用。
2. 编码内置于业务系统，数据录入时即按规则录入，实现数据录入、应用的结构化。
3. 分类法方便使用，根据业务需求，方便不同维度、不同颗粒度进行BIM构件筛选。
4. 对没有模型的钢筋、周转料进行清单生成，实现后续工效统计。
5. 基于编码连接业务与模型，即使模型更新了，编码仍与业务挂接，重新导入模型仍保证模型与编码挂接，变相与业务挂接，不会导致业务信息消失。
6. 编码能够实现不同系统之间的通信功能。

图 5.44 分类、编码标准建立流程

5.4.4 "Pocket BIM"轻量化协同平台应用BIM的编码方案

（1）从Revit模型导出明细表（见表5.3），并提取所需的字段，编制项目结构图，然后根据项目结构图编制项目结构编码。

表 5.3 Revit 模型明细

楼号	楼层	分区	构件 ID	工程量
中央站房	F1	Z1	528725	2.41
中央站房	F1	Z1	528729	2.44
中央站房	F1	Z1	528731	1.57
中央站房	F1	Z1	528733	1.93
西站房	F1	X1	528735	0.67
西站房	F1	X1	528737	1.23
西站房	F1	X1	528739	1.23
西站房	F1	X1	528741	1.57
西站房	F1	X1	528743	1.93

（2）将项目结构编码录入对应 BIM 的实例属性上，可通过 Excel 批量导入，通过属性自动创建分区（见图 5.45），并关联构件（见图 5.46）。

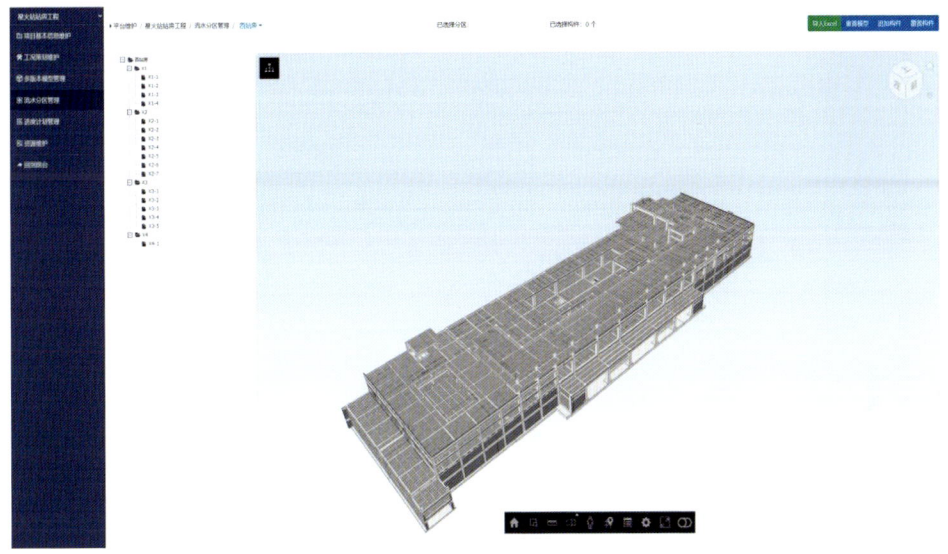

图 5.45　自动创建分区

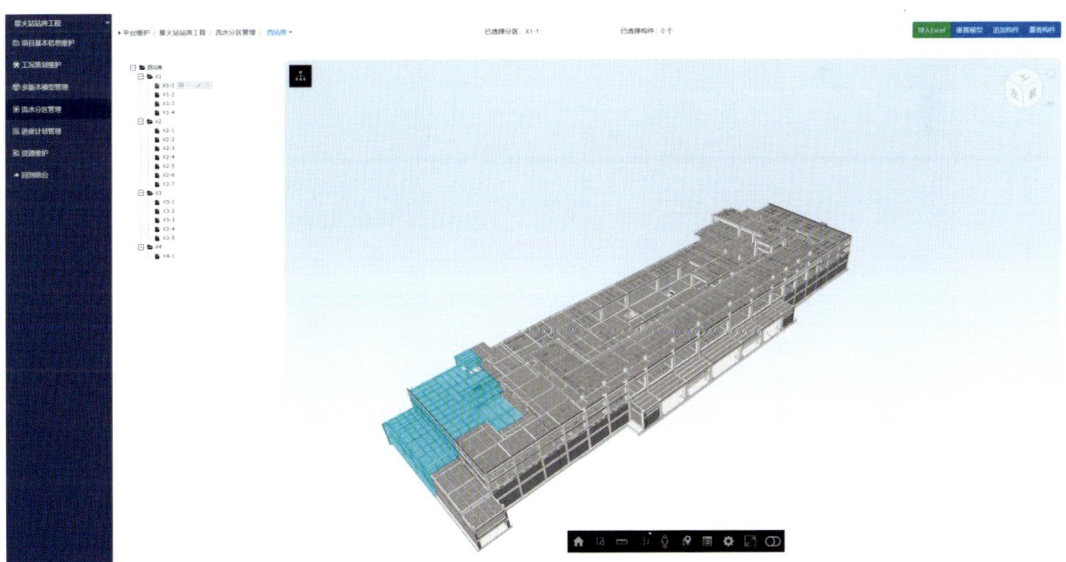

图 5.46　自动关联 BIM 构件

（3）同时支持手动操作，通过属性手动选择创建分区，并关联构件（见图 5.47）。

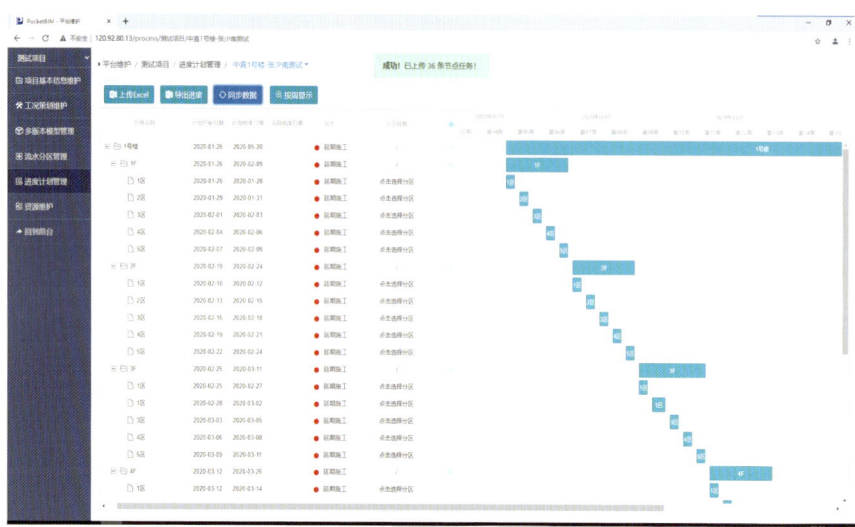

图 5.47　手动创建分区、关联 BIM 构件

（4）将 BIM 导入 Pocket BIM，然后 Pocket BIM 根据项目结构分解的逻辑关系自动生成目录树（见图 5.48）。

图 5.48　自动生成目录树

（5）进度计划任务项绑定目录树对应的编码（见图 5.49）。

（6）此时已完成进度计划的上传、导出、编辑，实现了进度计划的条目与流水分区关联，进度计划的完成时间需手动维护。通过播放演示，实现 BIM 4D 可视化进度管理。实现计划进度与实际进度的双屏对比（见图 5.50），节点完成状态亮灯管理，根据亮灯状态实现对节点关联的构件着色显示、4D 进度模拟、资源曲线、以周为单位的三维进度展示（见图 5.51）、人、材、机信息展示等功能（见图 5.52）。

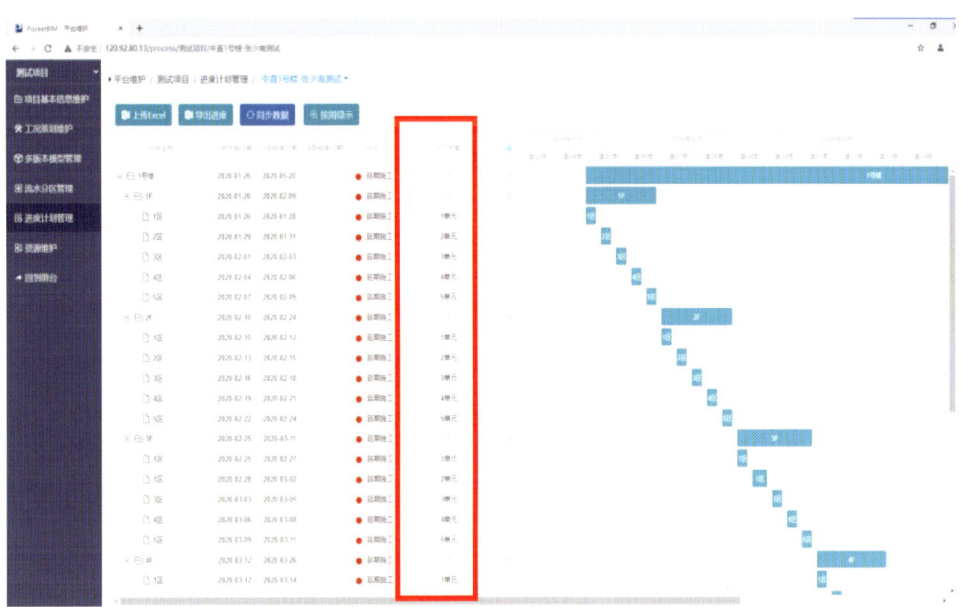

图 5.49　进度计划条目挂接分区 BIM 编码

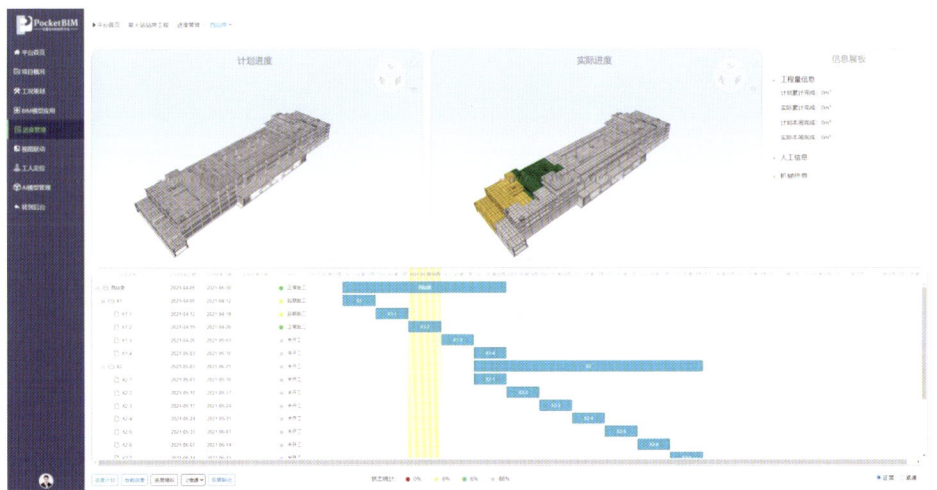

图 5.50　计划进度与实际进度的双屏对比

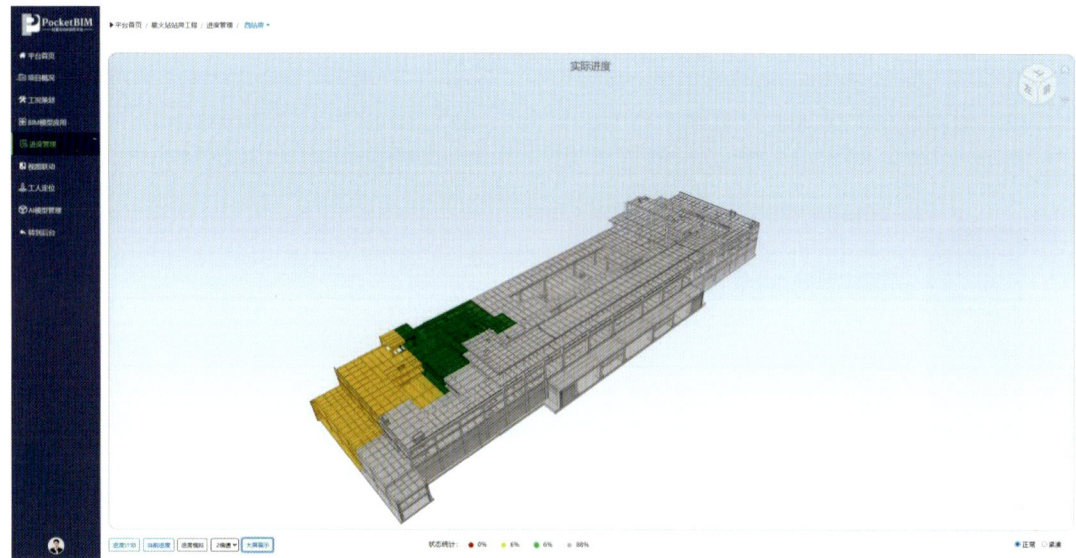

图 5.51　实际进度展示

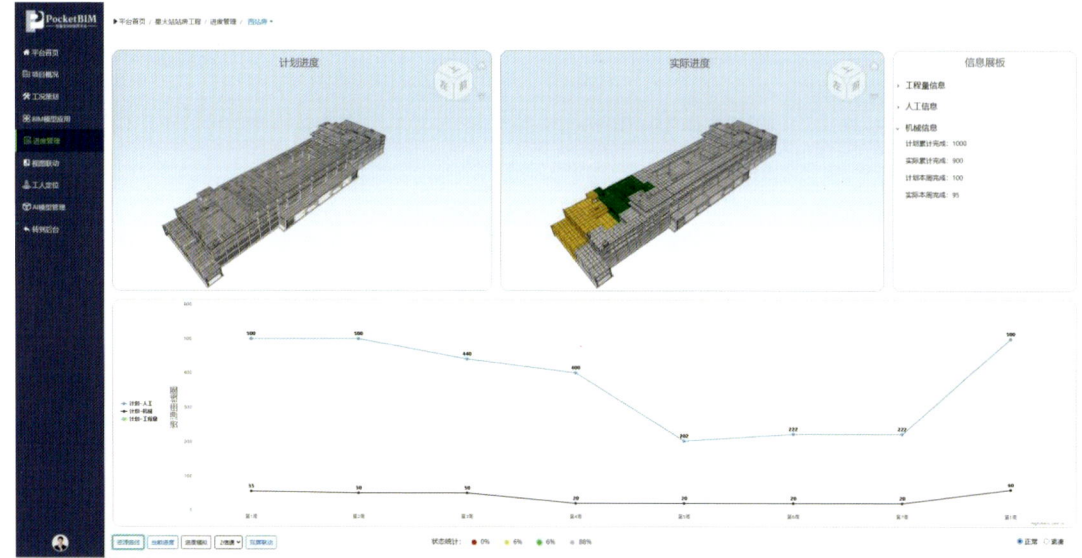

图 5.52　以周为单位的人、材、机信息展示

（7）以混凝土浇筑申请单生成为例，实际进度、计划进度的工程量统计出来后，4D 进度模拟进度计划与模型关联靠手工完成（见图 5.53）。

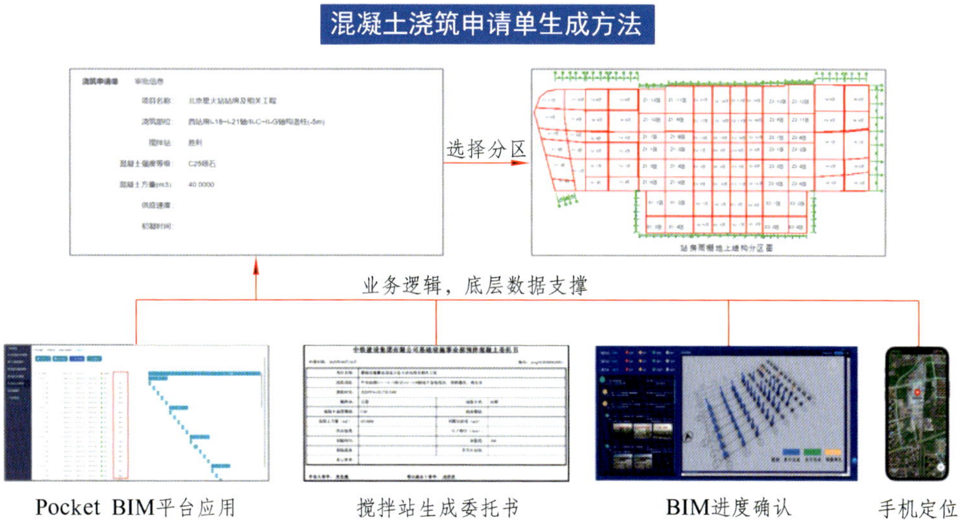

图 5.53 混凝土浇筑申请单生成方法

（8）手动判定任务项的完成时间，然后根据分区完成情况、节点亮灯情况与 156 平台联动，通过实际完成时间与计划完成时间的对比，自动生成灯的颜色（见图 5.54）。

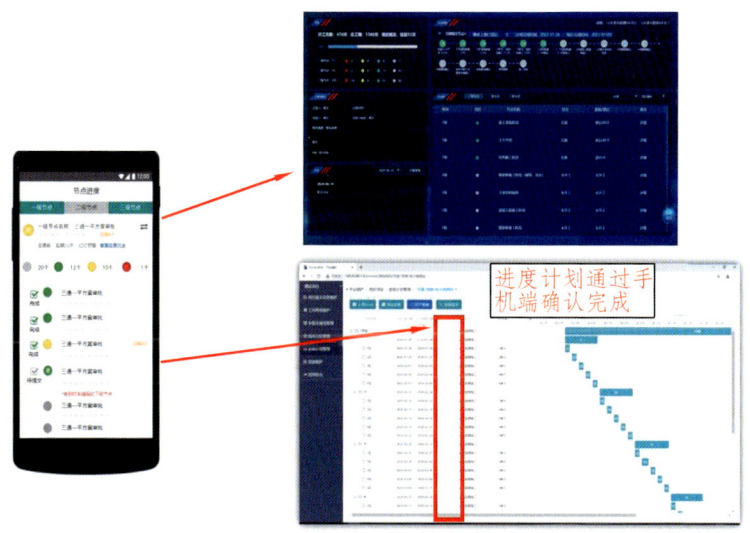

图 5.54 通过亮灯情况判断节点进度

（9）在 BIM 上，同时实现了工作任务实际进度与计划进度的比较（见图 5.55），以判断任务完成提前或是滞后，也可体现工程量的偏差。

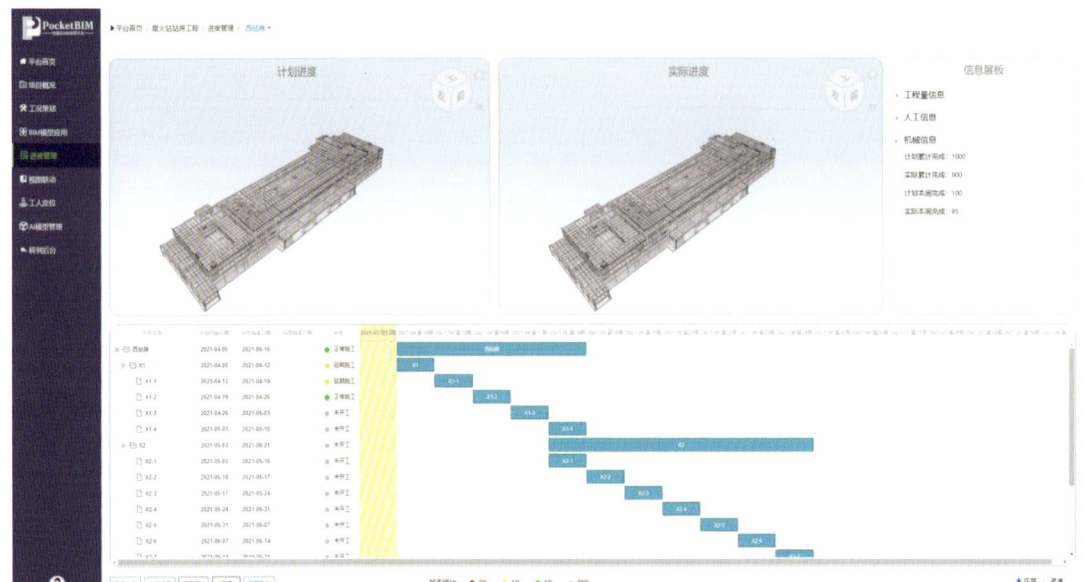

图 5.55 实际进度与计划进度比较

5.5 智能进度管理应用成效分析

1. 实现了项目进度管理目标

工程进度目标的实现对大型工程管理具有重要意义，不仅可以直接反映施工企业的工作和管理效率，也可以直接影响业主的经济效益。根据集团公司、分（子）公司、项目部三级进度管理的模式，研发应用进度亮灯（绿、黄、红）管理模块，通过 Project 横道图导入，自动识别三级节点，各级管理层负责监管对应层级的进度节点，通过与节点进度负责人的手机关联，进行节点工期正常或滞后预警，并自动进行关键路线的调整。通过与 BIM 技术的连接，形象直观地了解项目的实时进展情况，合理调配资源，有效地弥补传统进度管理过程中可视化程度差、事后管理和信息传递效率低等缺点，如期实现了项目进度目标。

以北京朝阳站的 3 区主站房结构施工为例。3 区主站房结构施工为一级节点，其进度计划情况是，计划开始时间为 2019 年 3 月 15 日，计划完成时间为 2019 年 7 月 15 日。该节点下包括两个二级节点，分别是 3 区（2、3、Ⅳ线区域）结构施工和 3 区结构施工（z2-15 区、z2-16 区、z3-7 区、z3-8 区）。其中，3 区结构施工（z2-15 区、z2-16 区、z3-7 区、z3-8 区）这个二级节点的计划开始时间和计划完成时间与其一级节点的时间一致。在这个二级节点下，有一个三级节点 3 区基础底板结构施工，这个三级节点的计划开始时间是 2019 年 3 月 25 日，计划完成时间为 2019 年 4 月 23 日。因现场施工环境及其他客观条件影响，该任务未能在计划开始时间进行。管理人员通过平台进度管理三级节点亮灯功能，在当前节点亮黄灯时，即进度延期刚刚发生时，就发现了该情况并进行了关注。经过核查施工日报确认该任务未能正常按照计划开工，立即了解情况，并进行上报，经过组织讨论，制定并采取保障措施。三级节点 3 区基础底板结构施工，在 2019 年 6 月 17 日完成，完成的时间点早于其上级（二级）节点的计划完成时间 2019 年 7 月 15 日，未对整个工期计划造成影响，保障了整个项目的工期进度。

2. 实现了一系列管理上的突破

（1）实现基于 BIM 技术的多业务联动进度管理模式。

基于 BIM 技术的节点亮灯进度管理模式，将 BIM 技术与时间、数据关联并与移动互联网结合，将线下的管理行为移植线上，对进度进行可视化策划、可视化纠偏、可视化分析。同时通过 WBS 构件编码作为管理系统数据与 BIM 的桥梁。实现物资提单系统为入口的贯通 BIM 可视化展示系统、三级节点模块、工程量统计模块的横向业务的连接。

（2）实现了基于多方参与的节点计划分级管控，节点责任到人。

不同级别节点的任务，审批流程不同。一个项目包括多个一级节点，一级节点是最大的节点，一级节点下面包括多个二级节点；二级节点是中间节点，下面可包含多个三级节点；三级节点是最细最末端节点。根据计划节点级别，按层级划分监管范围，职责分工明确，责任具体到人，实现精细化、高效化、规范化的多级监管模式。

（3）实现了基于进度管理数据关键路线的 AI 计算，关键路线自动调整。

清晰地反映关键任务以及其前后任务之间的逻辑关系，同时能够涵盖项目进度设计、质量计划和成本计划，实现各项任务的最优结合。

（4）实现了数据实时、监管及时。

作为实时进度监测系统，可以实现进度监测数据的自动采集、实时传输，执行数据按时上报，发现问题消息通知，减少人为因素对监测数据的干扰，监管及时。通过实时监测及进度抓拍，能够确保项目的质量安全，观察项目质量以及现场作业人员的安全操作状况，第一时间了解项目进度。

（5）实现了去 IT 人员化。

工程师独自对进度计划系统进行调整，不需要 IT 人员参与进度计划的上传、调整。BIM 的上传更新，BIM 与节点的挂接均配置成熟的操作使用平台和完善的工具操作界面。

3. 智能进度管理取得的成果

通过以上管理手段，结合进度管理的三级节点亮灯监管机制，能够实时掌控项目进度情况，同时大大减少了人工汇报的工作量，缩短了汇报时间，提升了工作效率。三级节点亮灯机制，在节点亮绿灯时，表示当前节点按照计划进行。在节点亮黄灯时，即进度延期刚刚发生时，管理者即可及时发现问题，有针对性地调整方案、采取具体措施，进行节点计划变更申请，经过领导审批通过后，按照新的计划进行执行和监管。在节点亮红灯时，管理者通过进度管理系统可以清晰准确地定位具体的问题和负责人，除进行有效止损，也可为后期追责提供有效的证据信息。通过亮灯监管及时发现问题，以及多方共同协调和处理问题，减少或避免工程的延期，很好地实现进度目标的控制，进而在组织上、技术上、管理上提高大型复杂工程的进度管理效率。

利用BIM等信息化、科学化施工进度管理手段和工具，实现了项目进度的创新管理。BIM技术的引进，让项目的进度管理产生了非常大的变化，各个岗位工作习惯和管理模式也随之改变，这还需要一个尝试和适应的过程。作为该项目的承建单位，通过北京朝阳站项目，以一种全新的进度管理理念和方法，借助BIM 4D的三端一云模式，拉近了一线人员与管理人员的距离。以BIM为载体，链接了各个部门的工作内容，并通过项目的不断推进，实践并总结了项目进度智能管理实施方法，为后续BIM技术在其他项目的推广起到了引领作用。

第 6 章
智能物料管理

物料管理是施工现场最容易发生混乱、同时也是最重要的管理环节。在大型铁路客站建设过程中，用料种类多、用量大且施工场区多，传统物料管理方法由于"信息孤岛"的存在，会导致不同施工场区间数据同步困难的问题，给物料管理带来了挑战。

以北京朝阳站为例，在项目中主要涉及的物料种类、规格、数量如表 6.1 所示。从表中可以看出，涉及的物料种类多、数量大，因此物料的供给往往由多家供应商承担。为了保证用料供给充足，保障工程进度的正常进行，物料的管理工作显得极为重要。

表 6.1 项目物资表

物资名称	规格	单位	数量
钢筋	各种型号	t	9.5×10^4
直螺纹套筒	各种型号	个	1.45×10^6
安全网	平网立网	m^2	1.1×10^6
木胶合板	15 mm	m^2	8.3×10^5
钢模板		t	1 030
混凝土		m^3	5×10^5
水泥	P·O42.5 袋	t	300
水泥	P·O42.5 散	t	8 000
临设电缆		km	15
临时配电箱		台	130
脚手板		m^3	3 000
盘扣架	48 系列	t	2.6×10^4
钢木龙骨	5×5 5×7	延米	3×10^6
钢管		延米	1.9×10^6
扣件		个	1.07×10^6

从物料计划开始，到物料采购、物料运输、物料进场称重和验收，一直到物料的使用，涉及的工作量都很繁重。传统基于人工的管理模式存在多个问题：如果管理人员的业务素质不高，工作会缺少计划性，加上管理制度的不健全、采购流程的不合理，导致采购成本缺乏控制；物料收货及验收把关不严，物料数目不对、质量不符合标准等问题时常发生；施工现场物料堆放不规范、杂乱无序，易造成安全隐患，存在物料缺失、丢失或损耗过量未能及时发现等问题。若要解决以上的问题，必须将信息化技术手段应用到物料管理中，从而杜绝人为因素造成的管理隐患。

物料是建造的基础，物料管理在整个生产管理中占有重要地位，智能物料管理系统的构建，能够实现对物料的高效管理，并提高物料信息的真实性和实时性；将基础物料数据规范化，能够提高数据的准确性；通过系统优化管理流程，严格管理，提高执行力，完善管理制度；建立物料信息数据化，实现数据共享，为管理提供数据支持，辅助领导快速决策。本章将介绍156智慧建造管理平台如何采用"物联网+物资"的管理思路，为现场物资从供需联动、智能验收、全程溯源等环节提供平台支撑，集需、供、称重过磅系统于一体。线上计划制订、一键式下料，物资进场逐车过磅，扫描识别物资条码，过磅数据与送货数据匹配对比，形成进出场台账数据库，实现现场物资管理智能化、无纸化，并大幅提高物资对账结算效率。

6.1　物料管理发展现状

不同于国外一些国家在20世纪末就开始使用自动化物料管理系统，我国物料管理现代化起步较晚，2000年后才得以迅猛发展。但随着我国信息化建设的推动及各大企业重视程度的提高，物料管理水平得到了极大的改善，智能物料管理系统凭借其高执行率、高精确性、低成本、轻量化和强操作性等优势在我国各大企业中得以运用。

目前，我国对于物资信息化管理的应用相对成熟，各行各业的物料信息化管理系统已具备一定的规模，有的企业虽然已经引进了物资信息化管理系统进行物资管理工作，但物资管理方面的工作内容依然在采用传统的人力方式。而有的企业在应用智能物料管理系统时没有提供配套的硬件设施，或者没有提供系统所需的配套环境，极大降低了系统的处理效果。

在传统的物料管理中，建筑物料管理的可控性不强，受工程施工特点的影响，物料管理在采购、供应、验收和使用等环节的管理有一定的特殊性和复杂性。一般由技术部门提出物料计划后，由物资部门进行采购，材料到达现场后，由物资部门验收。在这个过程中，往往会出现物资到场不及时、到场物料不足或不合格的情况。

此时,若仍采用传统的物料管理手段不仅会增加部门工作量和工作难度,而且不利于企业的良性发展。对于施工企业而言,工程成本是其最主要的成本支出,工程成本的降低有助于企业获得更多的盈利空间,从而增加营业利润,因而加强对工程成本的监控和管理、节约工程物料、降低工程材料成本对企业的长远发展具有重要意义。在此情形下,提高企业管理人员对项目成本管控的重视程度,对施工企业工程项目所需的物料进行科学有效的管理变得十分重要。为应对瞬息万变的市场,企业的业务发展能力需与时俱进,要紧跟市场风向,积极主动应对市场的突发事件,唯有这样才可在激烈的市场竞争中得以生存和发展。基于此,将智能物料管理系统应用于施工企业,有助于解决传统物料管理方式中的不足,能快、准、狠地对施工企业所涉工程项目的物料进行规范、统一管理,提高物料管理工作效能,为工程的保质保量完成提供保障。

智能物料管理系统的目的是实现数据的收集和辅助。它是一种有别于传统的人工物料管理方式,通过信息化的手段实现公司对项目物料收发环节的实时管控,整合内部各项数据并对其进行分析优化,减轻人员的工作量,简化复杂烦琐的流程,大幅提高企业的工作效率,降低错误发生率,从而实现对工程项目所涉物资进行规范化、统一化管理。

6.2 建筑材料管理系统

建筑材料是与施工直接相关的一类物料,对建筑材料的管理也是建筑工程项目管理的重要组成部分,在工程建设过程中建筑材料的采购管理、质量控制、环保节能、现场管理、成本控制都是建筑工程管理的重要环节。搞好建筑材料管理对加快施工进度、保证工程质量、降低工程成本、提高经济效益,具有十分重要的意义。

1. 系统概述

智慧工地材料管理系统充分利用物联网、大数据、BIM、移动互联技术,对工地材料进行全生命期的管理。通过这些新技术的应用,项目采购人员能够提出比较准确的采购计划,对进场的物料跟踪管理,对工地的物料进行实时监控。

2. 系统设计

材料管理系统主要分为品目管理、单位管理、采购计划管理、材料验收以及材料报检五大模块，如图 6.1 所示。其中，品目管理也包括规格管理，下面将对这五大模块分别进行介绍。

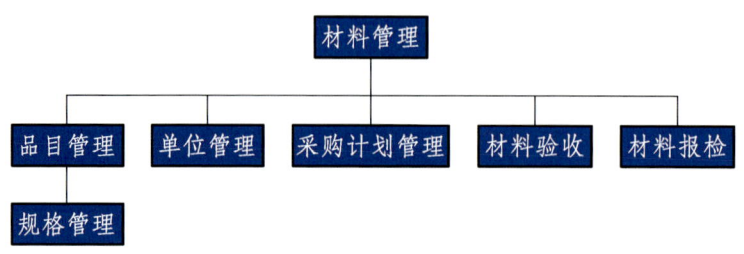

图 6.1　智能物料管理功能模块

3. 功能介绍

（1）品目及规格管理。

这一模块主要用于进行施工现场的材料目录及其规格的参数管理。品目管理界面包括材料的名称及创建时间，在每条数据后面的操作栏中，可以对材料进行规格管理和删除操作。规格管理界面包括材料的规格名称和创建时间，也可以对材料的规格进行删除操作。

（2）单位管理。

单位管理用于对施工现场材料的单位参数进行管理配置，包括材料的单位及创建时间，同样可对该条记录进行删除操作。

（3）采购计划管理。

该模块用于施工现场提报施工材料的采购计划。材料计划管理保存材料计划，随时供项目管理人员使用。如图 6.2 所示，采购计划管理模块保存了采购材料的各种详细信息，包括材料的规格信息、来源信息以及使用信息。当管理人员将信息输入系统之后，自动生成此次材料采购的具体信息，并且可以对该条信息进行删除操作。

材料计划管理实际上是技术管理与材料管理的交叉应用，是项目协同在材料管理、计划进度管理上的体现。平台利用数据综合管理的优势，在平台应用层面将进度跟踪与材料计划、人力计划等进行综合比对，分析计划的执行效果。

（4）材料验收。

材料验收用于对采购的材料进行验收记录，可以记录本次验收材料的规格、数量、送货单位、验收照片等数据。这项功能的实现主要采用了基于地磅称重的现场验收管理系统，详细内容将在下一章节中进行介绍。

图 6.2　采购计划管理

（5）材料报检。

材料报检主要完成对材料的检查、检验，工程材料和物资必须出具质量证明文件，包括产品合格证、质量合格证、检验报告、试验报告、产品生产许可证和质量保证书等。所有材料需按工程质量验收规范及相关规定进行复试或试验，并有相应数量的取样送检，有相应检验报告。各种材料进场后至使用前均要挂设过程标识，明确检验状态，表明该批材料是否为待检品、不合格品或合格品，以便使用。

6.3　基于地磅称重的物资现场验收管理子系统

在建筑施工领域，由于近年来项目数量的增多，项目规模的增大，管理人员配置远远跟不上发展速度，物资现场管理进场验收环节存在较大的管理漏洞。在工地现场经常会出现车辆不规则上磅、贴牌换牌、恶意作弊等现象，还有人为出错、故意行为、互相勾结、遥控器作弊等现象的发生。这些现象会导致验收数据的不真实性，给项目后续的数据分析环节带来很大的影响。为排除这种施工现场监管不到位而引起的问题，通过以数字地磅配以车辆管理、远程数据传输、物料管理系统软件的方案来解决。

6.3.1　系统概述

地磅称重系统是智慧工地在对物料运输车辆进出，在无人干预的情况下迅速、准确、安全、稳定、可靠地完成称重流程，实现称重过程中信息采集的全自动化管理[21]。

称重过程自动化，司机刷卡系统自动调出车号、货名、单位等信息，软件判断重量稳定之后自动保存重量并抓拍照片，过磅信息如车号、货名、单位、重量等信息通过大屏幕显示可供司机作比对，语音提示系统报出当前重量并提示车辆下磅。智能控制过磅能够加快称重速度，并减少人员干预可能产生的作弊行为。

6.3.2 系统设计

地磅称重系统主要分为车辆信息登记二维码打印系统和二维码扫码无人值守称重系统两大部分，车辆在进厂时先在门口车辆信息登记系统中登记车牌号、公司名称、货名等信息，登记成功后点击打印出二维码标签，司机持标签刷二维码进行称重。

将称重系统及信息登记二维码打印终端通过内部局域网连接，数据集中存储于称重系统计算机中，实现信息登记二维码打印终端与称重系统之间的数据传输。通过外部网络连接收料扣杂确认 App 进行收料确认。

无人值守地磅称重系统，利用多类别数据采集设备得到车载过磅过程中的有用数据，再通过网络将这些数据上传至不同的应用终端。系统结构如图 6.3 所示。

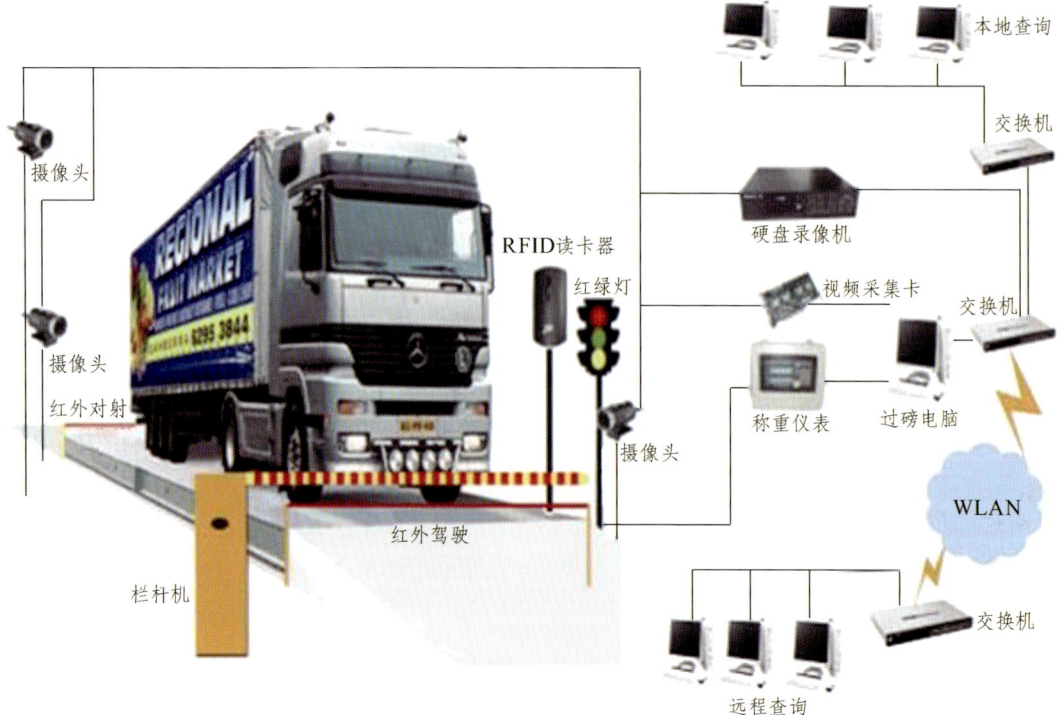

图 6.3 无人值守地磅称重系统结构

系统设计如图 6.4 所示,右侧显示的是工地智能设备,设备将部分功能进行本地化处理,部署在项目工地智能电脑中,包括车牌识别(海康威视识别车牌数据解析)、仪表数据读取(通过 RS232 串口读取地磅仪表重量信息并解析)、照片采集(获取摄像机拍照并压缩传输)等程序,使用过程中设定为通电自启,并在设备管理中对相关设备参数进行配置管理、调试及修改等。

集成控制系统的相应硬件系统设计如图 6.5 及表 6.2 所示。

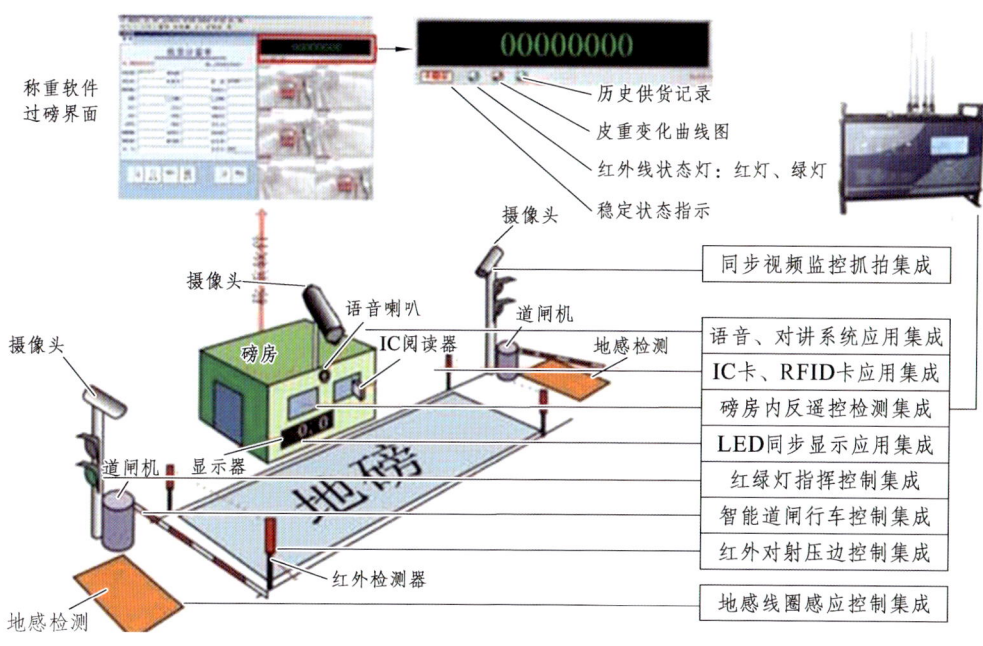

图 6.4　无人值守地磅系统设计示意图

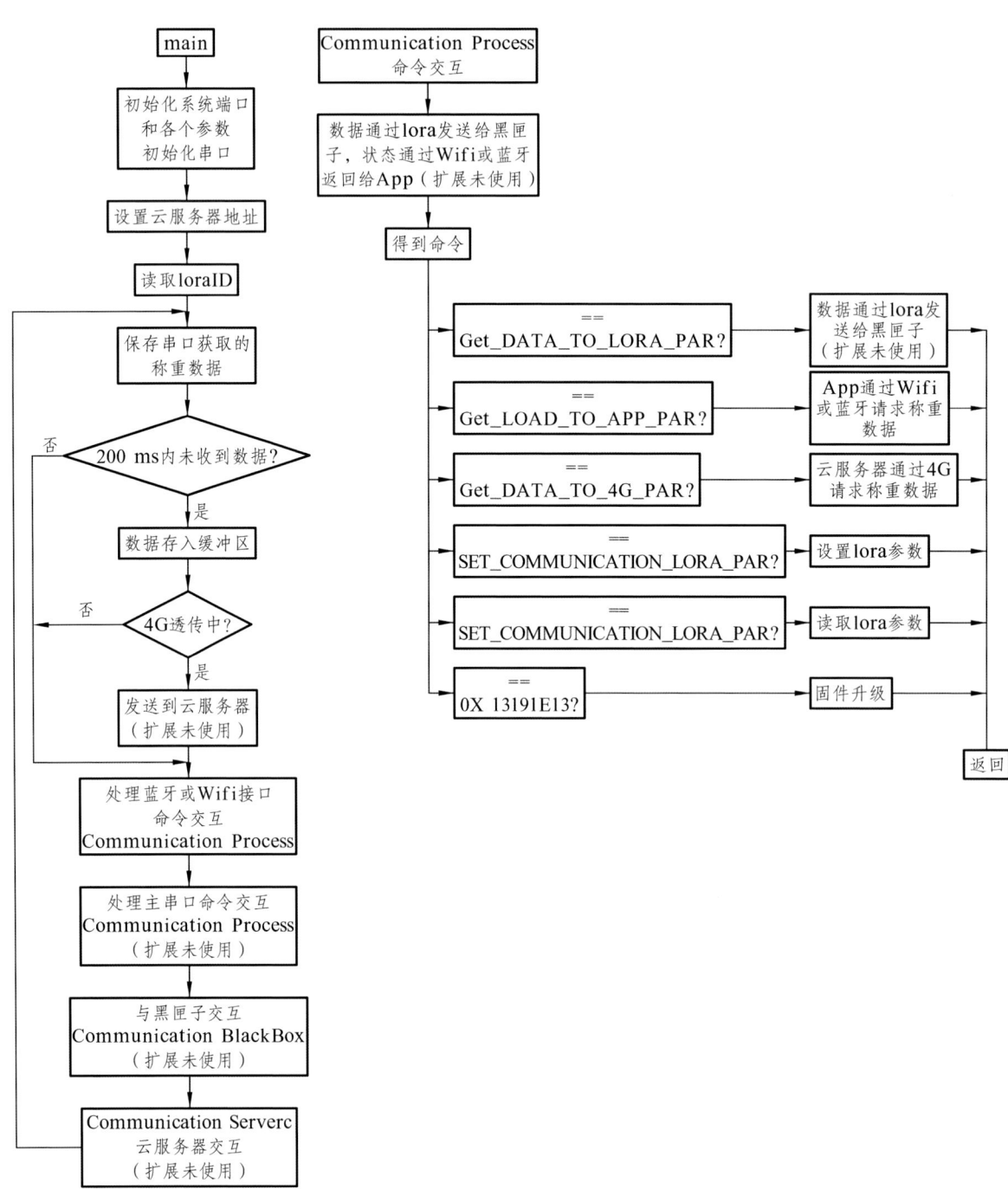

图 6.5 主程序流程

表 6.2 BOM 表

Comment	Designator	Footprint	Quantity
332	C1	C0805	1
47UF/16V	C2、C6、C7、C9、C10、C11、C12、C14、C15、C16、C31	C1206	11
222/4KV	C3、C4、C46、C54	CThrough Hole	4
104	C5、C13、C17、C18、C19、C21、C22、C24、C25、104、C26、C27.C28、C33、C35、C36、C37、C38、C39、C40、C41、C42、C43、C45、C47、C48、C49、C50、C51、C52、C53	C0805	30
103	C8	C0805	1
105	C20	C0805	1
20P	C23、C30	C0805	2
33PF	C29、C32、C34	C0805	3
22UF	C44	C0805	1
SMBJ3.3A	D1、D17	SMB	2

6.3.3 功能介绍

PC 端基于 QT 架构开发，手机端使用 WEB App，由 HTML5 和 App 两部分构成，App 应用客户端只需安装应用的框架部分，而应用的数据则是每次打开 App 的时候，通过后端服务器进行数据交互呈现给用户。PC 端和手机端通过 TCP 协议通信，手机端与后端服务器实现的是实时数据交互过磅称重，主要实现了以下功能：

（1）磅房无人值守，自动化记录过磅数据，自动打印过磅单据（也可手动打印）。

（2）通过网络远程查阅过磅数据及图像。

（3）方便企业数据统计，报表自动化生成。

（4）极大地提高过磅效率和计量数据的准确性、一致性。

（5）多部门实现网络连接，数据共享，缩短管理层决策时间。

（6）有效地节省了人工统计所花费的大量时间，同时也避免了人工统计所造成的文笔错误和计算误差。

（7）节省人员开支，提高过磅效率，实现信息自动化管理。

（8）可实现称重数据网络化管理，领导及其他部门管理人员可待在办公室。

（9）减少磅房实际过磅操作人员，节省大量的人工费用。

（10）所有过磅车辆实现一车一卡，有效避免车辆偷牌、换牌等作弊现象。

1. 二维码管理子系统功能

在进行地磅称重验收之后，项目部会收到收料单，需要根据收料单上的数据匹配过磅数据和送货数据。为了更好地记录和查询过磅数据，系统采用二维条码技术，项目部只需要对收料单上的二维码进行扫描，就可以对过磅数据和送货数据进行自动匹配。

以北京朝阳站为例，现场每天完成过磅120次，所有的材料都实现了二维码识别和一次发放。取消了材料计划、用料申请、现场收料、限额发料单等传统的纸质单据。收发料数据更加准确，避免了飞单现象。

项目工地管理的工作量非常大，事无巨细，项目经理需要了解人员的动态信息、项目进展情况、关键部件制作流程的质量把控、现场设备的维护管理等。这些工作如果采用传统的方法费时费力，还存在信息难记录、难查询、难统计等问题，亟须一套行之有效的工具帮助他轻松完成这些工作。

二维条码的推广应用为解决上述问题提供了一种有效的技术途径。二维条码具有存储量大、保密性高、追踪性高、抗损性强、备援性大、成本便宜等特性，具有信息可随载体移动、不依赖于数据库和计算机网络、保密防伪性能强等优点。

可进行富文本编辑，插入图片、网页链接等资源，将施工项目现场的物料生成自定义二维码，通过微信或App内的扫描功能扫描后给予信息公示。二维码扫描结果如图6.6所示。

2. 无人值守地磅称重子系统功能

地磅称重过程中的多类别信息采集设备和显示设备，包括入场的红外光幕、车辆通行信号、车辆道闸系统，以及称重过程中的车辆上方监控摄像仪、磅面、进口称重传感器、称重软件和供司机操作的触摸屏幕终端显示，还有出场时所需的车牌识别器、大屏幕和车辆上下坡道，如图6.7所示。

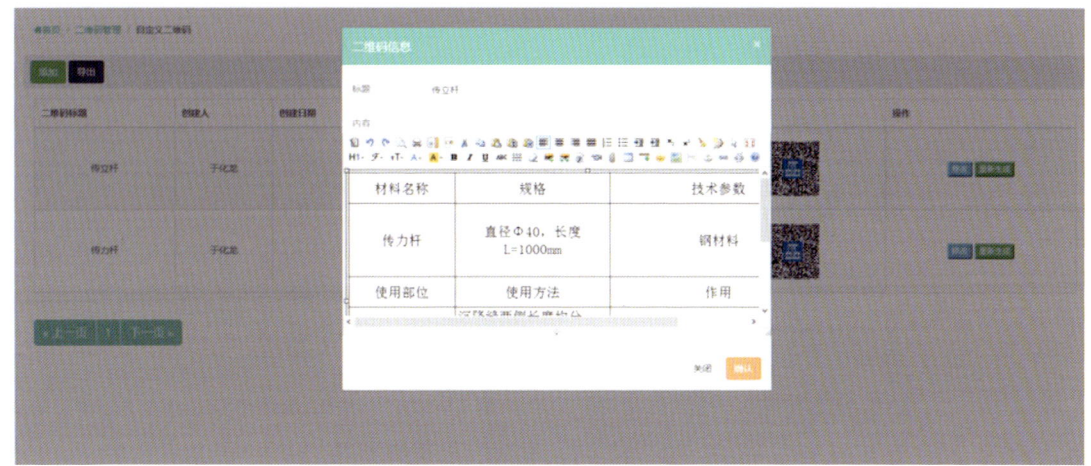

图 6.6 自定义二维码应用

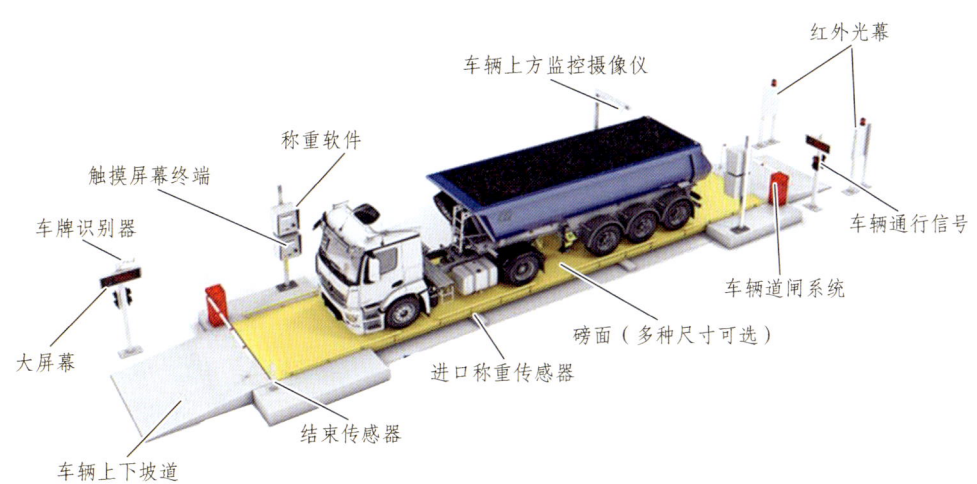

图 6.7 无人值守地磅称重设备

车辆过磅时的大致流程如下：当绿灯亮起时，车辆可以上秤，接着司机刷卡，上秤道闸开启，车辆开始通过上秤道闸，上秤道闸通过地感检测到车辆通过，上秤道闸自动降杆；车辆开始上秤，此时信号灯变红灯，用来告知后来车辆暂停上秤，接着通过定位来判断车辆是否正确停靠，若停靠错误，则通过语音提示来提醒司机正确停靠，直到检测到车辆停靠正确为止；当所测量的重量稳定时，自动记录重量、车号等信息，并利用摄像头对车辆进行抓拍，完成这些信息收集后,语音提示保存成功;此时,下秤道闸升杆,通过地感检测到车辆通过下秤道闸,下秤道闸自动降杆;红灯变成绿灯,等待下一辆车。系统功能如图6.8所示。

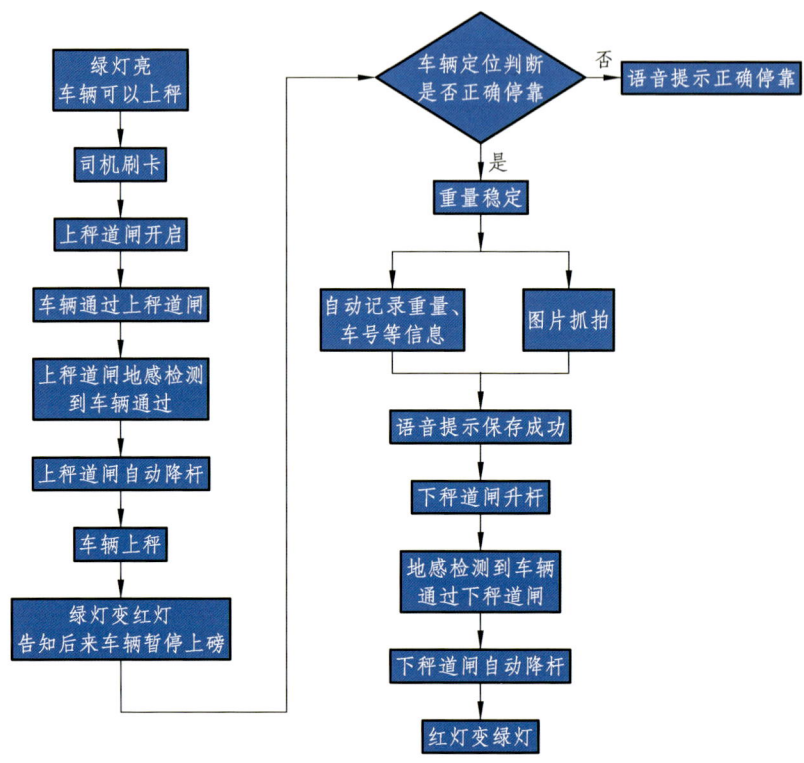

图6.8 地磅称重子系统功能示意图

车辆在过磅时,对称重过程实时记录,利用称重传感器对其准确称重,整合数据对其进行正负差分析,实现物资的云端管控。采集的主要数据包括磅单重量、车辆影像、过磅时间和运单重量,如图6.9所示。

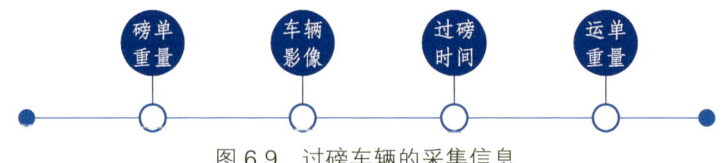

图6.9 过磅车辆的采集信息

具体的系统功能包括:

（1）精准记录每单过磅称重数据。

（2）按材料、车辆、收发货单位等多维度统计。

（3）正负偏差分析。

（4）短信隐患报警提示。

（5）称重月报自动导出 Excel 报表，方便实用。

智慧建造云平台得到从物联网中传输的数据后，对数据进行分析并进行可视化显示，如图 6.10 所示，左侧显示出了进场和出场的车辆次数及预警次数、车辆装载物料的类型（钢筋、混凝土、砂浆等）及相应的重量；右侧是磅单详情，包括编号、基本信息、材料明细、进场图片和出场图片。

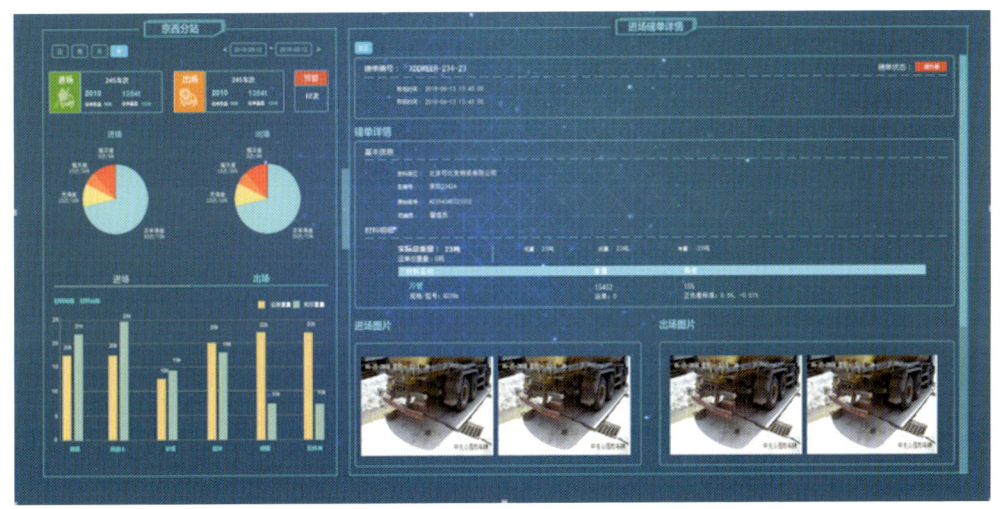

图 6.10　智慧建造云平台的地磅称重显示

6.3.4　系统主要页面

1. 地磅主页面

登录系统后，界面左侧显示地磅监控系统主菜单（见图 6.11），主要功能包括地磅首页、地磅实时记录、地磅历史记录、材料管理、供应商管理。上方显示该项目地磅总过磅重量、总过磅次数、今日过磅重量、过磅次数和总正负误差率。左侧显示项目累加过磅数量最多的 6 种材料的开累重量及今日重量。

图 6.11 地磅监控系统主窗口界面

2. 地磅实时记录

可以根据材料一、二、三级分类及车牌号、供应商名称等条件，查询地磅的实时称重记录（称重记录信息包括单号、车牌号、材料名称、毛重、皮重、净重、误差率、毛重时间、皮重时间、榜单状态、供应商、过磅员），如图 6.12 所示。

图 6.12 地磅实时记录界面

3. 地磅历史记录

与实时记录类似，可以根据材料一、二、三级分类及车牌号、供应商名称、称重状态、称重时间范围等条件，查询地磅的历史称重记录，如图 6.13 所示。

图 6.13 地磅历史记录界面

4．材料管理

可以根据材料编码、名称、上级编码等条件，查询材料信息（见图 6.14）。通过材料编码、名称、上级编码等信息进行添加或修改相关数据信息，同时，支持通过 Excel 表格方式导入数据。

图 6.14 材料管理界面

5. 供应商管理

通过新增方式，添加供应商信息（见图6.15），同时，支持通过Excel表格方式导入数据。可根据供应商名称模糊查询具体供应商信息。

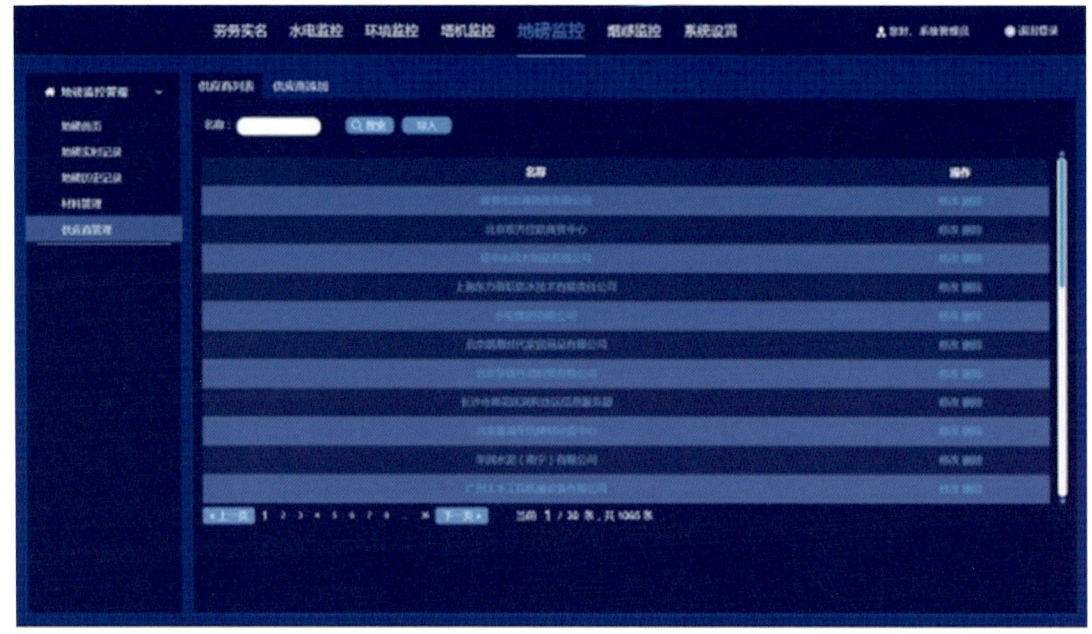

图6.15 供应商管理界面

6.4 智能物料集约化管理

智能物料集约化，主要是集合物料信息、车辆过磅信息等，对作业区内主要材料使用率进行实时分析和展示。

数据汇总：汇总展示6个项目部主材用料总量，包括钢筋、混凝土、钢管、扣件、砌体、砂浆、其他（计划用量、实际用量、偏差率）。

排名对比：各项目过磅率排名情况、节约率排名。

数据分析：结合BIM工程量，对每个项目部每栋楼单体的主要材料使用率进行分析，例如每100 m² 工程使用的混凝土情况等。分析计划是否准确，分析偏差量是否过大。增加过磅照片和视频画面展示（见图6.16）。

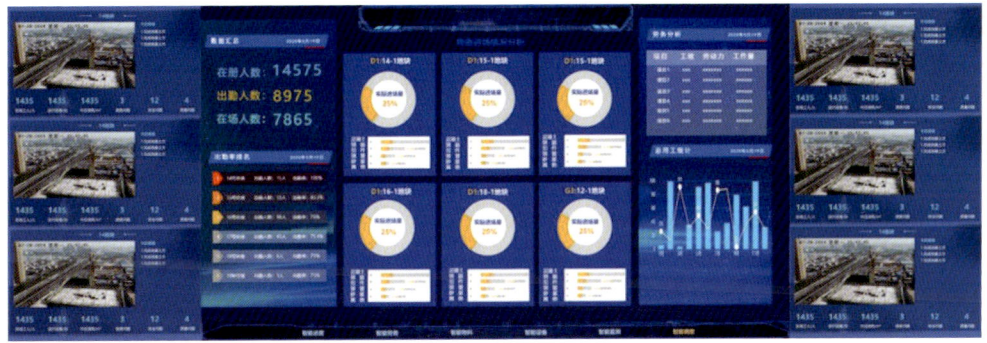

图 6.16 过磅画面展示

智能物料总览界面如图 6.17 所示,界面中各个部分分别代表以下含义:

(1)今日浇筑方量(总和):各子项目今日浇筑方量总和。

(2)今日申请方量(总和):各子项目今日申请方量总和及偏差。

(3)浇筑详情:各子项目今日浇筑方量数和浇筑申请方量数。

(4)浇筑部位数(总和):各子项目浇筑部位数总和。

(5)今日过磅率(总和):各子项目过磅率总和。

图 6.17 智能物料总览

6.5 系统应用步骤展示

156 智慧建造管理云平台中智能物料管理的主要运行步骤如下:

1. 创建订单

工程项目部根据通知单,在线上选择供应商创建订单,如图 6.18 所示。供应商反馈接单及物料信息。

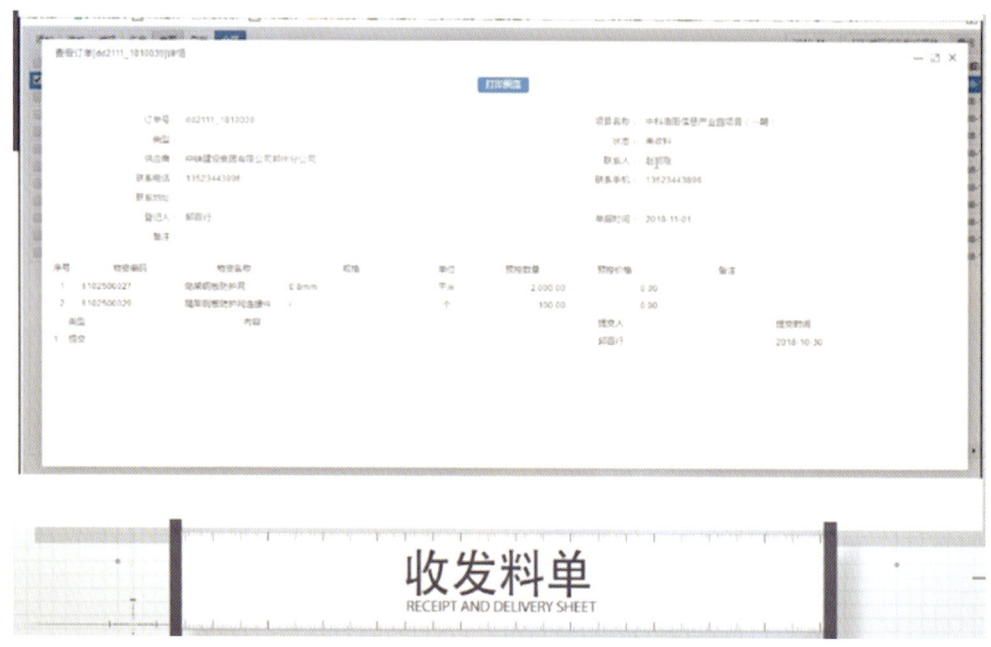

图 6.18 项目部创建订单

2. 过磅验收

配货车到达需求现场,过磅验收,如图 6.19 所示。项目部接到物料单,扫描收料单上的二维码,收料单自动匹配过磅数据,如图 6.20 所示。

图 6.19 过磅验收

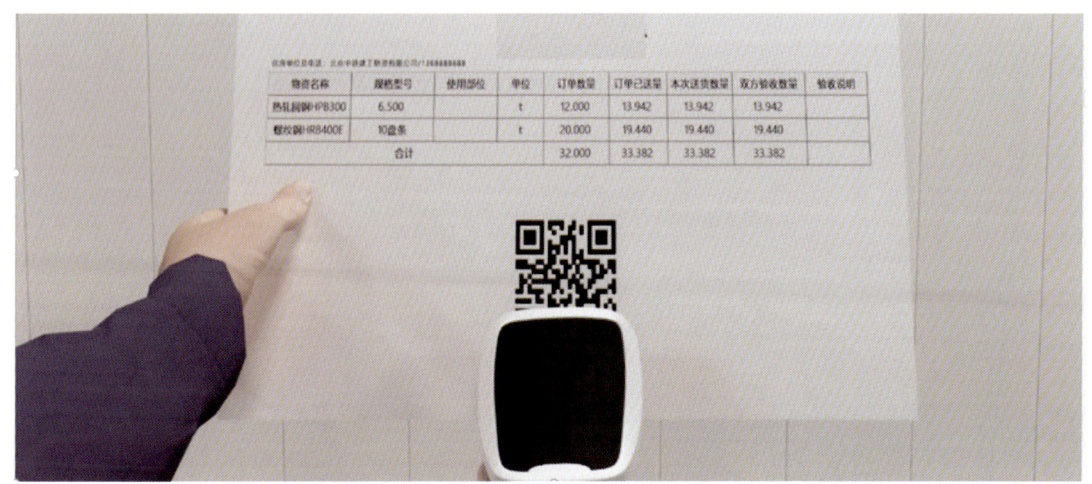

图 6.20　扫描收料单二维码

3. 完成结算

项目部对比合同，与供应商完成双方对账在线执行两级审批后完成结算。

智能物料系统建立在集团物联网收发料+系统的基础上，实现与集团物料收发料的数据联通，实时查看项目进出场物料的汇总、浇筑申请的详情等信息。物联网收发料+系统与项目的地磅称重系统物联，集中处理上报数据，集需、供、称重过磅系统三方管理平台于一体。物联网收料+平台将处理后的数据传递给"156"信息系统的智能物料系统中，使得结果具有可对比性，并从即时性、唯一性、预警统一性等方面积累对比分析的成果，与集团物联网收料+系统数据达到统一。

智能物料管理模块的大屏端用于数据的展示，如图 6.21 所示。左上角采用柱状图的形式展示了运单重量、实际重量以及累计材料的过磅量，按第一级别物资类别统计开累运单重量和实际重量，根据实际重量从大到小排序，并且将实时重量和运单重量实施对比。左下角的表格展现的是过磅详情，包括进场材料名称、过磅时间、过磅重量、运单重量以及车牌号等信息。通过读取第三方过磅系统数据，逐条显示过磅信息，支持物资类别筛选及时间范围查询。右侧的表格是与集团收发料进行系统对接，读取集团浇筑详情，根据浇筑详情统计出浇筑次数、申请方量，支持时间范围查询。通过以上这些数据可以实时监控物料的验收和使用情况。

此外，这些信息还能够通过手机端进行显示，其显示内容和大屏端显示内容及功能保持一致，如图 6.22 所示。

图 6.21 智能物料信息模块界面

图 6.22 移动端显示界面

第 7 章
智能设备管理

北京朝阳站站房建筑面积约为 18.3 万平方米，雨棚建筑面积 6.2 万平方米，屋盖钢结构约 1.3 万吨。站房分为地上两层，地下一层，局部设置有商业夹层。屋面最高处 46.3 m，檐口高度 37 m，地下标高 –12.5 m。站房立面整体为三段式造型，下部为陶板石材基座，中部玻璃幕墙过渡，屋底面为飞檐曲翘的铝板造型。彩釉折线玻璃规格为 2 m×7 m，为超大玻璃幕墙。地下进站厅的内部为仿木纹铝方通吊顶，墙面为仿混凝土铝单板，地面是浅灰麻花岗石。候车厅由银灰色穿孔铝板吊顶及浅灰麻花岗石的有机整体地面组成。

以主体劳务招标分区为引导，划分为 6 个分区，以 3、4、5 道拨线区域施工为主线，站房结构分区合计 72 个，最大分区面积 1 400 m²，雨棚结构分区合计 33 个，最大分区面积 1 700 m²。施工流水分区情况如表 7.1 所示。

表 7.1 施工流水分区表

队伍	分区数量/个	结构面积/m²	拨线区域流水段/个	拨线区域面积/m²
1	23	2.6×10^4	8	8 326
2	20	6.1×10^4	4	8 544
3	20	7.2×10^4	4	11 408
4	16	6×10^4	4	9 550
5	18	4.6×10^4	8	17 727
6	8	4.4×10^4		

本工程主体劳务分包 6 家，混凝土约 50 万立方米，钢筋约 9.49 万吨，模板约 116 万平方米，支撑及其他（包括预埋件及设备）约 4.3 万吨，预计工期 776 天（施工总工期），计划一期工

程需用13个塔吊，二期工程需用5个塔吊同步开展施工。根据现场施工条件和工期需求，采用6台HBT80系列地泵及4辆移动式56 m汽车泵，备用1台高压车载泵。装修阶段，在中央站房4个对角部位均设置一台物料提升机进行材料运输。大宗材料运输于2019年4月15日进场，整体采用钢栈桥进行材料运输，保障装修物资运输。其他机械设备的使用情况：钢筋采用集中加工方式，6台板车用于钢筋半成品水平运输，配套7台25 t汽车吊、4台12 t随车吊；土方施工配套2台铲车、10台挖掘机，同时用于站房垃圾、材料运输及场地整平等；在装修阶段，租赁6台叉车用于装修材料水平及垂直运输；此外，租赁2台洒水车用于现场除尘。

鉴于以上情况，本工程的工作量大，施工人员分布广，作业机械多，工艺复杂，经过分析研究，拟采用虚拟化漫游技术来模拟站房的各个场景的结构以及装修装饰，以便可以直观展现建设成果，并可与实际施工情况进行有效对比。利用无人机技术获取多方位的目标信息，经过处理生成数字正射影像、数字表面模型、三维模型等，为提取地类信息、构建模型等工作提供了可靠、优质的数据源，也可用于施工现场的实际进度的记录，便于远程监管查看。将图纸分类，建立图纸库，并借助二维码技术实现按权限划分，管理人员可随时通过扫码方式，对图纸进行查找和阅览。本章将综合多种技术，根据现场实际环境，结合对大型机械设备的管理，来实现智能设备管理，通过三维展示和视频影像结合，全方位、形象地查看现场实际情况，并结合虚拟样板间的体验式交互，实现各级管理人员对现场布置设计、现场施工状态监管和选型决策，实时掌握现场机械设备作业区域、工作动态，并自动汇总成台账、台班信息。

7.1　虚拟化漫游

1. 虚拟化仿真技术

虚拟仿真技术是以相似原理、信息技术、系统技术及其应用领域中有关专业技术为基础，以计算机和各种物理效应设备为工具，利用系统模型对实际的或设想的系统进行试验研究的一项综合性技术，它综合集成了计算机技术、网络技术、图形图像技术、多媒体技术、软件工程技术、信息处理技术、自动控制技术等多个高新技术领域的知识。严格来说，虚拟仿真的最初发展是伴随着第一台电子计算机诞生而问世的。总体来说，虚拟仿真技术经历了以下四个阶段。

第一阶段：物理仿真阶段。20世纪20～30年代，在此期间，虚拟仿真技术是实物仿真和物理效应仿真方法。仿真技术在航空领域得到了很好的应用，一般是以航空飞行器运行情况为研究对象、面向复杂系统进行仿真并取得了一定的效益。如1930年左右，美国陆、海军航空队采用了林克仪表飞行模拟训练器。据说当时其经济效益相当于每年节约1.3亿美元，而且少牺牲了524名飞行员。以后，固定基座及三自由度飞行模拟座舱陆续投入使用。

第二阶段：模拟仿真阶段。20世纪40～50年代，在这期间，虚拟仿真技术采用模拟计算机仿真技术；到20世纪50年代末期采用模拟/数字混合仿真方法。模拟计算机仿真是根据仿真对象的数字模型将一系列运算器（如放大器、加法器、乘法器、积分器和函数发生器等）以及无源器件（如电阻器件、电容器、电位器等）相互连接而形成仿真电路。通过调节输入端的信号来观察输出端的响应结果，分析和掌握仿真对象的性能。模拟计算机仿真对分析和研究飞行器制导系统及星上设备的性能起着重要的作用。1950—1953年，美国首先利用计算机来模拟战争，防空兵力或地空作战被认为是具有最大训练潜力的应用范畴。

第三阶段：数字仿真阶段。20世纪60～80年代，虚拟仿真技术大踏步地前进了一步。进入20世纪60年代，数字计算机的迅速发展和广泛应用使仿真技术由模拟计算机仿真转向数字计算机仿真。数字计算机仿真首先在航空航天中得到了应用。

第四阶段：虚拟仿真阶段。20世纪80年代至今，仿真技术发生了质的飞跃，虚拟技术诞生了。虚拟技术的出现并没有意味着仿真技术趋向淘汰，而恰恰有力地说明了仿真和虚拟技术都随着计算机图形技术而迅速发展，系统仿真、方法论和计算机仿真软件设计技术在交互性、生动性、直观性等方面取得了比较大的进步，先后出现了动画仿真、可视交互仿真、多媒体仿真、虚拟环境仿真、虚拟现实仿真等一系列新的仿真思想、仿真理论及仿真技术和虚拟技术。

2. 系统概述

虚拟化漫游通过虚拟化仿真技术，在多维信息空间上创建了一个虚拟信息环境，能使用户具有身临其境的沉浸感，具有与环境完善的交互作用能力，并有助于启发构思。本系统实现了铁路客站现场的虚拟化模型展现，并可以让用户进行虚拟漫游式的浏览。

3. 系统设计

整个漫游系统如上面描述的，是以建筑场景模型为基础，基于场景模型导入法进行设计与实现。基于几何建模及模型导入技术，利用造型软件（如3DS Studio，AutoCAD等）手工搭建三维模型，建立场景。此种方法所需要耗费的时间及工作量与模型复杂程度成正比，涉及测量现场、定位和数字化结构平面或者转换现存CAD数据，其漫游场景是由计算机根据一定的光照模型绘制，色彩层次没有自然景观丰富，有明显的人工痕迹，采用贴图渲染，仿真模拟可实现现实世界的样式和情况。

4．功能介绍

（1）VR虚拟仿真场景。

VR虚拟仿真场景，基于客站实际情况，搭建站房和雨棚VR虚拟仿真场景，实现材质切换，方案快速比选，并制作售票厅、进站厅、候车厅、卫生间等虚拟样板间（见图7.1），提高实体样板间质量及制作效率。通过项目实施应用，建立了标准化BIM构件库、工艺工法库、材质贴图库。在建造过程中实现所见即所得，为方案比选提供直观的、可视化的条件，提升方案确定的质量和效率。通过在实施中制作虚拟样板间，有效减少实体装修样板制作面积和制作数量，从而提高经济效益。

图7.1　VR虚拟仿真场景

（2）场景BIM展现。

将BIM按照主体结构、站房结构、站房地面、样板模型、冷热源机房、冷冻室、冷冻室机电、消防泵房、城市通廊、出站楼梯口等几个场景进行划分，可通过左侧标签菜单进行模型之间的切换。在某个模型上，通过下方操作菜单，可实现初始化、聚焦、复位、漫游、框选、构件隐藏、构件隔离、模型剖切、模型分解、构件线框化、构件变色、全屏、选择背景色等操作（见图7.2）。通过左上角的子菜单，可实现查看构件属性、模型测量、添加标签、快照、批注等操作。

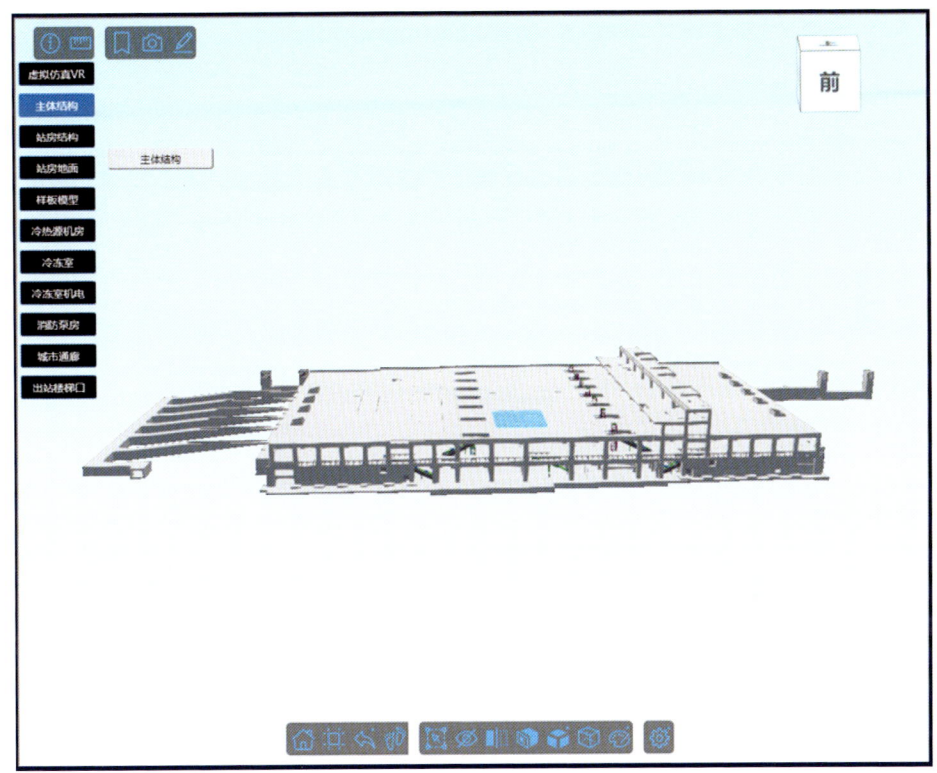

图 7.2　场景 BIM 展现

7.2　远程航拍

无人机航测技术是以低速无人驾驶飞机为空中遥感平台，利用先进的通信技术、遥感传感器技术、遥测遥控技术、遥感应用技术和无人驾驶飞行器技术等，能够在短时间内提供精度高、时效性强的图件，从而快速获取空间影像信息，并能完成影像数据的处理、建模和应用分析的一种技术。该项技术能够有效地减少现场探测的工作量，具有智能化、自动化、专用化等特点。无人机结构简单，使用成本低，操作难度不大，目前在很多领域都发挥着重要作用。

1. 系统概述

无人机航拍技术辅助施工管理，真实、清晰、精细化地展示了施工现场实况，大大降低了工程管理的外业工作量和工作难度，加大了工程管理的监控力度，使各项管理工作更具有时效性，为完成建设目标提供了保障，也对施工安全、文明施工起到了监督作用。

2. 系统设计

在项目的建设过程中，从最初的设计图纸到最后工程完工，在建设过程中存在众多的影响因素，其中施工过程的管理工作是非常重要的，施工管理水平的高低直接影响工程质量的优劣。通过无人机航拍技术能提供工程建设辅助管理的方法，通过对施工现场的大范围、定期、长期航拍，利用高分辨率的遥感影像进行解译判读，可以实现对施工现场进行实拍勘测，辅助规划施工现场总平面布置，掌握施工进度的完成情况以及是否完成阶段性目标。对管理人员不易到达且危险性较大的部位，可利用无人机航拍代替管理人员进行监测，直观反映施工现场情况是否符合安全文明施工的要求等。

3. 功能介绍

通过无人机进行定期或长期航拍，将航拍的影像通过处理转换上传到系统中，可点击选择各个航拍记录进行在线播放（见图 7.3），实现了对工程进度实际情况的把控、施工过程里程碑的记录，以及代替管理人员进行危险区域的监测。

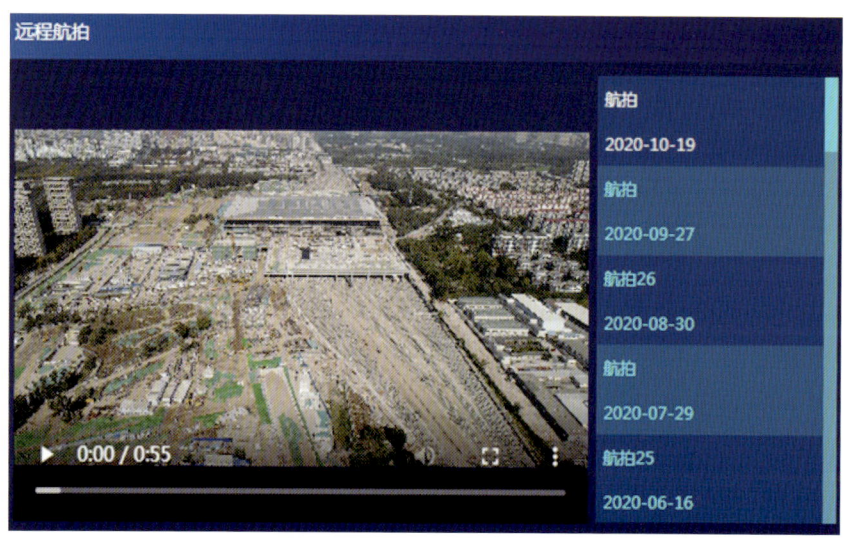

图 7.3　远程航拍记录

7.3 大型设备运行统计

1. 系统概述

大型设备管理是施工现场管理的一个重要部分，保障正常安全的生产秩序，做到优质、高效、低成本，预防各类事故，提高生产率，保证安全生产，为企业创造出最大的效益。在项目施工中，机械设备的作用是非常重要的，管理人员对机械设备的管理，除了使用安全之外，还需要关注设备的实际运行及使用情况。

2. 系统设计

大型设备管理围绕施工过程机械设备的使用管理，通过对工程项目进行精确设计和施工模拟，采用物联网技术采集设备运行数据信息，利用互联网进行可视化管理。智慧工地设备管理将人员、机械、任务等各类物体与事件进行关联，通过物联网、互联网整合在一起，实现设备管理与施工现场生产管理的融合，从而提高设备管理的效能。

3. 功能介绍

通过管理后台，可进行大型设备使用的申请，按需求填写施工工程名称，需要使用大型设备名称、设备类型、设备型号、施工工作内容、使用日期、使用时长、申请人等信息，提交后，由大型设备管理人员进行审批和管理，审批通过后，方可对大型设备进行调配使用。

系统通过自动计算，可实时统计当月大型设备的运行情况，简明清晰地展现给管理人员进行查看。通过饼图可直观地了解到当月大型设备的运行台班统计，并根据大型设备的分类（如装载机、汽车吊、板车、自卸吊车、叉车等），对各类设备的运行台班数及占比情况进行分类统计（见图7.4）。通过右侧列表点击某类大型设备的名称，可查看到该类设备具体工作的详细情况，弹出表格显示，如结束使用时间、使用部位、使用日期、使用内容、设备类型、设备型号、运行台班数等信息。

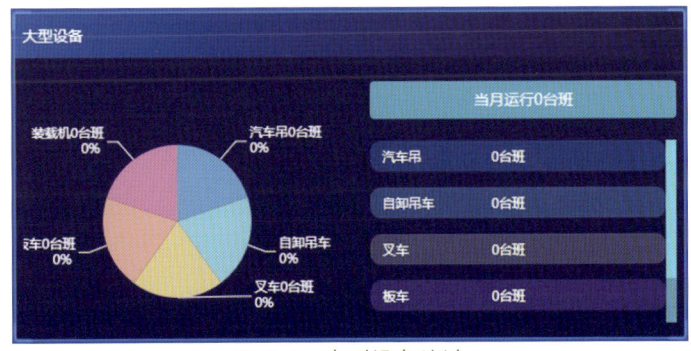

图 7.4 大型设备统计

7.4 二维码图纸

图纸管理是项目管理中的重要一环，通常需要对图纸进行分类、建档、借阅、清点、统计等管理。在传统的管理方式下，这些工作一般都是人工操作，劳动强度大、效率低、误差率高，即便通过使用计算机进行辅助管理，在借/还这一环节上仍不尽如人意。通过二维码对图纸进行管理，除解决上述问题之外，还满足多人同时借阅这一需求。

1. 系统概述

通过二维码建立图纸档案库，可按不同分类建立图纸档案，由于分类较多，数量也比较庞大。随着图纸数量的增加，维护工作量比传统方式降低很多，同时也减少了漏登、错登、错位甚至丢失的现象发生。利用二维码技术配合手机可建立一个移动档案馆，以更好地适应设计、建设、维护工作的需要，方便使用人员通过手机实时进行借阅查看。

2. 系统设计

二维码是一种在水平和垂直方向的二维空间存储信息的条码。通过某种特定的几何图形，按照一定的规律在二维平面上运用分布的黑白相间图形来记录数据符号信息，并通过读取设备对二维码进行扫描，得到二维码中存储的数据。二维码与之前一维码比较，在数据存储和信息传递中具有更多的优势，主要表现在：

（1）存储格式多样化。

一维码只能存储字母、数字和简单的符号。二维码由于采用横向和纵向的存储方式，不仅可存储字母、数字及符号，还可存储汉字、图片、音频、视频等多媒体格式的数据。

（2）信息存储容量大。

一维码存储容量较小，一般只能存储约30个字符，而二维码相对存储容量大，一般可容纳1 850个字符、2 710个数字、1 108个字节或500多个汉字，较一维码存储容量高出几十倍。

（3）容错能力强，具有较强的纠错功能。

一维码只能检测出数据中含有错误，却不能对错误信息进行分析和识别。二维码因污损、错位引起局部损坏时，一般情况下，损坏面积没有超过50%，仍可以进行准确识别。

（4）对于数据库的依赖性较弱。

一维码由于只能存储数字和字符，一般作为数据库的索引字段，当用户希望得到更多详细信息时，只能通过一维码的索引对数据库进行检索，才能获取具体信息。而二维码既可以作为索引字段与数据库关联，也可以独立完成数据存储，减轻了对数据库的依赖。

3. 功能介绍

（1）图纸档案库。

通过后台管理，建立图纸的档案库，新建时要完善对应的图纸信息。例如，图纸名称、图纸分类、上传图纸文件、设置查看权限等级、是否保密等信息，确认后进行保存。保存时，系统会自动为该图纸生成对应的二维码信息及二维码图片。

（2）图纸二维码。

图纸档案库建立完成后，在展示端的图纸列表中自动增加该图纸的二维码（见图7.5）。

图 7.5　图纸二维码

（3）移动端查看图纸。

通过移动端，可进行二维码的扫描。扫描后经过系统对身份的校验以及权限的确认后，可在移动端上打开图纸，方便随时查看，并可对图纸进行放大、缩小、移动等操作。

第 8 章
智能监控管理

安全和质量问题都是建造过程中非常重要的问题，人和设备是施工现场安全和质量因素的主要保障。对人员的监管可通过劳务管理模块进行，智能监控模块主要完成对施工现场若干设备的管理，使所有影响施工安全和建造质量的因素都实现数字化，通过监测和采集，将其状态实时传送给云平台，方便工作人员实时监控、协同办公、快速决策。

智能监控主要包括塔吊监测、基坑监测、高支模监测、大体积混凝土测温、防火感应监测、环境监测、电子巡更、全景视频监控等，如图 8.1 所示。通过对现场各类施工关键环节的监测分析，实时掌握现场安全风险、环境污染等动态数据，实现问题的实时通报并进行自动联动和预警，方便管理人员及时发现问题、快速处理隐患、开展风险管控。

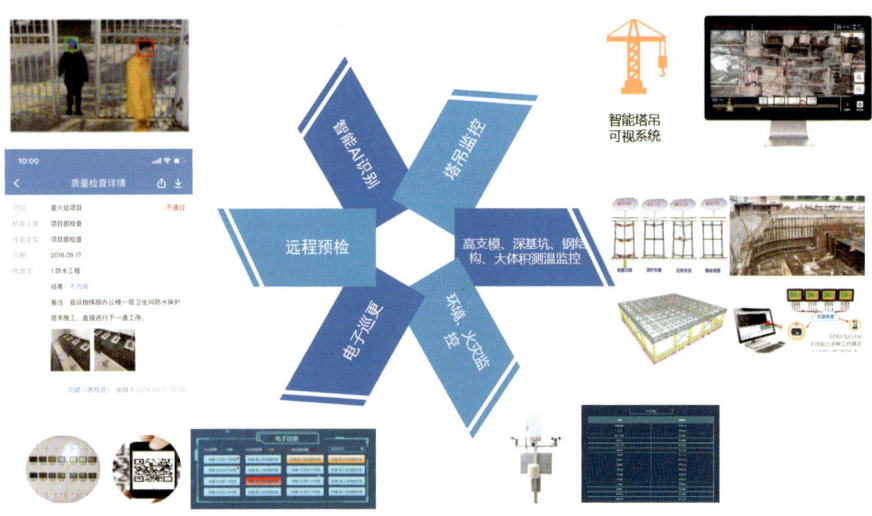

图 8.1 智能监控模块业务

本章先介绍了智能监控的发展现状，接着分别阐述塔吊监测、基坑监测、高支模监测、大体积混凝土测温、防火感应监测、环境监测、电子巡更、全景视频监控的具体系统概述、系统设计、系统组成和系统功能等。

8.1 智能监控发展现状

智能监控具有广泛的应用前景和潜在的经济价值，从而激发了广大科研工作者及相关人士的浓厚兴趣，尤其美国、英国等国家已经开展了大量相关项目的研究。例如，1997年美国国防高级研究项目署设立了视觉监控重大项目（VSAM），主要研究用于战场及普通民用场景进行监控的自动视频理解技术。实时视觉监控系统不仅能够定位人和分割出人的身体部分，而且通过建立外观模型来实现多人的跟踪，并可以检测出人是否携带物体等简单行为。英国的雷丁大学（University of Reading）已开展了对车辆和行人的跟踪及其交互作用识别的相关研究；国际上很多权威期刊将智能监控中人的运动分析研究作为主题内容之一，为该领域的研究人员提供了更多的交流机会。

在我国，这方面的研究是近几年才开展起来的。中国科学院自动化研究所模式识别国家重点实验室已经成立智能视觉监控研究组，开展这方面的研究，目标是实现一个动态场景集成分析演示系统并最终推向实用。第一届全国智能视觉监控学术会议于2002年5月25、26日在北京市西郊宾馆成功举行。国内有一些视频监控方面的产品，如Anychat、黄金眼、行者猫王等，应用于交通控制、监狱管理等方面。另外，国内产品还有数字硬盘录像系统（DVR），将监控区域内有运动对象出现的情况录制下来，以备查询。该系统只是简单地检测出有无运动对象，而没有对运动对象做任何分析。

智能监控设备采用图像处理、模式识别和计算机视觉技术[22]，通过在监控系统中增加智能视频分析模块，借助计算机强大的数据处理能力，能过滤掉视频画面中无用的或干扰信息，自动识别不同物体，分析抽取视频源中关键的有用信息，快速准确地定位事故现场。相较于传统监控设备，智能监控设备有着更加强大的功能和更为人性化的设计，能实现全自动、全天候、实时监控，在智慧交通、平安城市等领域得到了广泛应用。在智慧交通领域，智能监控设备的应用范围和应用场景很广泛，包括路面监控、隧道内监控、隧道口及桥梁监控、收费车道和收费亭监控、收费广场及服务区监控等具体的应用场景[23]。近年来，新建高速公路不断开通，智能监控设备的需求规模不断扩大。

智能监控技术的准确与否取决于视频源的质量。目前，高清监控没有普及，视频源的质量也就不能完全保证。据统计数据显示：2012 年中国智能监控市场达到 60 亿元，面对这块诱人的"蛋糕"，所有厂商都想分一块。从视频监控系统来看：近年来我国的视频监控市场经历了持续强劲的发展，速度超过全球其他地区。我国视频监控市场的高速增长反映了对个人安全及财产保护的担忧增加。为解决该担忧，公司及个人机构大量投资安全防范系统的主要组成部分——视频监控系统。据相关数据统计，2012—2016 年我国视频监控行业增长率均保持在 15% 以上；2017 年，我国视频监控市场规模突破 2 000 亿元。

智能监控技术在监控行业内是炙手可热的概念，但不同行业的个性化需求差别，对智能监控技术提出了十分高的要求。每个行业客户，乃至每一个项目的详细应用环境，对智能监控的需求都有着细微的差异。市场需求是行业开展最大的助推剂，智能监控必定会成为监控市场的主流。

8.2　塔吊监测

施工机械设备具有高速、大型、连续和自动化的特点，使用大型设备在提高劳动生产率的同时，也使得大量不安全因素进入了施工生产过程中。大型设备的使用安全不仅关系到操作人员、工程附近居民的生命安全，也关系到企业的经营风险。

随着我国建筑业迅猛发展，现代化、机械化的施工技法在建筑领域内不断普及推广，据调查全国在用起重机械设备已达 200 余万台。在大型机械化生产带来生产率大幅提升的背后，由于人员违规操作、设备安装养护不到位等原因导致的安全事故屡有发生。为此国家相关部门制定了一系列的政策规范，以杜绝此类事故再次发生。

2008 年建设部第 166 号令《建设起重机械安全监督管理规定》中规定：没有齐全有效的安全保护装置的建筑起重机械，不得出租、使用。

《国务院关于进一步加强企业安全生产工作的通知》（国发〔2010〕23 号），明确提出"大型起重机械要安装安全监控管理系统"，这是国务院第一次明确将技术产品列入文件指令。

2010 年，《住房和城乡建设部关于贯彻落实国务院关于进一步加强企业安全生产工作的通知》（建质〔2010〕164 号）的实施意见提出："要积极推进信息化建设，充分应用高科技手段，工程项目的起重机械设备等重点部位要安装安全监控管理系统[24]。要强制推进先进适用的安全技术装备，逐步淘汰人工挖孔桩等落后的生产技术、工艺和设备。因安全技术问题不解决产生重大隐患的，要对企业主要负责人、主要技术负责人和有关人员给予处罚，发生事故的，依法追究责任"。住房城乡建设部门要按照《通知》精神和实施意见的要求，结合本地实际，制定具体的实施办法，并认真组织实施。

2012 年发布的国家标准《起重机械安全监控管理系统》（GB/T 28264—2012）中更是明确规定了塔式起重机在运行过程中应监测幅度、高度、回转、重量、风速等，更是进一步明确了塔机安全监测的重要性。

国家质检总局和国家安监总局办公厅正式颁发 2015 年 192 号文件，明确规定从 2015 年 3 月 6 日至 2017 年 12 月 31 日所有重型起重机械包括塔机必须强制安装安全监测仪和安全监测系统。

8.2.1 系统概述

通过对塔吊设备的登记、应用告知、运行记载和统计，实现对建筑起重机的统一管理，实现对塔吊整个生命周期的实时记录和实时监控，对起重机异常即时预警，对超出安全运行极限的数据发出报警，保障设备安全运行，确保安全施工。

该系统主要用于查看门吊、塔吊、升降机及架桥机监控设备的运行状态及报警信息。门吊、塔吊、升降机等设备实时监控。吊车司机和设备使用人员实名管理、工作信息动态关联、实时展示。

在系统中可添加门吊、塔吊、升降机等设备信息，输入设备关键信息，如设备名称、设备编号、设备 ID 等相关信息。

8.2.2 系统设计

1. 系统结构

单体塔机安全检查系统包含控制器与传感器两部分（见图 8.2）。

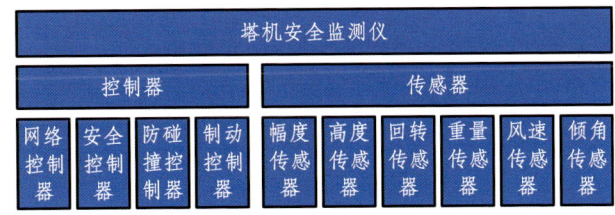

图 8.2 塔机安全监控系统结构

控制器包含：网络控制器、安全控制器、防碰撞控制器、制动控制器。

传感器包含：幅度传感器、高度传感器、回转传感器、重量传感器、风速传感器、倾角传感器。

2．控制器与传感器

塔机监控系统中，控制器与传感器的设备如图 8.3 所示。

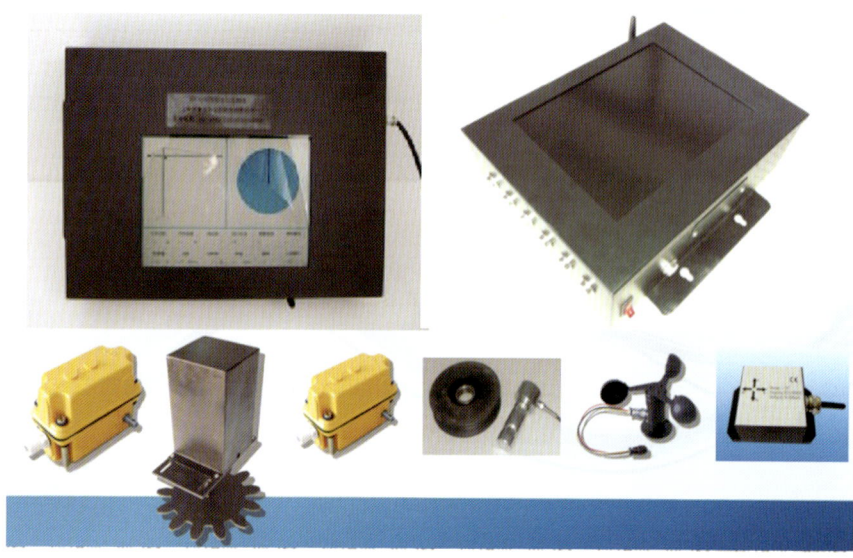

图 8.3　塔机监控系统传感器、控制器

各传感器具体安装部位如图 8.4 所示。

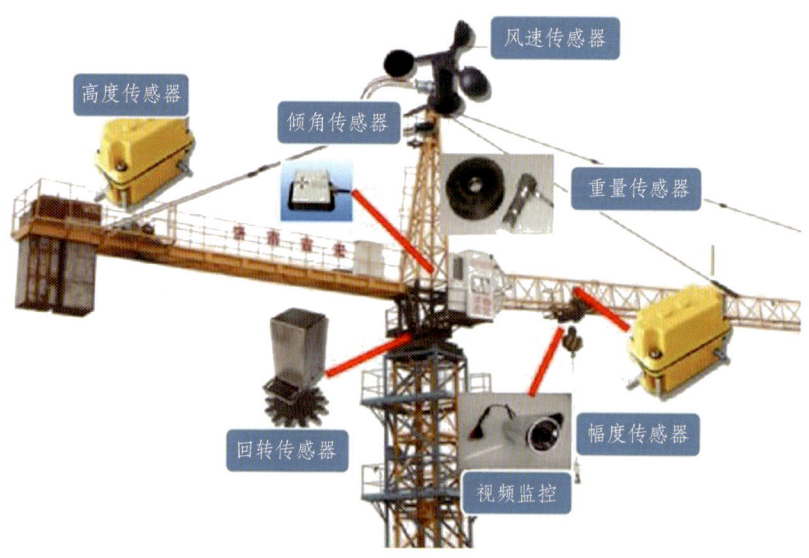

图 8.4　塔机监控系统传感器安装部位图

8.2.3 系统组成

1. 塔吊安全监测系统

塔吊机械设备具有高速、大型、连续和自动化的特点,使用塔吊机械设备在提高劳动生产率的同时,也使得大量不安全因素进入了施工生产过程中。塔吊机械设备的使用安全不仅关系到操作人员、工程附近居民的生命安全,也关系到企业的经营风险。

2. 监控系统设计

塔吊安全监测系统主要用于塔吊运行过程中的数据监测,由系统主机、无线通信模块、传感器组成,可实现对塔吊运行过程中小车的行程位移、高度、吊重、塔身的回转角、倾角以及风速的监控,监控数据通过GPRS(通用无线分组业务)技术或无线专网的方式传输到平台。同时,还可实现群塔防碰撞功能,在小车上加装摄像头可实现可视化操作。当塔机运行出现非安全状态时,系统能够发出报警信号并自动停止运行,保证施工安全。

塔吊监测设备传感器采用专用连接件,无缝安装,不破坏原有结构强度,安装牢固,对原有机件无影响,主机采用4G无线传输技术通信,数据通过4G信号传输至云平台。

8.2.4 系统功能

塔吊监控系统能够有效监测塔机的幅度、高度、回转角、重量、力矩、风速、倾角等运营量(见图8.5),实现对塔机自身运作危险(超重、倾斜过大等)、与障碍物碰撞危险、与群塔机协作碰撞危险三种危险的有效监测、预警和控制。同时,配有声光报警和图文显示,每台塔吊上的报警主机上有超大的10.4英寸显示屏,并在预警时发出声光提示,避免塔机碰撞事故的发生。系统的功能主要有以下几个方面。

(1)先进的分布式计算模式,能大大缩短塔吊之间报警的时间。

(2)强大的接收信息功能,采用高增益天线和国际先进的无线接收器,确保在2 km内准确无误地接收信号。

(3)功能强大的远程监控管理平台(见图8.6),结合了GIS(地理信息系统)、GPS(全球定位系统)、GPRS(通用分组无线服务技术)等多项先进技术,从而实现了远程对塔机运动状态的监测、管理。

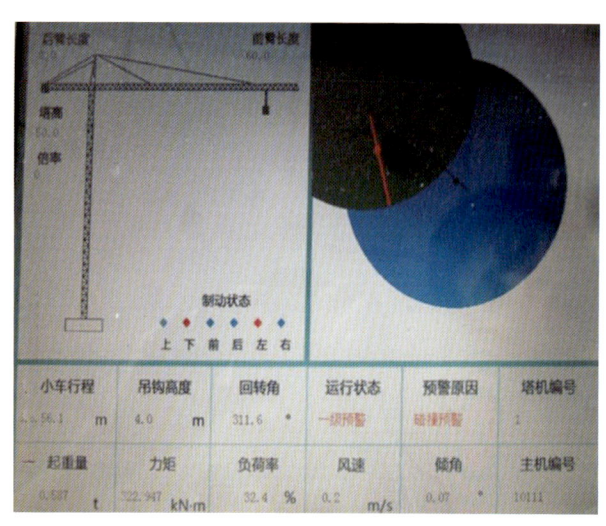
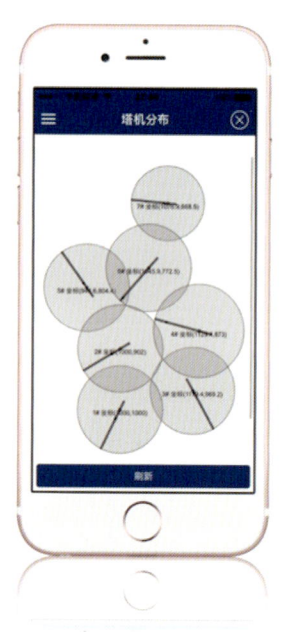

图 8.5 塔机监控系统实时监测参数　　　　图 8.6 塔机监控系统远程移动监控平台

传感器设备拆装方便,系统稳定性强。传感器的拆装如图 8.7 所示。

图 8.7 传感器拆装示意图

塔机监控系统监测参数,具体如表 8.1 所示。

表 8.1 塔机监控系统监测参数

序号	项目	单位	数值
1	防撞报警精度	m	<0.5
2	幅度测量范围	m	0～300（与传动比有关）
3	幅度测量误差	m	<0.2
4	回转测量范围	(°)	0～360
5	回转测量误差	(°)	<0.2
6	风速测量范围	m/s	0～40
7	风速测量误差	m/s	<0.3
8	倾角测量范围	(°)	0～90
9	倾角测量误差	(°)	<0.1
10	高度测量范围	m	0～300（与传动比有关）
11	高度测量误差	m	<0.1
12	重量测量范围	t	0～50
13	重量测量误差	/	5%
14	力矩测量误差	/	5%
15	制动断电个数	个	6
16	最大组网台数	台	32
17	通信频段	MHz	220～240/430～470
18	通信距离	m	2 000
19	通信模块功率	W	5
20	单个区域防护点数	个	12
21	区域防护个数	个	20

8.2.5 系统特点

塔吊监控系统具有以下特点：

（1）塔吊状态实时感知：物联网技术确保传感器数据实时传递至平台，实现塔吊的实时监控。

（2）实现24 h不间断监测、监控。

（3）异常反应及时，自动预警、报警。

（4）检测参数全面，数据管理完备。

管理人员在多个终端上，都能随时查看塔吊监测状态及相关数据信息，如图8.8～图8.10所示。

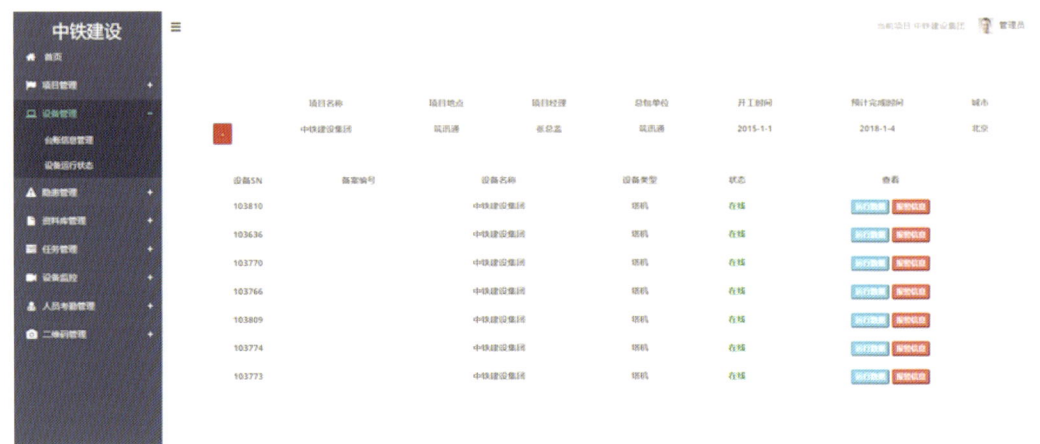

图8.8　设备运行状态查询管理——Web端

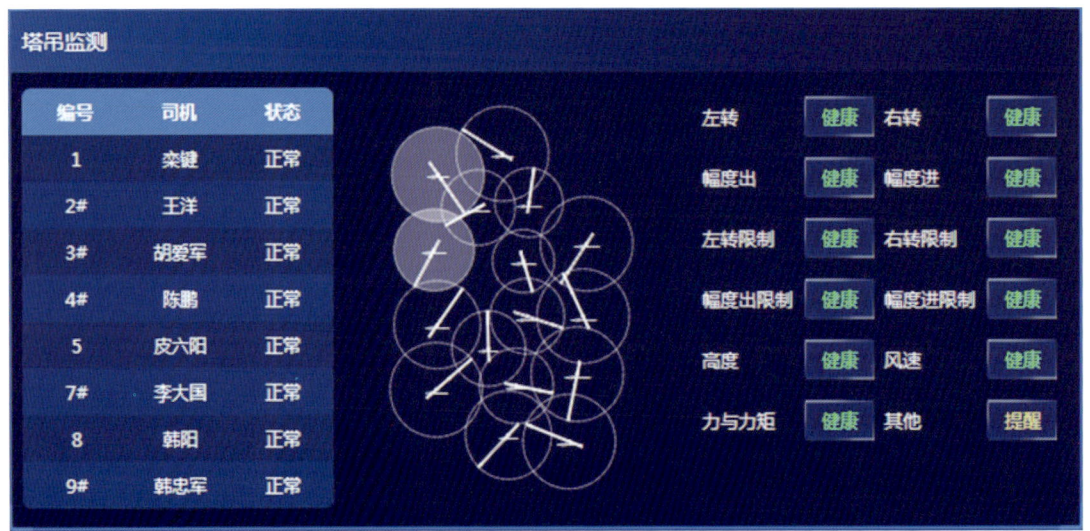

图8.9　塔吊设备及司机监控——大屏端

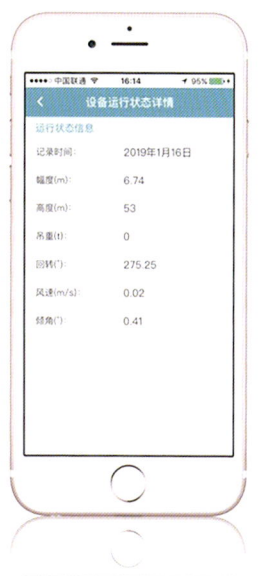

图 8.10 设备运行状态查询管理——App 端

8.3 深基坑监测

8.3.1 系统概述

随着城市建设的发展,基坑施工地下开挖越来越深,从最初的 5～7 m 发展到目前最深的 20 多米。由于地下土体性质、荷载条件、施工环境的复杂性,对在施工过程中引发的土体性质、环境、邻近建筑物、地下设施变化的监测已成了工程建设必不可少的重要环节。对于复杂的大中型工程或环境要求严格的项目,可借鉴经验较少,也难以从理论上找到定量分析、预测的方法,这就必定要依赖于施工过程中的现场监测系统。

8.3.2 系统设计

1. 监测规范

(1)基坑设计文件中应明确基坑支护监测的要求,包括监测项目、测点布置、观测精度、观测频率和临界状态报警值等。基坑监测单位必须制定监测方案,包括监测目的、监测内容、测点布置、观测方法、监测项目报警值、监测结果处理要求和监测结果反馈制度等。

（2）当出现下列情况时，应加强观测，加大监测频率，并及时向建设、施工、监理、设计、质量监督等部门报告监测成果。

① 监测项目的监测值达到报警标准。

② 监测项目的监测值变化过大或者速率加快。

③ 出现超深开挖、超长开挖、未及时加撑等不按设计工况施工的情况。

④ 基坑及周围环境中大量积水、长时间连续降雨、市政管道出现渗漏。

⑤ 基坑附近地面荷载突然增大。

⑥ 支护结构出现开裂。

⑦ 邻近的建筑物或地面突然出现大量沉降、不均匀沉降或严重开裂。

⑧ 基坑底部、坡体或围护结构出现管涌、流沙现象。

（3）当出现下列情况之一时，应及时报警；情况严重时，应立即停工，并对基坑支护结构和周围环境中的保护对象采取应急措施。

① 出现了基坑工程设计方案、监测方案确定的报警情况，监测项目实测值达到设计监控报警值。

② 基坑支护结构或后面土体的最大位移大于安全规定数值，或其水平位移速率已连续三日大于 3 mm/d。

③ 基坑支护结构的支撑或锚杆体系中有个别构件出现应力剧增、压屈、断裂、松弛或拔出迹象。

④ 已有建筑物的不均匀沉降已大于现行的地基基础设计规范规定的允许值，或建筑物的倾斜速率已连续 3 天大于 0.000 1 H/d。

⑤ 已有建筑物的砌体部分出现宽度大于 3 mm 的变形裂缝，或其附近地面出现 15 mm 的裂缝，且上述裂缝尚可能发展。

⑥ 基坑底部或周围土体出现可能导致剪切破坏的迹象或其他可能影响安全的征兆（流沙、管涌等）。

（4）观测数据应及时整理，沉降、位移等观测项目应绘制随时间变化的关系曲线，并对变形和内力的发展趋势做出评价，根据设计和监测方案要求提交阶段性监测报告（内容包括监测期相应的工况、监测项目、各测点的平面和立面布置图、监测成果的过程曲线、监测值的变化分析及发展预测等）。

（5）监测工作完成后，监测单位应提交完整的基坑工程监测报告（内容包括工程概况，监测项目和各测点的平面和布置图，采用的仪器、设备和监测方法，监测数据处理方法和监测结果过程曲线，监测结果评价等）。

2．监测预警

监测预警值应满足基坑支护结构、周边环境的变形和安全控制要求。监测预警值应由基坑工程设计方确定。

（1）基坑支护结构、周边环境的变形和安全控制应符合下列规定：

① 保证基坑的稳定。

② 保证地下结构的正常施工。

③ 对周边已有建筑引起的变形不得超过相关技术标准的要求或影响其正常使用。

④ 保证周边道路、管线、设施等正常使用。

⑤ 满足特殊环境的技术要求。

（2）变形监测预警值应包括监测项目的累计变化预警值和变化速率预警值。

（3）基坑及支护结构监测预警值应根据基坑设计安全等级、工程地质条件、设计计算结果及当地工程经验等因素确定；当无当地工程经验时，土质基坑可按表8.2确定。

表8.2　土质基坑及支护结构监测预警值

序号	监测项目	支护类型	基坑设计安全等级								
			一级			二级			三级		
			累计值		变化速率/(mm/d)	累计值		变化速率/(mm/d)	累计值		变化速率/(mm/d)
			绝对值/mm	相对基坑设计深度H控制值		绝对值/mm	相对基坑设计深度H控制值		绝对值/mm	相对基坑设计深度H控制值	
1	围护墙（边坡）顶部水平位移	土钉墙、复合土钉墙、锚喷支护、水泥土墙	30～40	0.3%～0.4%	3～5	40～50	0.5%～0.8%	4～5	50～60	0.7%～1.0%	5～6
		灌注桩、地下连续墙、钢板桩、型钢水泥土墙	20～30	0.2%～0.3%	2～3	30～40	0.3%～0.5%	2～4	40～60	0.6%～0.8%	3～5

续表

序号	监测项目	支护类型	基坑设计安全等级 一级 累计值 绝对值/mm	基坑设计安全等级 一级 累计值 相对基坑设计深度H控制值	基坑设计安全等级 一级 变化速率/(mm/d)	基坑设计安全等级 二级 累计值 绝对值/mm	基坑设计安全等级 二级 累计值 相对基坑设计深度H控制值	基坑设计安全等级 二级 变化速率/(mm/d)	基坑设计安全等级 三级 累计值 绝对值/mm	基坑设计安全等级 三级 累计值 相对基坑设计深度H控制值	基坑设计安全等级 三级 变化速率/(mm/d)
2	围护墙（边坡）顶部竖向位移	土钉墙、复合土钉墙、喷锚支护	20~30	0.2%~0.4%	2~3	30~40	0.4%~0.6%	3~4	40~60	0.6%~0.8%	4~5
2	围护墙（边坡）顶部竖向位移	水泥土墙、型钢水泥土墙	—	—	—	30~40	0.6%~0.8%	3~4	40~60	0.8%~1.0%	4~5
2	围护墙（边坡）顶部竖向位移	灌注桩、地下连续墙、钢板桩	10~20	0.1%~0.2%	2~3	20~30	0.3%~0.5%	2~3	30~40	0.5%~0.6%	3~4
3	深层水平位移	复合土钉墙	40~60	0.4%~0.6%	3~4	50~70	0.5%~0.8%	4~5	60~80	0.7%~1.0%	5~6
3	深层水平位移	型钢水泥土墙	—	—	2~3	50~60	0.6%~0.8%	3~5	60~70	0.7%~1.0%	5~6
3	深层水平位移	钢板桩	50~60	0.6%~0.7%	2~3	60~80	0.7%~0.8%	3~5	70~90	0.8%~1.0%	4~5
3	深层水平位移	灌注桩、地下连续墙	30~50	0.3%~0.4%	2~3	40~60	0.4%~0.6%	3~5	50~70	0.6%~0.8%	4~5
4	立柱竖向位移		20~30	—	2~3	20~30	—	2~3	20~40	—	2~4
5	地表竖向位移		25~35	—	2~3	35~45	—	3~4	45~55	—	4~5
6	坑底隆起（回弹）		累计值（30~60）mm，变化速率（4~10）mm/d								
7	支撑轴力		最大值：(60%~80%)f_2			最大值：(70%~80%)f_2			最大值：(70%~80%)f_2		
8	锚杆轴力		最小值：(80%~100%)f_y			最小值：(80%~100%)f_y			最小值：(80%~100%)f_y		
9	土压力		(60%~70%)f_1			(70%~80%)f_1			(70%~80%)f_1		
10	孔隙水压力		(60%~70%)f_1			(70%~80%)f_1			(70%~80%)f_1		
11	围护墙内力		(60%~70%)f_2			(70%~80%)f_2			(70%~80%)f_2		
12	立柱内力		(60%~70%)f_2			(70%~80%)f_2			(70%~80%)f_2		

注：1. H——基坑设计深度；f_1——荷载设计值；f_2——构件承载能力设计值，锚杆为极限抗拔承载力；f_y——钢支撑、锚杆预应力设计值。
2. 累计值取绝对值和相对基坑设计深度H控制值两者的较小值。
3. 当监测项目的变化速率达到表中规定值或连续3次超过该值的70%应预警。
4. 底板完成后，监测项目的位移变化速率不宜超过表中速率预警值的70%。

（4）基坑工程周边环境监测预警值应根据监测对象主管部门的要求或建筑检测报告的结论确定，当无具体控制值时，可按表8.3确定。

表8.3 基坑工程周边环境监测预警值

	监测对象		累计值/mm	变化速率/(mm/d)	备注
1	地下水位变化		1 000 ~ 2 000（常年变幅以外）	500	—
2	管线位移	刚性管道 压力	10 ~ 20	2	直接观察点数据
		刚性管道 非压力	10 ~ 30	2	
		柔性管线	10 ~ 40	3 ~ 5	—
3	邻近建筑位移		小于建筑物地基变形允许值	2 ~ 3	—
4	邻近道路路基沉降	高速公路、道路主干	10 ~ 30	3	—
		一般城市道路	20 ~ 40	3	—
5	裂缝宽度	建筑结构性裂缝	1.5 ~ 3（既有裂缝）0.2 ~ 0.25（新增裂缝）	持续发展	—
		地表裂缝	10 ~ 15（既有裂缝）1 ~ 3（新增裂缝）	持续发展	—

（5）确定基坑周边建筑、管线、道路预警值时，应保证其原有沉降或变形值与基坑开挖、降水造成的附加沉降或变形值叠加后不超过其允许的最大沉降或变形值。

（6）爆破振动监测项目预警值应综合考虑保护对象的重要性以及工程质量、结构性状、地基及围岩条件、自振频率等因素，且监测对象质点振动速度预警值应小于现行国家标准《爆破安全规程》（GB 6722—2014）规定的相应爆破振动安全允许标准。

8.3.3 系统组成及功能

监测系统由传感器、数据采集模块、数据传输模块、供电模块、云数据库与管理平台、用户终端六大部分组成。通过在基坑四周预埋布设高精度传感器，能够不间断实时监测基坑变化情况，并对位移超出安全范围时及时报警，有效保证基坑护坡安全，避免基坑坍塌事故发生。

系统具有以下功能：

1. 设置监测项

设置监测项界面如图 8.11 所示。

图 8.11　监测项界面

2. 监测监控

监测监控界面如图 8.12 所示。

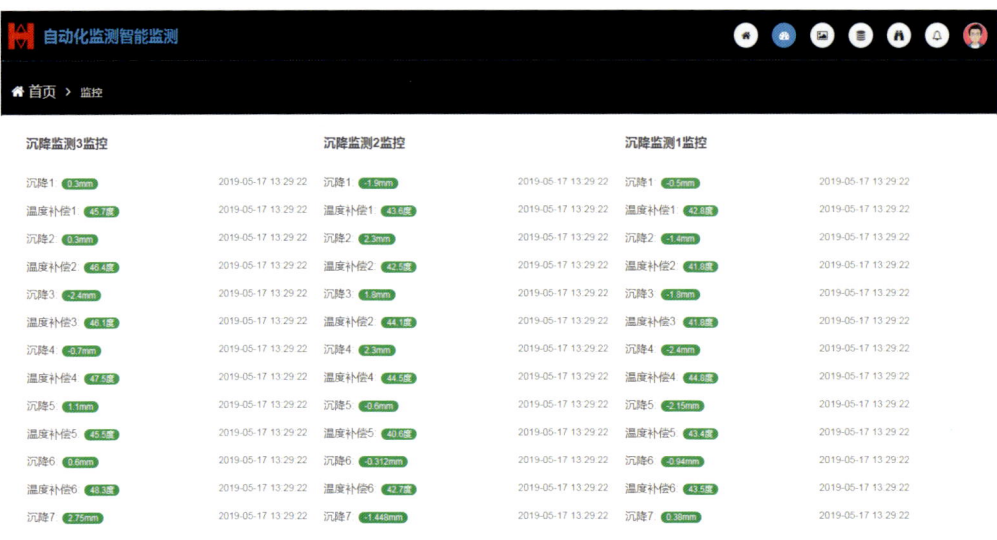

图 8.12　监测监控界面

3. 监测成果记录

监测成果记录界面如图 8.13 所示。

图 8.13　监测成果记录界面

4. 监测点位平面

监测点位平面如图 8.14 所示。

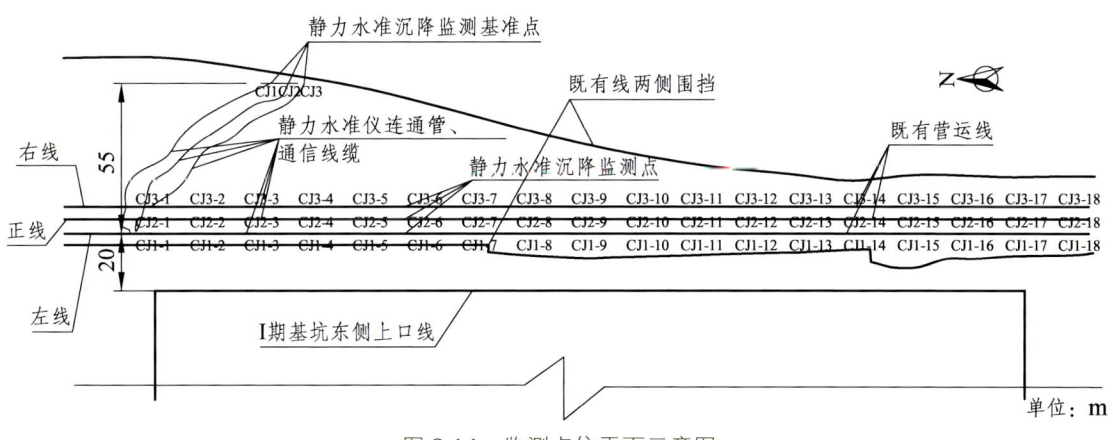

图 8.14　监测点位平面示意图

5. 监测对比

监测对比如图 8.15 所示。

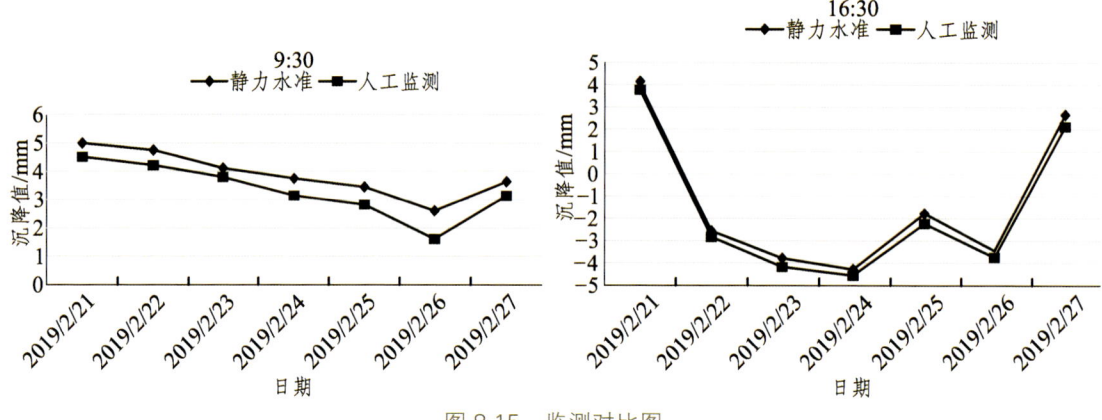

图 8.15 监测对比图

6. 监测成果统计

监测成果统计如图 8.16 所示。

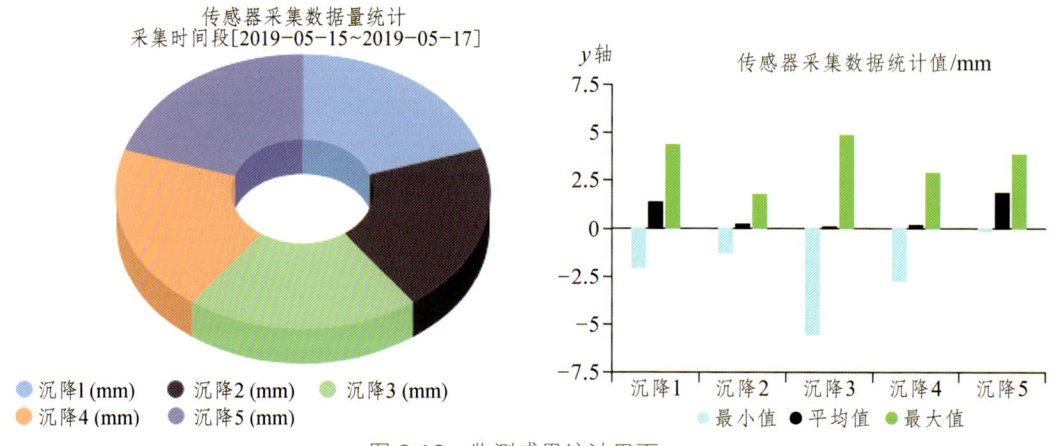

图 8.16 监测成果统计界面

8.3.4 系统特点

（1）依靠现场监测数据来了解基坑的设计强度，为今后降低工程成本指标提供设计依据。

（2）可及时了解施工环境，包括地下土层、地下管线、地下设施、地面建筑在施工过程中所受的影响及影响程度。

（3）可及时预报险情的发生及发展，有利于及时采取安全补救措施。

8.4 高支模监测

随着社会经济的发展，建筑工程的规模越来越大，越来越多的工程建设需要采用高支模。高支模的高度从几米到十几米，有的甚至高达几十米。高支模施工作业容易发生高处坠落事故，从而造成人员的伤亡，更为严重的是，在施工过程中如果支模系统发生坍塌，会造成其上作业人员的群死群伤，酿成较大甚至重大的施工安全事故。因此，施工作业中，除遵守模板工一般安全常识外，还必须认真按高支模的要求和施工方案作业，切实预防各类事故发生。

1. 系统概述

建筑科学技术的日益进步，建筑工程的规模、空间和体量呈逐步增长趋势，建筑物的平面布局、结构类型也更加复杂多样，大跨度、大截面梁及高空间的建筑物对高支模施工安全管理提出了更高的要求。高支模安全事故主要是高支模承载过大或变形过大诱发系统内钢构件失效，发生高支模局部坍塌或整体倾覆，进而造成混凝土浇筑作业人员伤亡。

2. 系统设计

系统通过对高大模板支撑系统的模板沉降、支架变形和立杆轴力的实时监测，实现超限预警、危险报警的目标。系统采用高精度传感器和自动采集仪，一秒内即可读取最新数据。当监测值超过预警值时，施工人员在作业时能从机器上读取预警信号，监测单位应及时通知现场项目负责人和监理人员，排除影响安全的不利因素；当监测值超过报警值时，监测设备发出报警信号的同时，安装在现场的警报器也会发出警报声。系统除了能感知高支模外围情况外，还可以方便监测支模体系的变化，从而提高监控水平。

3. 系统组成

高支模变形监测系统由传感器集群、数据采集仪、报警器及监测软件组成（见图 8.17），可实时测量高支模支撑体系的支架变形、倾斜、立杆轴力以及模板沉降，进而对施工现场的高支模实现连续的实时监测以及超限、倾覆报警。

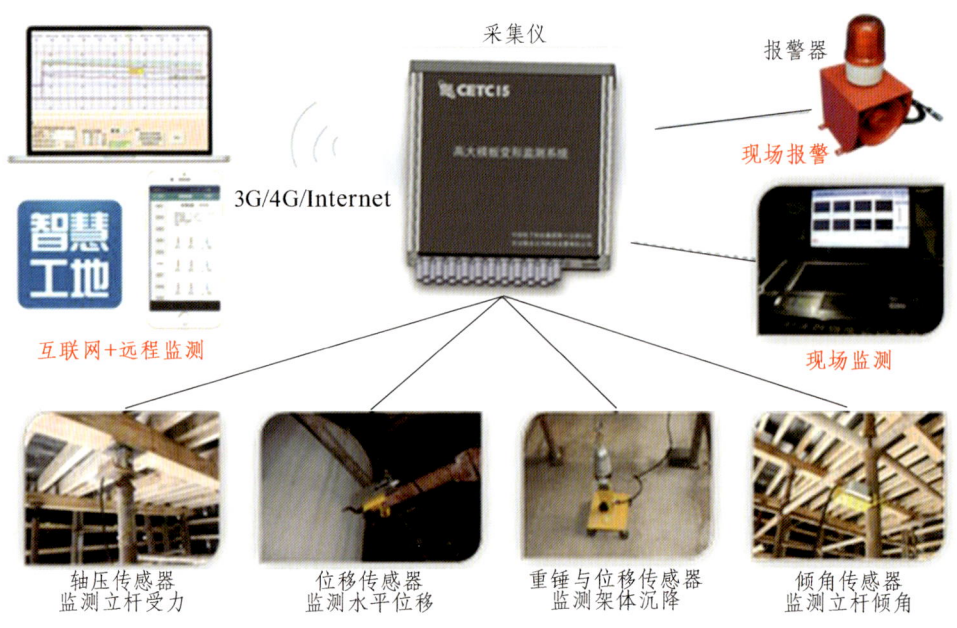

图 8.17　高支模监测系统组成

4．系统功能

自动监测：可实时监测模板沉降、立杆轴力、水平杆倾角等（见图 8.18），可根据监测方案设定各参数的报警阈值。

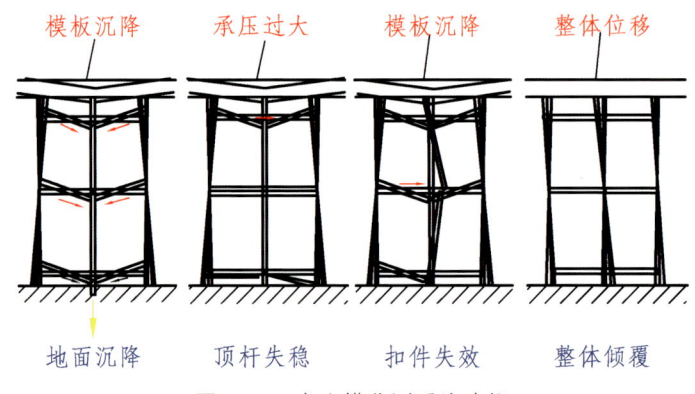

图 8.18　高支模监测系统功能

现场报警：当监测值超过阈值后自动报警，支持现场声光报警、远程短信报警等多种报警方式（见图 8.19）。

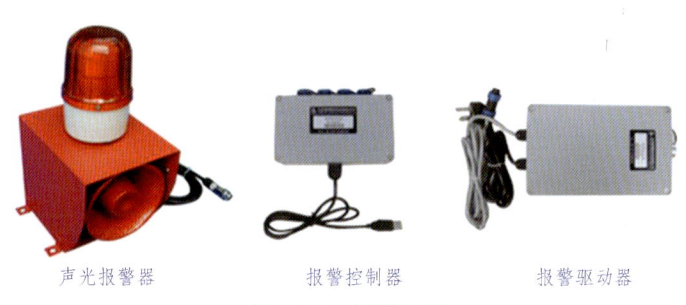

声光报警器　　　报警控制器　　　报警驱动器

图 8.19　报警装置

数据展现：实时数据全程记录，通过曲线图动态展现实时数据变化及追溯历史记录（见图 8.20）。

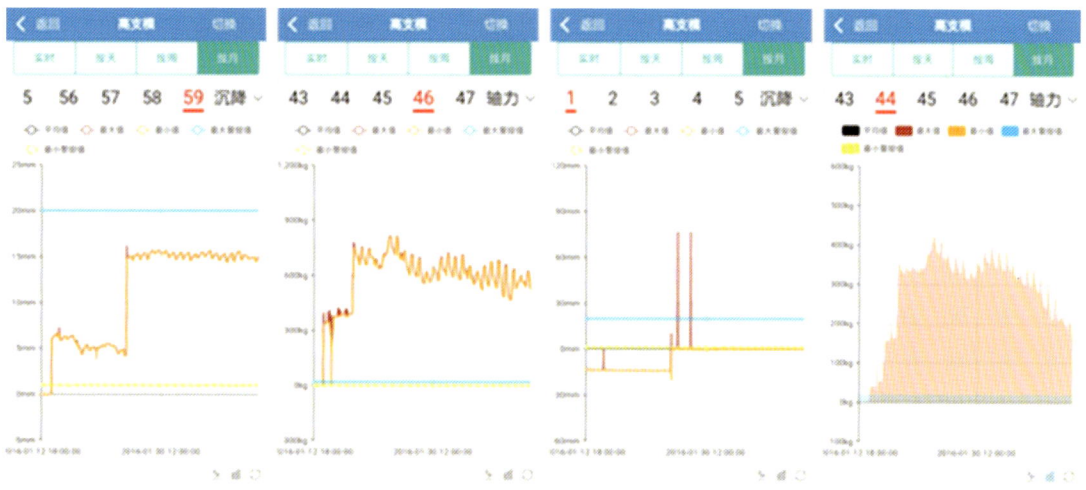

图 8.20　实时数据监测

5. 系统特点

32 路采集通道：支持同时采集位移、倾角、轴压等各类型的共 32 个传感器。

采集速率高：支持工业级总线采集，信号可靠传输距离可达 1 km 以上。

防护等级高：全防护采集链路，采用防水接插件，传感器和采集器达到 IP65 防护等级。

智能预警：自动采集各传感器监测值，当检测到可能的高支模倾覆隐患时自动报警。

无线通信：现场数据采集器与远程服务器之间采用无线链路通信。

8.5　大体积混凝土测温

对于整体浇筑的大体积混凝土结构，一方面水泥在水化固结过程中，会产生大量的水化热；

另一方面，混凝土是一种不良的导温材料，对于大体积混凝土而言，内部热量不易散发，会形成较高的水化热温升，高的可达40℃以上。在降温过程中，由于非均匀降温而受到自身约束和外部约束。自身约束是内部混凝土的相互约束，产生自生应力；外部约束是来自混凝土或基础的约束，产生约束应力。自生应力和约束应力都是由变温引起的温度应力。大体积混凝土的温度应力往往会超过混凝土相应龄期的抗拉强度而使结构产生温度裂缝，会对结构的承载力、设计效果、安全性和耐久性都产生重要影响。

温度测量采用智能型温度传感器，测试灵敏度0.1℃，测试精度0.5℃，温度测量范围−50~130℃，该传感器采用半导体材料制作，测量结果不受导线长度影响。测试仪器采用JMT-512多点自动温度测试仪，该系统可任意配接1~8个AMT-64或AM-32多点自动温度集线箱组成32~512个点的自动温度监测系统。系统的任意通道均可配接电压输出型的半导体温度传感器或其他电压型温度传感器，测试分辨率0.1，通过RS232标准串行接口与计算机连接进行全天候自动温度监测。仪器配置无线传输模块后，通过移动通信网络，可实现长距离的数据无线传输。

根据中华人民共和国住房和城乡建设部颁发的《建筑工程冬期施工规程》（JGJ 104—2011）规定要求，在冬季进行混凝土施工时，为保证施工安全与质量应进行混凝土测温并予以记录。

同时《大体积混凝土施工规范》GB 50496要求：

（1）大体积混凝土的设计强度等级宜在C25~C40内，并可利用混凝土60 d或90 d的强度作为混凝土配合比设计、混凝土强度评定及工程验收的依据。

（2）大体积混凝土工程施工前，宜对施工阶段大体积混凝土浇筑体的温度、温度应力及收缩应力进行试算，并确定施工阶段大体积混凝土浇筑体的升温峰值、里表温差及降温速率的控制指标，制定相应的温控技术措施。

（3）温控指标宜符合下列规定：
① 混凝土浇筑体在入模温度基础上的温升值不宜大于50℃。
② 混凝土浇筑块体的里表温差（不含混凝土收缩的当量温度）不宜大于25℃。
③ 混凝土浇筑体的降温速率不宜大于2.0℃/d。
④ 混凝土浇筑体表面与大气温差不宜大于20℃。

（4）大体积混凝土施工前，应做好各项施工前准备工作，并与当地气象台、站联系，掌握近期气象情况。必要时，应增添相应的技术措施，在冬期施工时，应符合国家现行有关规定。

1. 系统概述

大体积混凝土测温系统是一种功能强大的分布式全自动多点静态远程网络数据采集系统，由采集模块（MCU）、微波通信模块、系统软件及相关配件组成。系统采用分布式结构，最大可组成由256个采集模块（MCU）集成的自动化数据测试系统，测试现场在野外无外接电力供应时，可采用汽车蓄电池供电，而其他时间处于休眠状态，减少电源的消耗，以保证长期时间连续供电。系统采用无线微波数据传输方式，运用近程无线载波（5 km内）进行传输，这样极大地提高了系统的灵活性并避免了对施工的影响；采用全密封设计，防水、防潮、防雷击，适应各种场所的自动化工程检测项目，可广泛应用于超高层建筑、核电、桥梁、水利、水电、铁路、公路等工程领域的长期无人值守的自动化监测。

2. 系统设计

1）系统组成

MCU微波自动远程监测系统主要由检测元件、无线自动监测控制系统（MCU采集模块、无线收发模块、供电模块）、上位机自动接收数据处理系统组成。

2）监测元件

为了准确记录、统计温度和应变参数，采用国际先进的热敏电阻温度。传感器（1K、2K、5K等，根据用户自行选择）测量温度范围：$-50 \sim +150 ℃$；常用工作温度范围：$-27 \sim +65 ℃$；精度：$\pm 0.1\% FS$。

3）MCU微波自动监测控制

自动综合远程测试系统是一种功能强大的分布式全自动多点静态远程网络数据采集系统，主要包括采集模块和通信模块。

（1）采集模块。

采集模块MCU16型有16个采集通道，MCU32型有32个采集通道，可接各种类型的钢弦式传感器（含国外传感器）。模块采用高精度的16位AD模块，测量精度高，可自动定时测量并存储采集数据，也可人工实时采集数据。

（2）通信模块。

传输方式采用近程无线载波（5 km内），通信模块采用国际先进的工业通信模块，工作稳定，无须布线，使用方便，不产生通信费，成本低。

4）上位机自动接收数据处理

上位机自动接收数据处理系统由无线微波收发仪、计算机、打印机及相应处理软件所组成。无线收发仪内置通信模块、CPU、存储器等，可与计算机连接工作，也可脱机独立工作。无线收发仪自行接收无线采集单元传递上来的数据并自动保存，同时将计算机设置的有关参数传递给无线采集单元。

计算机与无线收发仪通过 RS232 串口连接，完成无线收发仪及无线采集单元的参数设置，读取无线收发仪内保存的由无线采集单元上传的测量数据，并以数据库文件及文本文件保存，同时可形成 Excel 文档，用户可根据实际情况作计算处理。此外，还要根据用户要求打印过程曲线及数据报表。

3. 系统参数

（1）测量温度范围：-20 ~ +130 ℃；精度：0.5 ℃。

（2）测量频率范围：600 ~ 3 500 Hz。

4. 实施方法

自动远程监测由设计布点、元件埋设、自动化采集单元的安装、无线数据下载、数据处理与分析等步骤组成。工作流程如图 8.21 所示。

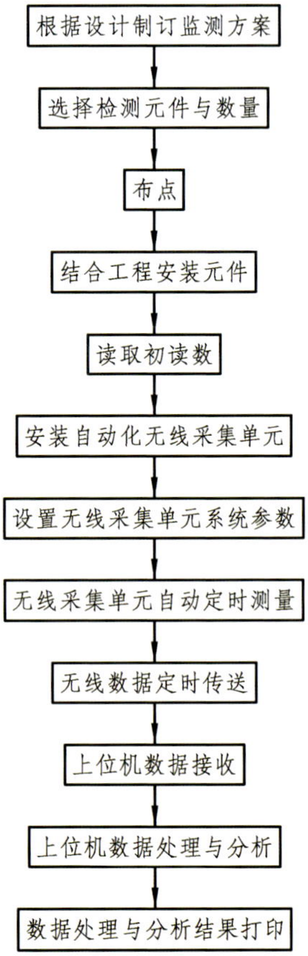

8.6　防火感应监测

8.6.1　系统概述

图 8.21　混凝土测温系统实施流程

随着建筑行业生产力水平的提高，建筑工地各种电器和以易燃易爆液体或气体为能源的各种工具的广泛使用，使得易引发火灾的危险因素大量增加。因此，强化消防监督管理和增强安全防范意识，制定工程消防方案，具有重大的意义。消防报警系统包含火灾智能报警控制系统、消防电源控制系统、消防应急照明与疏散指示系统、电气火灾监控系统、防火门控制系统等功能（见图 8.22）。遵循如下标准及规范：

GB 50016—2014《建筑设计防火规范》；

GB 50116—2013《火灾自动报警系统设计规范》；

GB 50166—2007《火灾自动报警系统施工及验收规范》；

GB 50067—2014《汽车库、修车库、停车场设计防火规范》。

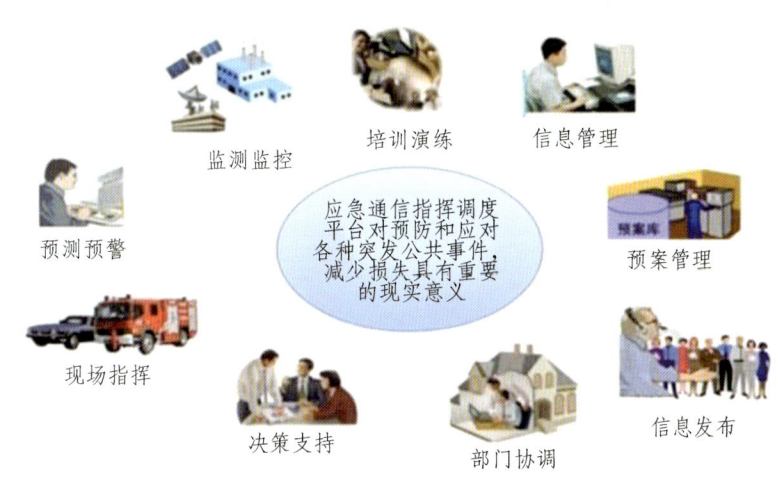

图 8.22 公共安全防火调度

8.6.2 系统组成

系统主要由基站类、传感器、监控类、软件类等部分组成（见图 8.23）。

1. 基站类

低功耗 OC-001 基站（可支持户外应用覆盖 3 km）；

低功耗 OC-002 基站（可支持室内应用覆盖 8 层楼）。

2. 传感器

智能烟感、定位终端、视频联动控制盒子、智能燃气、一氧化碳及电线路监控、水压力传感器等消防相关传感设备。

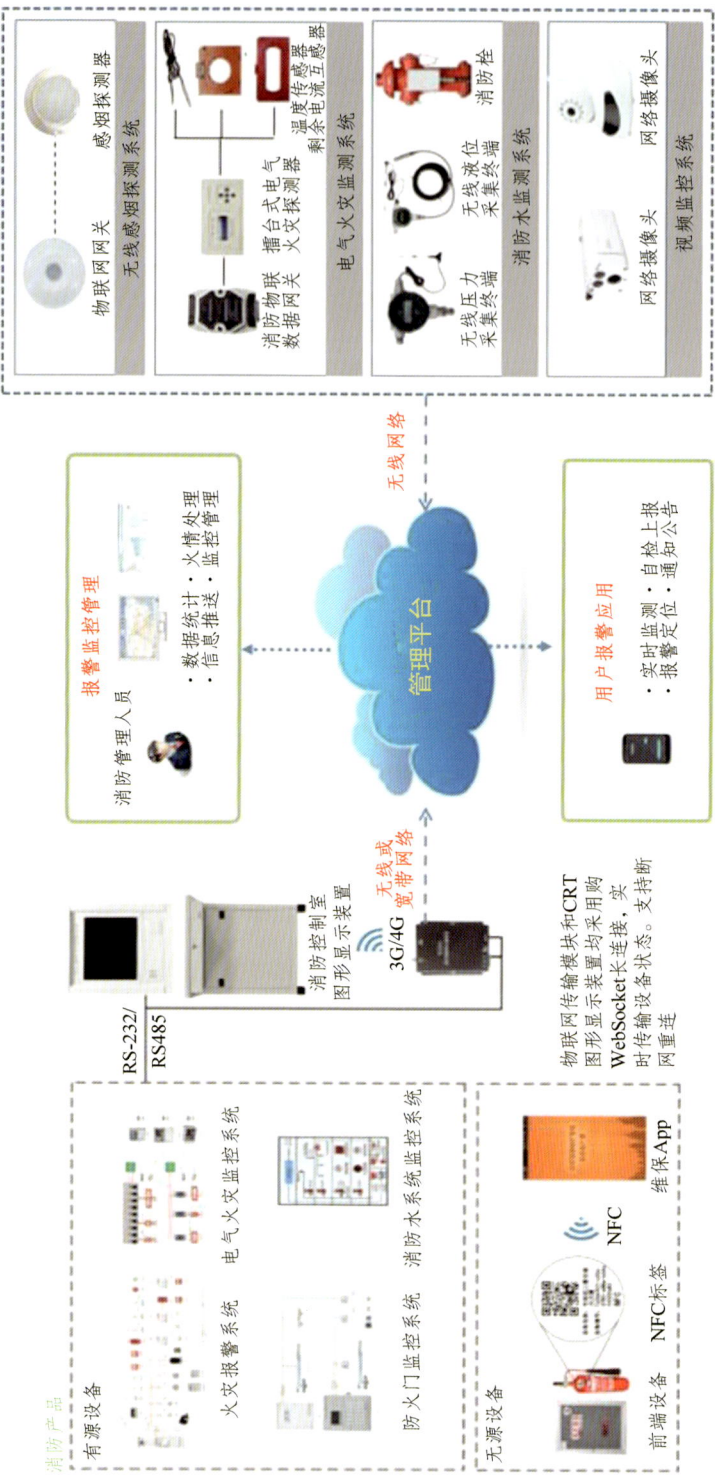

图 8.23 报警系统

3. 监控类

热成像摄像机，可通过架设 WISE 基站实现 WISE 网络信号覆盖。WISE 网络具有低功耗、传输距离远、系统容量大、易于组网等特点，建成后可在网络上加载各种城市管理功能。

4. 软件类

可通过现场系统、手机 App、监控中心大屏远程查看现场各个部位的传感器的运行状态，可通过 App、短信、微信服务号接收消防报警提醒。

8.6.3 系统功能

1. 火灾自动报警及联动控制系统

通过现场的感烟感光传感器，可在火灾初期探测到火灾情况，并通过火灾声、光警报器（见图 8.24），提醒人员采取有效措施控制火情发展，确保人身安全，最大限度地减少社会财富的损失。

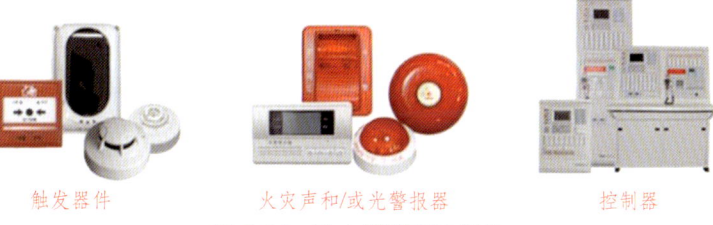

图 8.24　防火报警系统器件

2. 消防应急照明及疏散指示控制系统

在火灾发生时，应急照明和疏散指示系统（见图 8.25）能准确、安全、迅速地指示逃生线路，为人员疏散、消防作业提供照明和疏散指示。

3. 防火门监控系统

防火门监控系统（见图 8.26）可以监控防火门的状态，使异常状况得到及时发现和处理，发生火灾时能自动关闭响应区域的常开防火门，阻止浓烟、火势的蔓延。

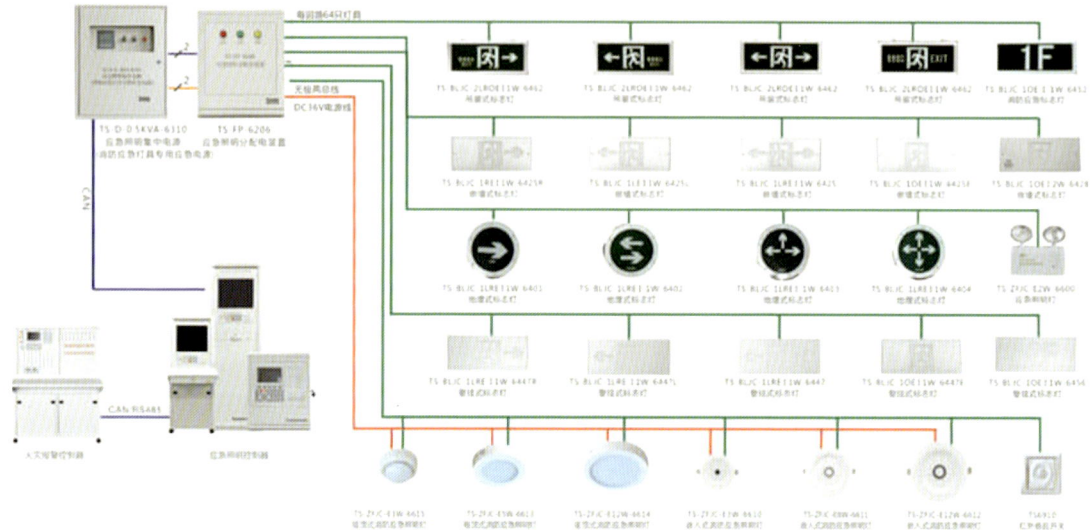

图 8.25 防火报警疏散指示控制系统

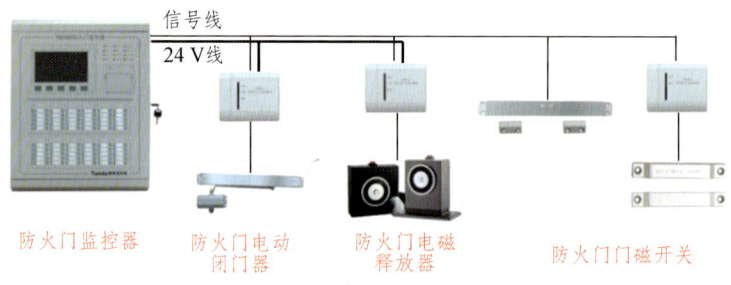

图 8.26 防火门监控系统

4. 软件系统

通过软件系统能够可视化查看各个区域的传感器、报警器的运行情况。可通过 Web（见图 8.27）或手机 App（见图 8.28）远程查看施工现场的传感器、控制器的状态并接收报警推送。

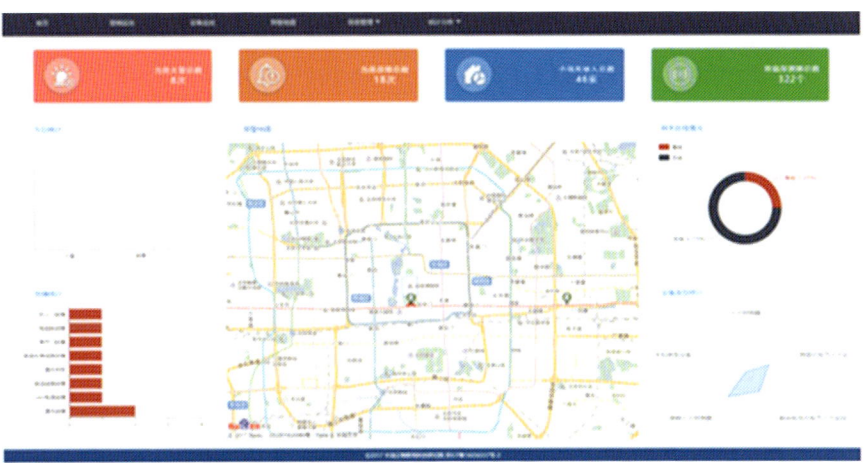

图 8.27 远程 Web 系统

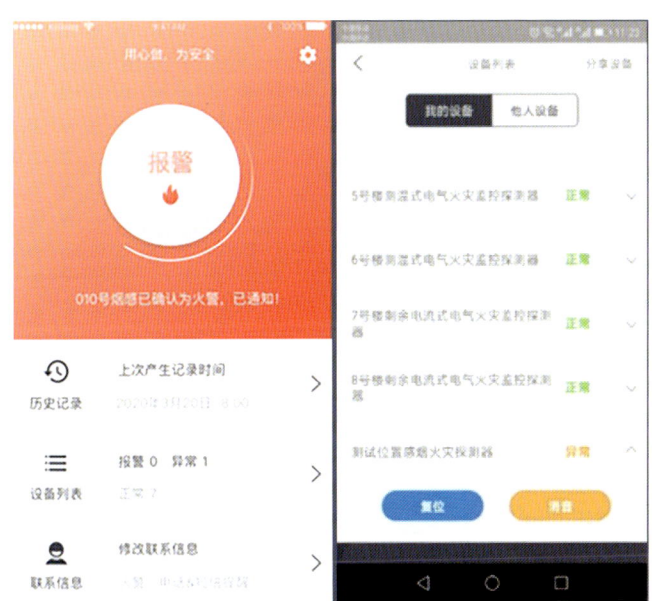

图 8.28 远程 App 系统

8.7 环境监测

8.7.1 系统概述

随着工业的发展，环境污染问题愈发严重，全国各地的雾霾现象也严重影响了百姓的生活质量，受到了社会的广泛关注，引起了国家的高度重视。2014年，全国环保工作会议为深入贯彻十八届三中全会精神，明确提出要求第三方必须严格处理环境污染，尤其是普及环境监测并社会化。这就导致环境监测系统需求量大大增加，市场也彻底打开。随着近几年市场的不断探索，需求与功能不断被明确，但企业仍然需要提高制度化、规范化水平，做好定向、定性、定位问题，调整好市场与政府之间的关系，跟随政府的指导方向，深入开拓环境监测市场。政府有关部门对建筑工地的环境污染问题尤为关注，要求必须切实解决工地扬尘污染问题，良好的环境监测系统与设备已经成为建筑工地的刚需。

环境监测是一台通过传感器实时监测环境数据的设备，通过搭配云端与之相连的互联网远程查看现场环境状态。通过立柱上安装的LED大屏幕，现场人员可实时看到风速、风向、$PM_{2.5}$、PM_{10}、温度、湿度、噪声数据，雾炮可在扬尘过大时自动开启降尘。由此项目管理人员可随时在办公室内获知施工现场的扬尘情况。塔司也可由此获知风力大小，判断塔吊是否有倾倒风险。噪声传感器保证施工现场噪声不会超过标准，造成扰民，导致小区住户投诉等问题。施工现场的温湿度记录也可由环境在线监控系统获得。

8.7.2 系统设计

本系统由数据采集器、传感器、视频监控系统、无线传输系统、后台数据处理系统及信息监控管理平台组成。监测子站集成了大气$PM_{2.5}$、PM_{10}监测，环境温湿度及风速风向监测，噪声监测等多种功能；数据平台是一个互联网架构的网络化平台，具有对各子站的监控功能以及对数据的报警处理、记录、查询、统计、报表输出等多种功能。系统组成如图8.29所示。

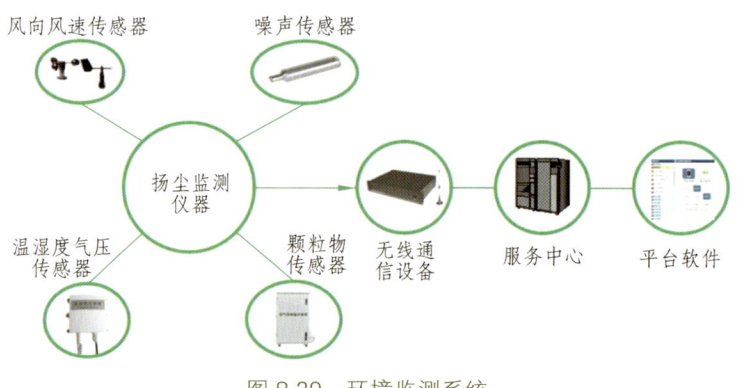

图8.29 环境监测系统

8.7.3 系统组成

如图 8.30 所示，监测设备的顶端为各种传感器与天线，保证设备准确采集环境数据。LED 大屏幕为防水防尘结构，可在工地恶劣环境下稳定运行。

本子系统由环境监测传感器、控制板（含 LED 屏）、黑匣子和云服务端组成。系统拓扑结构如图 8.31 所示。

从系统拓扑图中可以看到，各组成部分的数据通信方式如下：

（1）控制板通过 RS485 接口采集所有环境监测传感器的数据。

图 8.30 环境监测设备

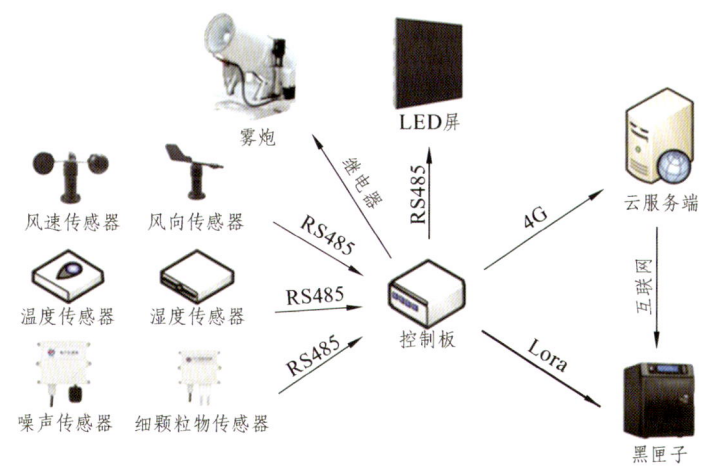

图 8.31 系统拓扑结构

（2）控制板通过 RS485 接口控制 LED 屏显示信息。

（3）通过运营商 4G 无线网络上报控制板数据到云服务端，通过 Lora 433M 无线网络上报数据到黑匣子。

（4）云服务端和黑匣子之间通过标准互联网方式进行数据交互。

（5）控制板通过继电器有线控制雾炮。

整个子系统共分为三层，分别是感知层、传输层和应用层，如图 8.32 所示。感知层通过各种硬件传感器，获取到最原始的基础数据；传输层通过 RS485、Lora 433M 无线网络、

4G网络和互联网等多种方式进行数据传输；应用层作为数据展示和用户控制层，提供监测数据展示、监测设备管理、数据采集记录，同时设备联动雾炮，可在扬尘过大时自动开启雾炮。

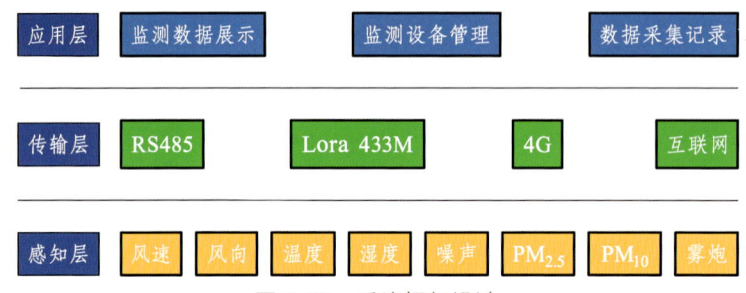

图8.32 系统框架设计

各层运行流程（见图8.33）如下：

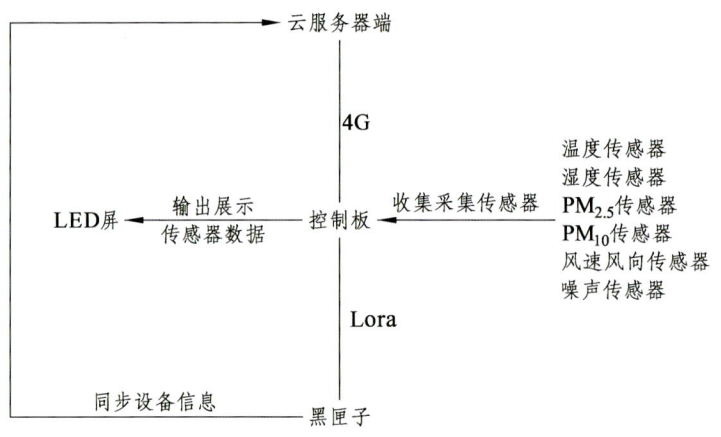

图8.33 各层运行流程

（1）温度传感器、湿度传感器、PM$_{2.5}$传感器、PM$_{10}$传感器、风速传感器、风向传感器、噪声传感器实时将数据传送至控制板。控制板解析传感器数据内容，将内容转换成LED屏所需数据，通过串口数据线发送给LED屏显卡，LED屏通过配置好的显卡显示接收到的数据内容，包括公司名称、传感器类型和所测数值。

（2）控制板解析传感器数值后还通过Lora无线传输模块将数据传送至本地服务器黑匣子上，通过4G传送至云端服务器上。如果本地4G网络不稳定，也可通过黑匣子作为备份存储环境监测的数据。待网络恢复正常后，黑匣子再通过4G网络将数据同步给云端服务器。使用这种传输方式可保证环境监测系统在网络环境不好时也不受影响、稳定运行。

(3)主程序流程如图 8.34 所示。

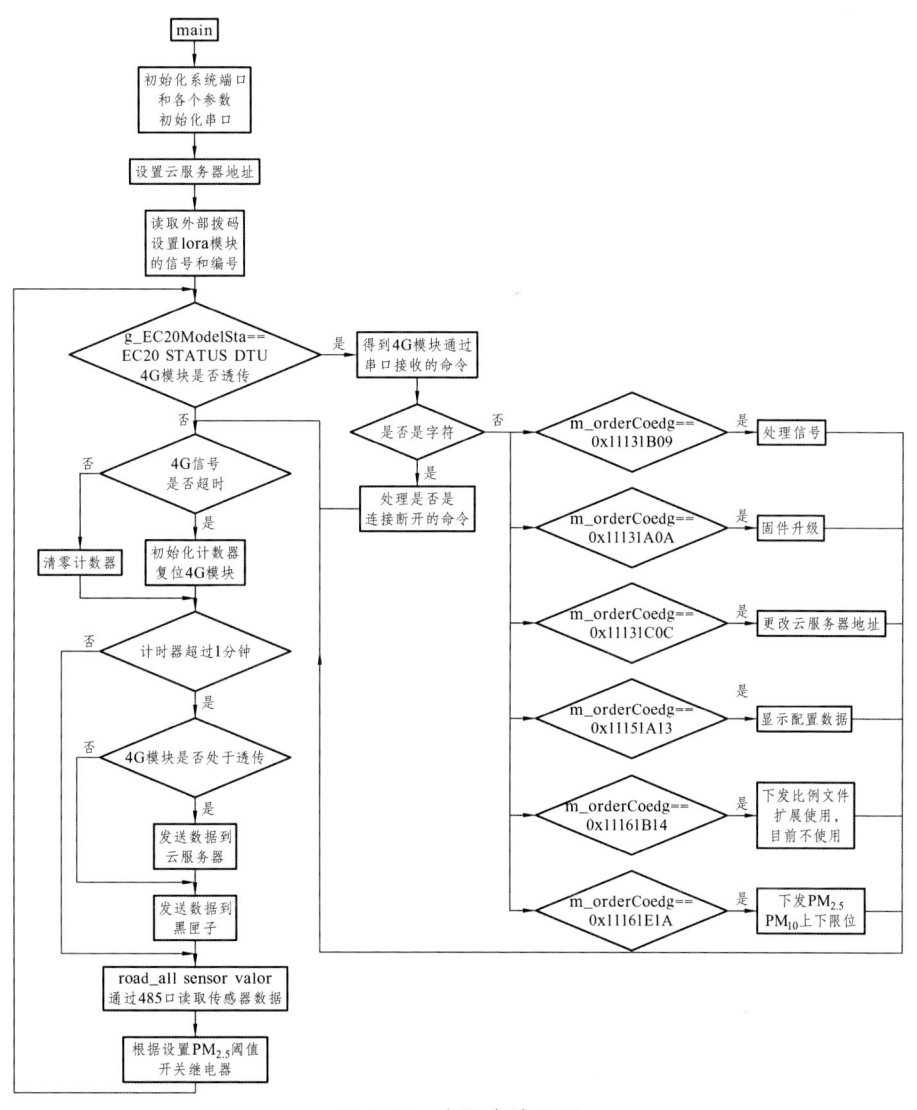

图 8.34 主程序流程图

(4)数据发给黑匣子流程,如图 8.35 所示。

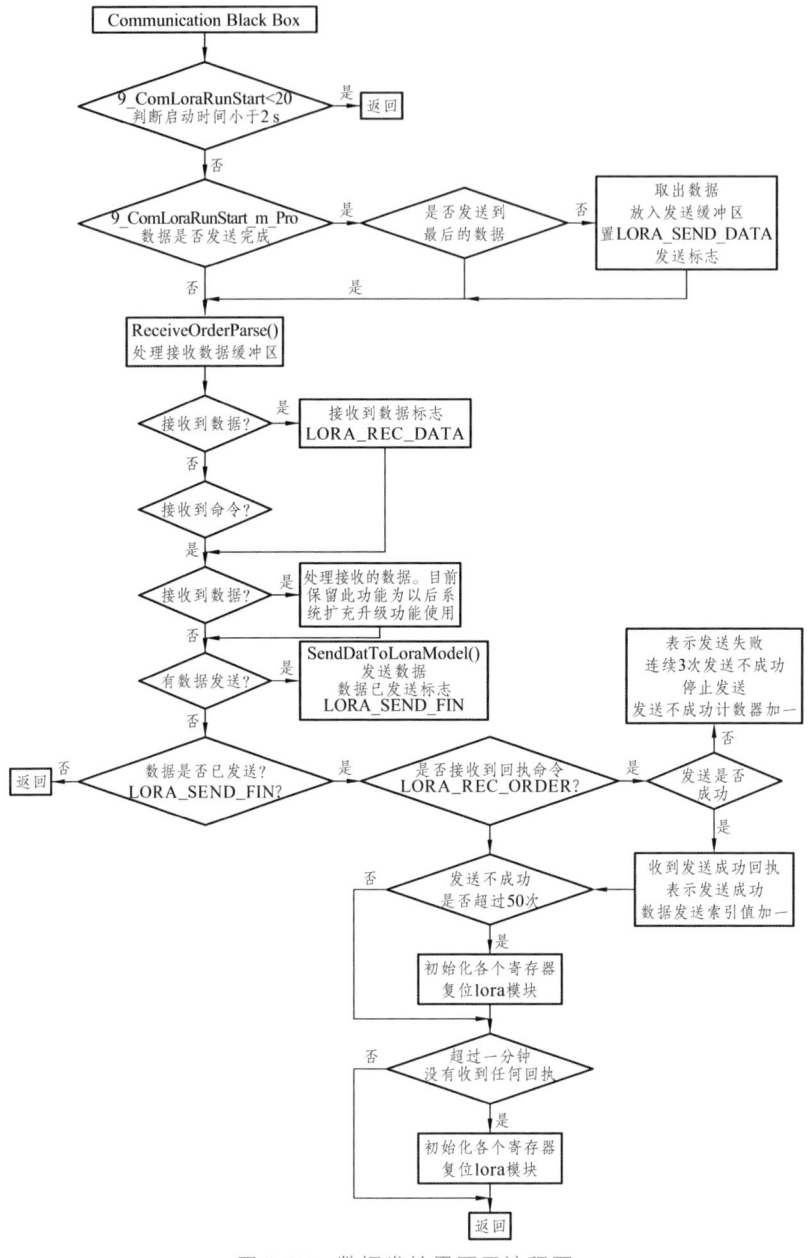

图 8.35 数据发给黑匣子流程图

（5）4G 通信状态机流程，如图 8.36 所示。

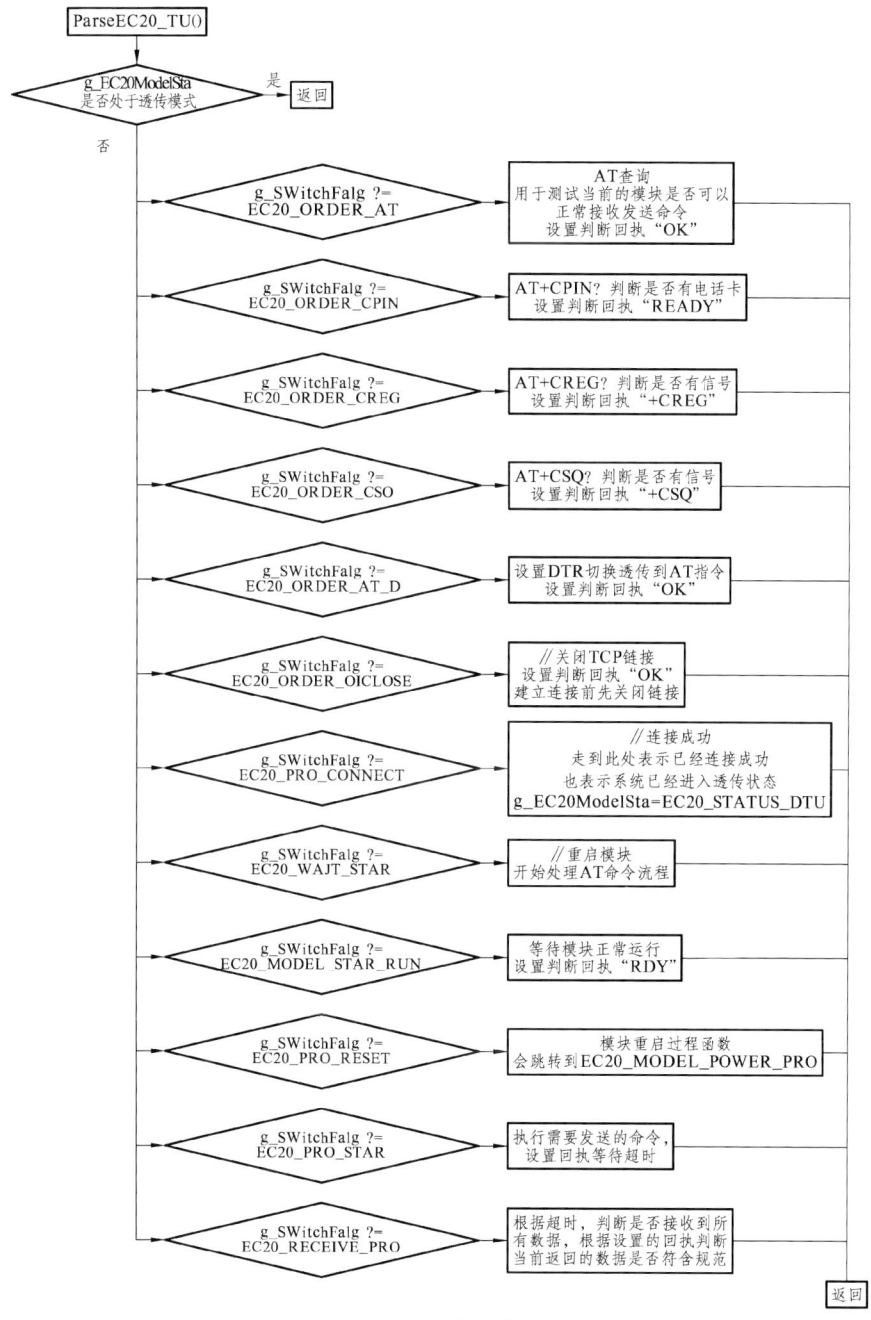

图 8.36　4G 通信状态机流程

8.7.4 系统功能

1. 环境监测传感器

环境监测传感器需要采集多种环境数据，具体包括风速、风向、温度、湿度、噪声和细颗粒物。其中，细颗粒物要求包含 $PM_{2.5}$ 和 PM_{10} 两种数据。所有传感器都采用 RS485 接口，便于统一接入。传感器的功能参数见表 8.4。

表 8.4 传感器的功能参数

传感器类型	数据单位	功能要求
风速传感器	米每秒（m/s）	量程：0～60 m/s 精度：±（0.2 + 0.03）m/s 分辨率：0.1 m/s 工作温度：−40～+60 ℃ 通信接口：RS485
风向传感器	无	量程：8 个指示方向 通信接口：RS485
温度传感器	摄氏度（℃）	量程：−40～+120 ℃ 精度：±0.5 ℃（25 ℃） 通信接口：RS485
湿度传感器	相对湿度（RH）	量程：0%～99% RH 精度：±3% RH（25 ℃） 通信接口：RS485
噪声传感器	分贝（dB）	量程：30～120 dB 精度：±3 dB 通信接口：RS485
细颗粒物传感器	微克每立方米（μg/m³）	功能：同时支持 $PM_{2.5}$ 和 PM_{10} 两种细颗粒物 量程：0～1000 μg/m³ 精度：±10%（25 ℃） 通信接口：RS485
雾炮	L/min	流量：30～46 L/min 旋转角度 320° 水平射程：35～40 m

2．控制板

控制板在整个系统中起到承上启下、中间节点的作用（见图8.37），主要功能有：

（1）通过RS485接口采集各种环境传感器的数据，数据采集频率为20 s一次。

（2）将采集到的环境数据通过RS485接口输出到施工现场的LED屏上进行显示。

（3）将采集到的环境数据通过Lora网络传输给黑匣子。

（4）将采集到的环境数据通过4G网络上报到云服务端。

（5）接收云端设置的$PM_{2.5}$及PM_{10}阈值，在监测到$PM_{2.5}$或PM_{10}超过阈值后开启雾炮。当扬尘降低到阈值以下后自动关闭雾炮。

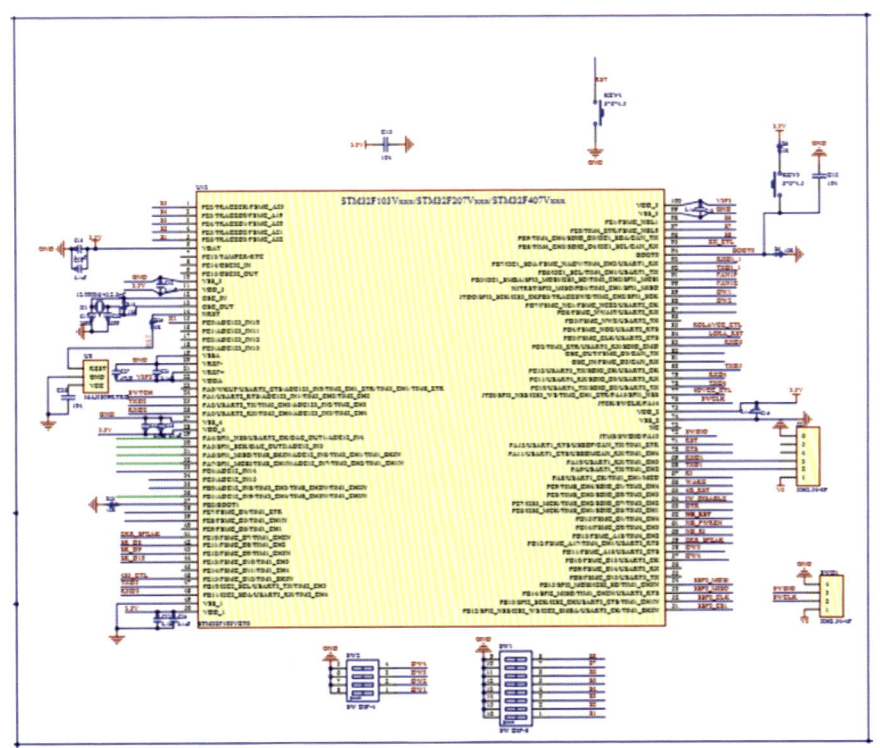

图8.37　控制主板原理（部分）

LED屏和传感器一起，都安装在施工现场，实时显示现场采集到的各种环境数据，让现场人员能够直接了解到最新数据。具体显示内容分两页显示。第一页显示内容共6行，其显示内容从上至下依次为：中铁科技、在线扬尘检测系统、温度数据、湿度数据、噪声数据、$PM_{2.5}$数据；第二页显示内容共5行，显示内容从上至下依次为：中铁科技、在线扬尘检测系统、PM_{10}数据、风速数据、风向数据。显示刷新时间为 1 s，两页内容之间的切换时间间隔默认为 5 s。

3. 工地智脑

工地智脑"黑匣子"作为施工现场本地部署的设备，具备以下功能：

（1）通过 Lora 网络接收控制板发来的环境监测数据。

（2）通过 HTTP 协议，从云服务端同步环境监测数据和相关设备信息。

（3）保存接收到的所有环境监测数据。

（4）显示刚接收到的环境监测数据，并能够查询历史记录。

4. 雾炮联动机制

环境监测的 4G 模块具有双向传输功能，在网页端设置好 $PM_{2.5}$ 与 PM_{10} 的阈值后将数据下发到环境监测主板中。当监测到的 $PM_{2.5}$ 与 PM_{10} 值超过设置的阈值时自动开启雾炮，当扬尘低于阈值时自动关闭。

5. 云服务端

云服务端是整个子系统的信息输出端和管理控制端，具体功能包括如下几部分。

（1）环境监测数据显示。

系统显示最新获取到的环境监测数据，包括更新时间、温度、湿度、风速、风向、噪声、$PM_{2.5}$、PM_{10} 等（见图 8.38）。对于达到预警的数据，要进行黄色预警提示；对于超标的数据，要进行红色超标提示。同时，显示从气象官方机构获取到施工场地所属地区最近的天气数据，用于对比参考，具体包括天气状况（晴、多云、阴、阵雨、小雪、雾、沙尘等）、温度、湿度、风速、$PM_{2.5}$、PM_{10}、空气质量等。

（2）环境设备管理。

环境设备列表：通过列表方式分页显示所有的设备信息，显示字段包括设备编号、设备 ID、设备名称、安装位置、当前状态（在线或离线）、安装时间和最后采集时间（见图 8.39），并支持按照设备编号、设备名称和当前状态进行查询，列表默认每页显示 30 条。支持对环境设备进行添加、修改和删除操作。添加和修改操作的信息分为两种：一是基本信息，包括所属项目、设备编号、设备 ID、设备名称、安装位置、安装日期等；二是预警超标设置，能够对所有类型的环境监测数据设置合理的黄色预警和红色超标阈值。

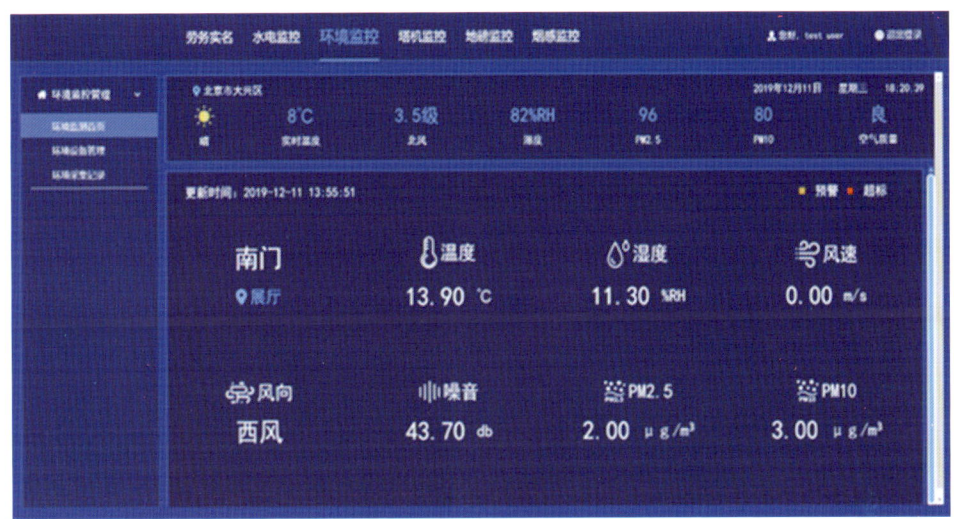

图 8.38 环境监测数据显示

图 8.39 环境设备管理

（3）环境采集记录。

通过列表方式分页显示所有的环境采集历史记录，显示字段包括设备编号、设备名称、记录时间和详细的环境监测数值（见图 8.40）。支持按照设备编号、设备名称和记录时间进行查询，并具备数据导出功能，列表默认每页显示 30 条。除上述功能之外，云服务端还有接收控制板上报的环境数据、提供接口将环境数据同步到黑匣子、提供接口将设备信息同步到黑匣子等功能。

图 8.40　环境采集记录

8.7.5　接口定义

1. 传感器与控制板

传感器与控制板之间全部通过 RS485 接口进行数据传输，数据格式按照各传感器厂商提供的技术文档的定义要求。

2. 控制板与 LED 屏

控制板与 LED 屏之间通过 RS485 接口进行数据传输，数据格式为二进制，由控制板主动发送请求给 LED 屏，LED 屏收到信息后会给出回应。请求信息格式见表 8.5。

表 8.5　数据请求格式要求

名称	长度	说　明
协议头	1	固定值 17
协议标识	4	固定值 11 15 1A 13
刷屏间隙时间	1	设置每屏数据显示时间，3～100 s
长度	1	数据长度 n
数据	n	data0～data$n$，n 必须为偶数
CRC 校验	2	crcL、crcH

数据长度 n 必须为偶数，由于是配置显示 2 屏数据，所以每屏数据各占一半长度，数据结尾之处缺少数据直接补 0。例如：17 11 15 1A 13 04 10 31 32 33 34 35 36 00 00 37 38 33 34 35 36 00 00，04 表示每屏数据显示时长为 4 s，10 表示后面有 16 个数据。

第一屏的数据：31 32 33 34 35 36 00 00

第二屏的数据：37 38 33 34 35 36 00 00

数据回应信息格式见表 8.6。

表 8.6　数据回应信息格式

名称	长度	说明
协议头	1	固定值 17
协议标识	4	固定值 11 15 1A 13
状态	1	0 表示命令失败，1 表示命令成功
CRC 校验	2	固定 0、0

3. 控制板与黑匣子、云服务端

控制板与黑匣子之间通过 Lora 无线网络进行数据传输。在黑匣子端部署一个通信路由控制器，控制板的数据通过 Lora 无线网络传输到路由控制器上，信号将转换为常见的以太网数据，然后通过以太网线或 Wifi 传输给黑匣子。控制板与云服务端之间通过 4G 无线网络进行数据传输。

4. 黑匣子与云服务端

黑匣子与云服务端通过标准互联网方式进行数据传输。

8.8　电子巡检

通过移动网络和智能终端可对现场进行移动化管理。通过巡检业务的可视化管理，将现场问题和应急情况通过照片或者实时视频进行上报，可实时采集、上传数据。电子巡检可对问题的上报、分配、整改、验收、复查等业务流程进行管理，还可以打印或导出整改通知单、整改回复单等业务单据，方便经办人员操作，从而提高工作效率，降低人力成本。

1. 自定义二维码

可进行文本编辑，插入图片、网页链接等资源，将施工项目现场施工工艺、施工部位、质量情况等信息进行编辑，生成自定义二维码，通过微信或 App 内的扫描功能扫描后给予信息公示。二维码管理可以用在工地现场的各个环节和地点上，对安全管理尤其重要，在项目质量管理的细节之处发挥独特功效，并可贯穿日常安全管理的全过程（见图 8.41）。

图 8.41　自定义二维码应用

2. 巡检位置维护

可以在工地场区部位设定巡检部位、巡检时间，并生成巡检二维码，在巡检开始后，巡检人员通过手机 App 的扫码功能，扫码确定巡检时间及巡检位置，巡检位置通过手机 GPS 定位，确保巡检人员可以真实、准时到位（见图 8.42）。

图 8.42　巡检部位定义

打印二维码贴到巡更位置，扫描二维码确认巡更，查看单个区域巡更记录，巡更结果通过大屏和后台展示（见图 8.43），支持可选区域类型、统计巡更概况。

图 8.43　巡检展示

8.9　能耗监测

能耗监测系统用于实时对建筑工程建设过程中施工现场的工程机械和电器，以及工地人员办公、生活基础设施的电、水等能源消耗进行监测，并利用测得的数据将工地所消耗的能源数据传输到智慧工地管理平台，实现可视化展现，进而帮助管理人员优化工地能耗管理。

建筑能耗监测系统以计算机、通信设备、测控单元为基本工具，为大型公共建筑的实时数据采集、开关状态监测及远程管理与控制提供了基础平台，它可以和检测、控制设备构成复杂的监控系统。

能耗监测系统包括智能电表、智能水表。根据现场电源容量选择电能表最大功率，根据现场总水管路口径大小选择智能水表参数。智能电表、水表通过 3G/4G 上传数据至云平台，平台经过处理将数据显示到平台管理端，实时记录并监控现场用电、用水量。通过实时计算用电和用水损耗，实时监控不正常耗电现象或跑冒滴漏现象，及时将问题传达给相关管理人员进行处理。

1. 智能电表

计量标准：满足《1 级和 2 级静止式交流有功电度表》（GB/T 17215.321—2008）的要求，

符合中华人民共和国电力行业标准,必须具备 CMC 制造计量器具许可证。

工作原理:仪表的有功电能计量采用大规模专用集成电路计量芯片完成;RS485 实现可靠的数据通信;数据处理部分采用低功耗芯片,MCU 接收到脉冲信号后,通过对输入脉冲个数进行累计,并根据脉冲常数大小来实现对电能的精确计量(见图 8.44);电表具备预付费管理功能,显示当前剩余电量等信息,远程充值完毕,剩余电量自动累加。

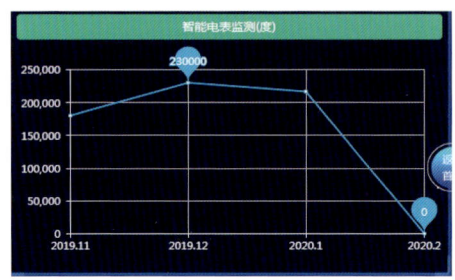

图 8.44　智能电表监测

智能电表(见图 8.45)具体参数要求如下:

额定电流:根据现场总功率制定。

额定电压:根据现场要求制定。

准确度等级:有功 1 级。

参比温度:23 ℃;工作温度范围:-10 ~ 60 ℃;参比湿度:40% ~ 90%;年平均湿度:≤ 85%。

安全要求:电表的计量数据不允许进行修改,以保证数据的准确性。

2. 智能水表

图 8.45　智能电表

计量标准:满足 GB/T 17215.321—2008《1 级和 2 级静止式交流有功电度表》的要求,符合中华人民共和国电力行业标准,必须具备 CMC 制造计量器具许可证。

工作原理:仪表的用水量采用光电直读转换模块完成;通过 RS485/M-BUS 实现可靠的数据通信;数据处理部分采用数十对红外发光管完成计度器的直接采集(见图 8.46);智能水表具备远程阀控功能,水量不足自动关阀。

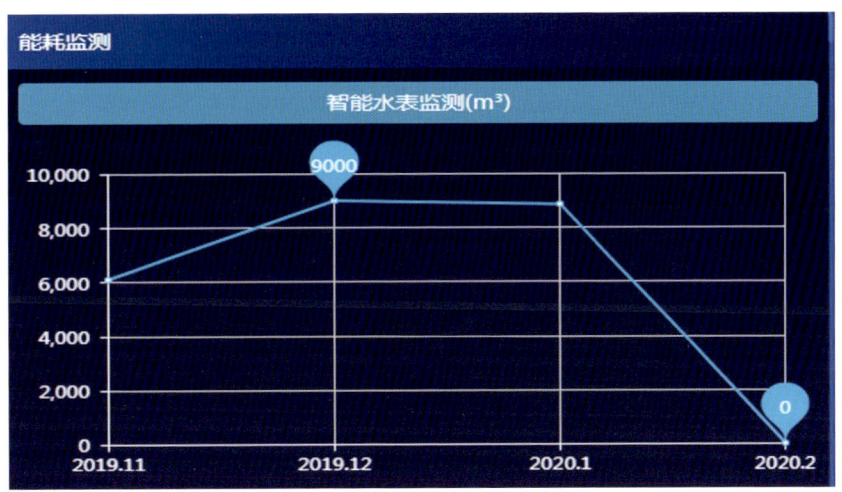

图 8.46　智能水表监测

智能水表（见图 8.47）具体参数要求如下：

口径：根据现场水管口径制定。

准确度等级：B 级。

参比温度：23 ℃；工作温度范围：−10 ~ 60 ℃；参比湿度：40% ~ 90%；年平均湿度：≤ 85%。

安全要求：水表的计量数据不允许进行修改，以保证数据的准确性，水表具备远程阀控功能。

计量功能：计量累计用水量。

通信功能：具备一个 RS485/M-BUS 通信接口。

图 8.47　智能水表

材质：全铜制造。

铅封：为防止水表被拆开，应有可靠的双铅封位置，封印应选用具有厂家明显标志的铅封。

3. 油耗监控

油耗监控能够计算出设备每个月的固定消耗。自动适应不同加油习惯，精确计算单次油耗、平均油耗，生成油耗曲线图（见图 8.48）；统计单月油费、平均油费，生成费用柱状图；根据真实数据统计，客观反映设备、车辆油耗情况。

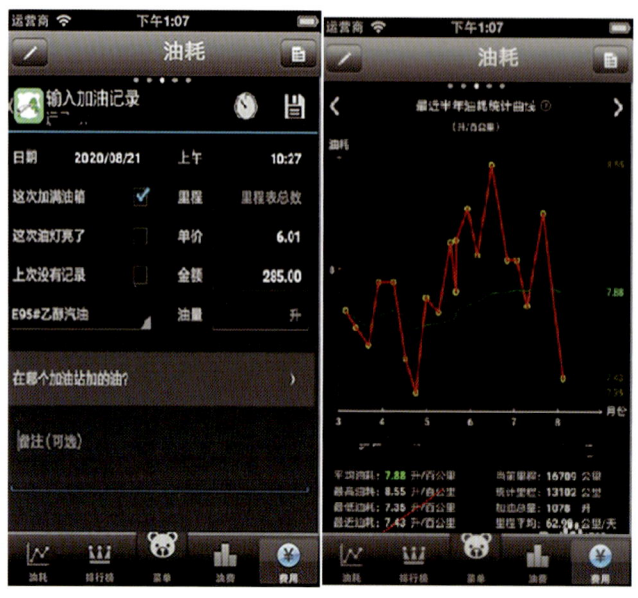

图 8.48　油耗监测

8.10　智能安全帽

我国近几年因未戴安全帽或佩戴方式不正确导致事故伤亡人数居高不下，正是因为人们存在侥幸心理，容易忽视安全问题，从而导致此类事故伤亡率年年增长。智能安全帽的产生填补了这块空白，让工人可以更好地保护自己，降低了伤亡率。

系统设备参数如下：

频段支持：GSM BAND，850/900/1800/1900。

脱帽告警：支持脱帽检测，未正确佩戴时，实时上报管理平台。

倒地告警：支持倒地检测，人员倒地时，实时上报管理平台。

一键呼救：支持发生意外人员主动呼救，上报平台并发送手机短信。

考勤功能：支持考勤记录。

语音广播：支持语音广播，集群广播。

定位功能：支持 GPS/BD，运动轨迹记录。

电池容量：≥ 750 mA·h。

续航时长：≥ 60 h。

第 9 章
智能调度管理

智能调度管理系统包括视频监控、车辆定位、安全隐患管理、质量检查、机械设备会签审批等功能模块，方便项目管理人员对施工作业环节进行科学组织和合理调配。通过对现场作业面进行远程视频画面实时回传和360°监控（见图9.1），对项目的进度情况、场容场貌、现场车辆、安全文明施工、工程施工质量等全面掌握，配合工作事项的闭环跟踪管理，进行数据联动分析，实现对施工情况的全盘调控，工作流合一。

图 9.1 智能调度场景

9.1 视频监控

随着我国经济的快速发展，大型基础设施项目建设的积极推进，全国各地工程数量和规模不断扩大。与此同时，建筑工地安全事故、建筑质量问题、建筑工地扬尘、噪声扰民等问题引起了社会的广泛关注。如何对施工现场实现有效地监管，系统促进安全施工、绿色施工、文明施工是施工企业亟须解决的关键问题。

"156智慧建造管理平台"的智能调度模块中视频监控系统通过现场安装球形摄像头，采用互联网和云技术，实现施工现场画面360°实时传输。现场画面、实时数据不断在监控室大屏幕上跳跃、闪烁。不同层级的管理人员可以通过远程视频监控系统，查看各个作业区的实时情况（见图9.2）。同时，视频监控可以实现远程监督功能，施工人员在安全方面是否遵章守纪，管理人员对关键工序是否旁站监督到位等都一目了然，大大提高了集团公司对项目的整体管控效率。

图9.2 视频集控页面（单摄像头查看及控制）

9.1.1 系统概述

如何加强施工现场的安全管理、降低事故的发生频率、杜绝各种违规操作和不文明施工、提高建筑工程质量，仍是摆在各级政府部门、业界人士和广大学者面前的一项重要研究课题。

针对目前安全监管和防范手段相对落后，全国建筑施工企业信息化水平仍较低，信息化尚未深度融入安全生产核心业务的现状，亟须利用信息化手段对建筑施工安全生产进行"智能化"监管，通过建设建筑工地安全智能综合管理系统，进一步落实企业安全监管责任，提高政府、企业对工程现场的远程管理水平，加快企业对工程现场安全隐患处理的速度。政府通过出台相应法规文件推动企业完善物联网建设，并通过本系统进一步提高安全监管水平。通过政府统筹规划，协调各业务管理部门，以安全监管制度为核心，以物联网为技术手段，将科学技术力量与安全监管制度紧密结合，成立综合性省 – 地市级应急管理机构，实现体制创新，统一处置生产安全领域的各类事件。

视频监控系统主要聚焦安全管理、质量管理、人员管理、进度管理、环境监管及设备管理等业务方向，提供视频监控、扬尘噪声监控，为工地建筑质量及安全监管提供信息化、智能化管理手段，实现对建筑施工现场的实时监控，便于政府和各地建筑管理部门随时掌握建筑工地施工现场的施工进度，远程监控现场生产操作过程，以及现场人身和财产的安全。在工地现场安装共存储式智能网关，通过摄像机采集图像，通过 3G/4G、WIFI 等接入方式将视频信号传输到云综合智能安防视频监控系统软件上进行集中监控管理。

9.1.2 系统设计

监控系统是安全防范技术体系中的一个重要组成部分，是一种先进的、防范能力极强的综合系统，它可以通过遥控摄像机及其辅助设备（云台、镜头等）直接观看被监视场所的情况；同时它可以把被监视场所的图像全部或部分地记录下来，这样就为日后对某些事件的处理提供了方便条件及重要依据。另外，电视监控系统还可以与防盗报警等其他安全技术防范体系联动运行，使防范能力更加强大。

9.1.3 系统组成

监控系统也称 CCTV（close circuit television），它包括摄像、传输、控制和显示与记录四部分，如图 9.3 所示。

图 9.3 视频监控系统逻辑组成

摄像部分包括摄像前端装置，被安装在现场。它包括各类摄像机、定焦或变焦变倍镜头、实现摄像机上下左右运动及旋转扫描的电动云台、保护摄像机与镜头的防护罩、接收并执行命令的解码器等。

传输部分的任务是把现场摄像机发生的电信号传送到控制中心，它一般包括线缆、调制与解调设备；视频图像向主机的传输有同轴电缆、光缆或网络线等有线传输方式以及由发射机、接收机组成的无线传输通道。

控制部分则负责所有设备的控制与图像信号的处理。闭路电视监控系统主机也称为网络硬盘录像机，除接收传输来的多路视频图像并按需要切换到指定的各个监视器上供观看外，还能对前端装置执行云台上下仰视、左右旋转运动，对镜头光圈、聚焦和变倍进行调节控制，对云台运动和镜头设置进行按预置位快速定位，执行摄像机定日期或定时间巡回扫描等控制操作动作，启动时滞式或实时录像机对视频图像进行录像记录，调阅录像资料，将系统所有发生的操作记录和打印归档，在接收到由视频移动探测或常规传感器产生的报警信号后，自动将显示图像切换为产生报警区域的影像，并予以记录存储。这些功能构成闭路电视监控主机的千差万别和不同功能等级，也成为评价相应产品功能的主要标准，是组成闭路电视监控系统的核心。

显示与记录部分把从现场传递来的电信号通过后端设备转换成图像在监视设备上显示；后端设备为成像装置，包括视频监视器、录像机、数字硬盘录像机和有关控制设备。闭路电视监视系统在重要的场所安装摄像机，在接到报警系统和出入口控制系统的示警信号后，可以联动进行实时录像，录下报警时的现场情况，以供事后重放分析。

9.1.4　系统功能

施工现场的环境复杂，施工作业人员多，对施工现场的生产调度与施工安全、质量方面的管理带来了一定的难度。为规范施工现场管理，提高管理效率，减少事故的发生，考虑到将电子视频监控系统运用到建设工程施工现场。监控系统的应用能使管理部门随时、随地直观地了解现场的施工生产状况，促进并加强工程项目施工现场质量、安全与文明施工和环境卫生的管理，通过对工程项目施工现场重点环节和关键部位的监控，特别是对施工现场生产状况与施工操作过程中的施工质量、安全与现场文明施工和环境卫生管理等方面起到了监督和警示作用。

根据现场实际情况，系统选用数模结合的方式来作为整个系统的构架，考虑到现场范围较大，为保证前端图像清晰稳定地传输至监控中心，方案选用了无线加有线传输方式。根据距离机房远近不同采用无线网桥、光纤或网络线方式将视频信号传输至监控分机房的网络硬盘录像机内，监控分机房的硬盘录像机信号通过专网或者是公网上传至监控总机房（若是公网，监控总机房需注册固定IP），如图9.4和图9.5所示。

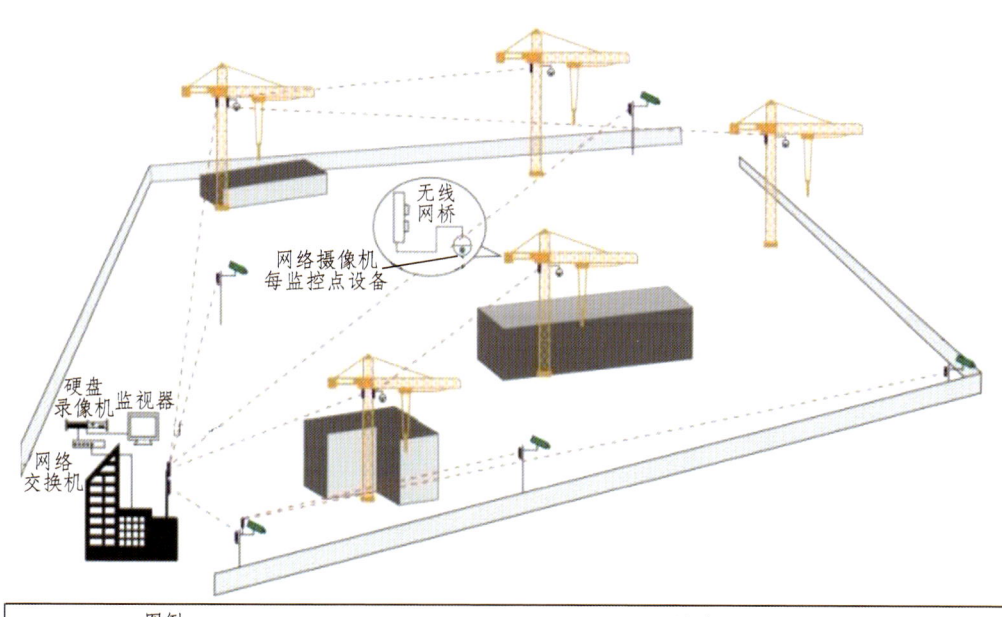

图 9.4　工地分控拓扑图

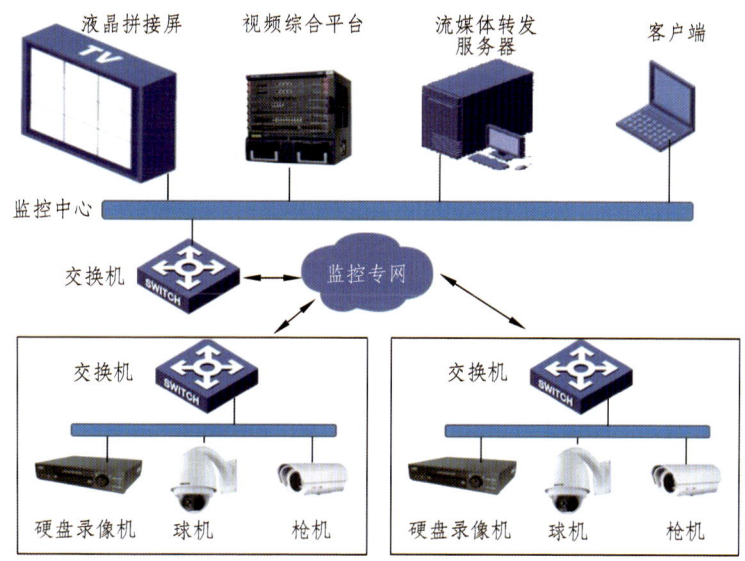

图 9.5　监控中心拓扑图

系统前端根据应用场合不同选用不同的摄像机，塔吊选用200万红外一体化球形摄像机，生活区和门卫选用红外距离30 m左右的防水枪机，以上摄像机均通过无线网桥传输。系统供电采用就近取电，整个施工现场根据区域划分安装几个电源供应箱，220 V电源经电源箱变压后输送至前端摄像机。

在办公区内设置监控机房，放置网络硬盘录像机来观看、控制摄像机，记录摄像机监控情况。每台硬盘录像机配置4T硬盘4块，保证录像存储时间达45天以上。考虑到要能实时对施工现场进行监控，机房内选取带网络功能的硬盘录像机，办公区内安装运行宽带后，能够接入互联网，通过网络客户端可以进行异地监控。

监控中心的主要功能如下：

（1）建设适合目前监控需求的监控中心电视墙。

（2）全网内设备的远程状态监控及集中管理功能。

（3）显示、查询：在监控中心设置液晶拼接屏，通过视频综合平台和流媒体服务器显示监控画面，也可以将硬盘录像机上的数据调出来显示。

（4）多信息源整合综合利用。充分利用目前先进的科学技术，减少二次投资的可能性，体现系统的先进性。

以北京朝阳站为例，该项目存在施工现场环境复杂、施工地点分散、施工安全管理难、文明施工监管难、人员管理难、调查取证难等特点。利用先进的信息化手段通过平台中的视频监控系统，实现对施工现场全方位、全过程的监管，以此来加强施工现场安全管理、降低事故发生频率、杜绝各种违规操作和不文明施工、提高建筑工程质量。系统的具体功能如下：

（1）及时了解工地现场施工实时情况，保障工程实施质量和人员安全，发现隐患及时消除。

（2）实时检查工地的安全防范措施是否到位，如施工现场的安全网设置、施工人员作业面的临边防护、施工人员安全帽的佩戴、脚手架的架设、缆风绳的固定及使用、塔吊等设备的安装及操作等。

（3）可以远程对地区或所辖建筑工地进行统一管理，避免使用人力频繁地去现场监管、检查，节约管理成本。

（4）出现异常状况和突发事件时，可以及时报警，提醒管理人员及时处理。

（5）对于发现的施工过程中安全防范措施不到位的地方，可以第一时间通知施工单位现场整改，并及时检查整改效果。

（6）通过人脸识别对施工人员进行考勤实名制管理，通过行为分析算法对在工地现场的行为分析预案，对异常情况实时报送和管理。

（7）加强现场的文明施工管理，主要针对工地围挡、建筑材料堆放、工地临时用房、防火、防盗、施工标牌设置等内容。

9.1.5 设备材料

1. 海康威视球形云台摄像机

如图9.6所示，产品主要参数如下：

（1）分辨率1 920×1 080；画面帧数25 fps；画面刷新率50 Hz。

（2）镜头支持4.8～110 mm连续变焦。

（3）支持预置点、花样扫描、巡航扫描、自动扫描、垂直扫描、随机扫描、帧扫描、全景扫描、球机重启、球机校验、辅助输出，预置点设置数量不低于240个。

（4）支持水平360°、垂直－15°～90°旋转。

（5）支持人脸抓拍、区域入侵侦测、越界侦测、进入区域侦测、离开区域侦测、徘徊侦测、人员聚集侦测、移动侦测、视频遮挡侦测。

（6）摄像机支持夜视功能，红外夜视、激光夜视及夜间全彩（夜视距离不低于150 m），最低照度不高于0.01 Lx。

（7）摄像机应支持最少双码流输出，且码流可根据实际需求调整。

（8）监控设备支持以下协议：ONVIF（PROFILE S，PROFILE G）、ISAPI；支持GB28181、Ehome平台接入；支持HikVision萤石云平台接入。

（9）支持Smart265、H.265、H.264、MJPEG编码，可根据场景情况自适应调整码率分配，有效节省存储成本。

（10）音频压缩标准支持：G.711、G.722.1、G.726、MP2L2、PCM、AAC。

（11）支持的网络协议：TCP/IP、ICMP、HTTP、HTTPS、FTP、DHCP、DNS、DDNS、RTP、RTSP、RTCP、PPPoE、NTP、UPnP、SMTP、SNMP、IGMP、802.1X、QoS、IPv6、Bonjour、UDP。

（12）存储支持：Micro SD/SDHC /SDXC卡（128G）断网本地存储及断网续传，NAS（NFS，SMB/CIFS均支持）。

（13）防护等级：IP67。

（14）工作温湿度：-30 ~ 60℃，湿度小于95%（无凝结）。

图9.6　海康威视球形云台摄像机

2. 海康威视红外筒形摄像机

如图9.7所示，产品主要参数如下：

（1）分辨率1 920 × 1 080；画面帧数25 fps；画面刷新率50 Hz。

（2）摄像机支持夜视功能，包括红外夜视、激光夜视及夜间全彩（根据现场需求），最低照度0.01 Lx，夜视距离50 m。

（3）摄像机应支持最少双码流输出，且码流可根据实际需求调整。

（4）监控设备支持以下协议：ONVIF（PROFILE S，PROFILE G）、ISAPI；支持GB28181、Ehome平台接入；支持萤石云平台接入。

（5）支持低码率、低延时、ROI感兴趣区域增强编码，支持Smart265、H.265、H.264、MJPEG编码，可根据场景情况自适应调整码率分配，有效节省存储成本。

（6）音频压缩标准支持：G.711、G.722.1、G.726、MP2L2、PCM、AAC。

（7）支持的网络协议：TCP/IP、ICMP、HTTP、HTTPS、FTP、DHCP、DNS、DDNS、RTP、RTSP、RTCP、PPPoE、NTP、UPnP、SMTP、SNMP、IGMP、802.1X、QoS、IPv6、Bonjour、UDP。

（8）存储支持：Micro SD/SDHC/SDXC卡（128G）断网本地存储及断网续传，NAS（NFS，

SMB/CIFS 均支持）。

（9）防护等级：IP67。

（10）工作温湿度：–30 ~ 60℃，湿度小于 95%（无凝结）。

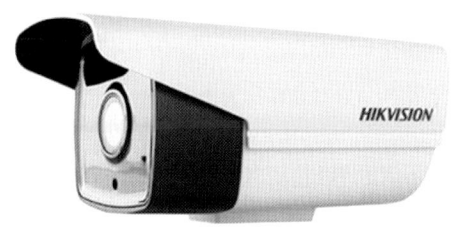

图 9.7　海康威视红外筒形摄像机

3. 海康威视数字硬盘录像机

如图 9.8 所示，产品主要参数如下：

（1）支持接入协议：HIKVISION、ACTi、ARECONT、AXIS、BOSCH、BRICKCOM、CANON、HUNT、ONVIF（版本支持 2.5）、PANASONIC、PELCO、PSIA、RTSP、SAMSUNG、SANYO、SONY、VIVOTEK、ZAVIO。

（2）支持录像分辨率：12MP、8MP、6MP、5MP、4MP、3MP、1080p、UXGA、720p、VGA、4CIF、2CIF、CIF、QCIF。

（3）支持的录像模式：手动录像、定时录像、事件录像、移动侦测录像、报警录像、动测或报警录像、动测和报警录像。

（4）支持的回放模式：即时回放、常规回放、事件回放、标签回放、智能回放、视频摘要回放、分时段回放、外部文件回放。

（5）存储支持：4 个 SATA 接口，支持 6 TB 硬盘。

（6）网络接口：2 个千兆以太网接口。

（7）支持网络协议：UPnP（即插即用）、SNMP（简单网络管理）、NTP（网络校时）、SADP（设备网络搜索）、SMTP（邮件服务）、NFS（接入 NAS）、iSCSI（IP SAN 应用）、PPPoE（拨号上网）、DHCP（自动获取 IP 地址）。

（8）输出支持分辨率：1 024×768/60 Hz、1 280×720/60 Hz、1 280×1 024/60 Hz、1 600×1 200/60 Hz、1 920×1 080/60 Hz、2K（2 560×1 440）/60 Hz、4K（3 840×2 160）/30 Hz。

图 9.8　海康威视数字硬盘录像机

4. 16 口千兆交换机

如图 9.9 所示，产品主要参数如下：

（1）产品类型：快速以太网交换机。

（2）应用层级：二层。

（3）传输速率：10/100/1 000 Mb/s。

（4）交换方式：存储 – 转发。

（5）背板带宽：32 Gb/s。

（6）包转发率：24 Mp/s。

（7）MAC 地址表：8K。

（8）端口结构：非模块化。

（9）端口数量：16 个。

（10）下行端口：16 个 10/100/1000Base-TX 以太网端口。

（11）上行端口：与下行口共用。

（12）电源电压：输入电压 AC 100 ～ 240 V，50/60 Hz。

（13）电源功率：< 10 W。

图 9.9　16 口千兆交换机

5. 无线网桥

如图 9.10 所示，产品主要参数如下：

（1）无线标准：IEEE 802.11a/n/ac。

（2）无线速率：867 Mb/s。

（3）无线工作频段：5.15～5.25 GHz、5.735～5.835 GHz。

（4）最大发射功率：20 dBm。

（5）天线内置 13 dBi 双极化天线。

（6）最大无线传输距离（无干扰环境下）：3 km。

（7）接口：1 个 10/100 Mb/s RJ45 端口（LAN0/POE）。

（8）供电方式：12 V/1A Passive PoE 供电，供电距离达 55 m。

（9）天线覆盖角度：水平方向 45°，垂直方向 30°。

（10）产品尺寸：224×79×60（mm）。

（11）工作温度：-30～70 ℃。

（12）存储温度：-40～70 ℃。

（13）工作湿度：10%～90%RH 不凝结。

（14）存储湿度：5%～90%RH 不凝结。

（15）防尘、防水等级：ASA 工程塑料壳体，IP55 等级防尘、防水。

（16）无线工作模式：AP、Client。

（17）无线安全：WPA/WPA2、WPA-PSK/WPA2-PSK（AES/TKIP）加密。

（18）高级设置：Beacon 时槽、RTS 阈值、分片阈值、DTIM 间隔、AP 隔离、Short GI、WMM。

（19）管理维护：HTTP/HTTPS WEB 管理。

（20）Ping 看门狗：硬件看门狗。

图 9.10 无线网桥

9.2 安全隐患管理

近些年,随着我国经济发展,国家与时俱进地加强了对工程建设的监督管理,在一定程度上提高了安全管理效果,但工程项目施工建设中存在的安全管理问题并没有显著减少。分析总结我国以往发生的工程施工安全事故原因可以发现,我国工程施工安全事故频发的根本原因在于对施工建设过程的参与人员、工作人员的管理和控制不足,我国针对工程施工安全管理制定的安全技术规范比较少,工程施工管理制度的落后造成工程施工管理模式落后,导致工程施工中的安全隐患比较多,安全事故多发。工程施工安全管理不仅直接影响参与工程项目施工人员的生命财产安全和企业的经济效益,还间接对施工企业的社会形象产生影响,因此,施工企业一定要做好工程施工安全管理工作。

基于物联网、BIM和互联网技术的安全管理方法和技术可以解决施工安全管理上的很多难题,智慧工地平台安全管理是信息化前沿技术应用最密集的模块,用最新技术构造智慧工地平台强有力的安全管理架构。

可视化移动巡检系统是通过移动网络和智能终端对现场进行移动化管理。通过巡检业务的可视化管理,现场问题和应急情况通过照片或实时视频进行上报;巡检业务的过程管理,实时采集上传数据;巡检业务前端的位置信息管理,对巡检的位置、巡检的过程路径进行管理。

9.2.1 系统概述

根据国务院《建设工程安全生产管理条例》的相关规定,参照《重大危险源辨识》的有关原理,进行建筑工地重大危险源的辨识,是加强施工安全生产管理、预防重大事故发生的基础性工作。而这方面的工作在一些城市建设安全管理中尚未引起足够重视,也因此引发了许多重大安全事故。目前,施工现场对于安全隐患及质量问题多使用人工管理的方式,主要使用电话、微信等方式进行问题的沟通与记录,由此带来的后果是问题无法得到完整地跟踪与记录,无法统计问题逾期整改与未整改的情况,也无法科学系统地统计出各部门、各施工工序、各施工位置发生问题的频率。

本系统可实现施工项目的安全隐患及质量问题的数据化流程管理,实现问题的上报、分配、整改、验收、复查等业务流程的管理,并可打印导出整改通知单、整改回复单等业务单据,在事件流闭环管理的同时方便经办人员操作,提高工作效率,降低人力成本。

9.2.2 系统结构

隐患及问题管理主要分为处理流程和辅助功能两大部分。处理流程包括问题上报、分配、整改、验收、复查、关闭以及撤销与回退等业务流程的管理；辅助功能包括问题知会、问题关注、整改通知单、整改回复单以及待办提醒等，如图 9.11 所示。

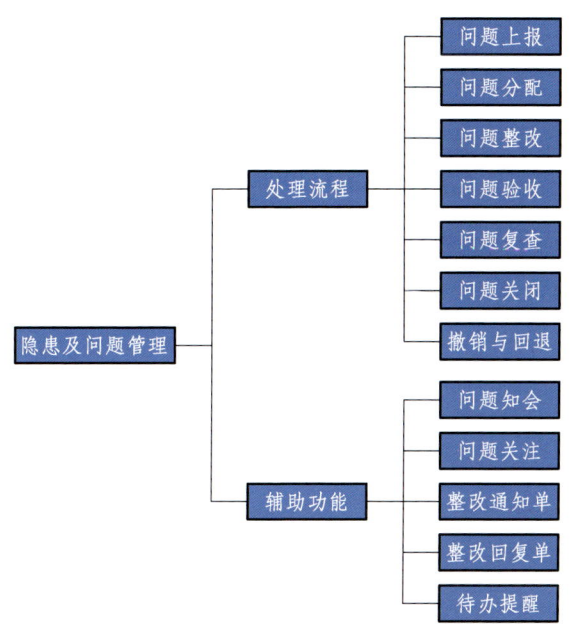

图 9.11　安全隐患管理功能组成

9.2.3 系统功能

安全隐患管理系统功能主要包括：

（1）用于施工现场安全隐患及事故的上报、分配、整改、验收、复查，每个节点对于相应人员予以待办信息推送。

（2）提供隐患的查询统计功能，可按项目统计隐患的总数量、销案的数量、未销案的数量。

（3）提供按照隐患数量、销案数量、未销案数量进行项目、部门、公司的排名统计。

（4）安全隐患及事故处理流程：上报—分配—整改—验收—复查—关闭（见图 9.12）。

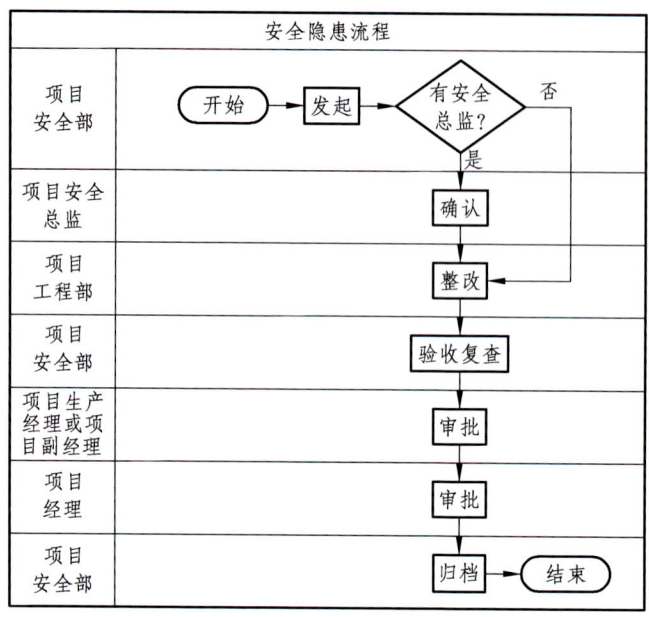

图 9.12　安全隐患管理业务流程

（5）在隐患列表中点击需要查看详情的隐患，也可跳转至隐患详情界面（见图 9.13）。

图 9.13　安全隐患管理 –App 端

9.2.4 安全教育管理

建筑施工生产因其"人员流动、露天、高处作业、手工操作、繁重体力劳动、工艺变化大、规则性差"等特点，决定了它不利于安全生产的特性。在我国，建筑施工行业是事故多发的行业。据有关部门资料统计，我国每年死于建筑行业的人数仅次于交通运输、煤矿行业，因违章作业、劳动纪律松懈而造成的死亡事故占60%左右，其中农民工死亡占77.7%。

随着建筑业改革的深化，体量大、难度高的项目越来越多，机械化程度不断增大，而施工人员的素质参差不齐，更显示出强化安全教育和培训的紧迫感、必要性、重要性。不仅是特殊作业人员要进行安全教育和培训、持证上岗，一般工人、管理人员以及指挥者和各级领导都必须经过安全教育和培训，否则无法适应建筑业的发展。特别是一线劳务人员，大多数来自农村，文化程度低，安全意识、自我保护意识淡薄，对安全生产的基本常识和安全操作规程知之甚少，如果企业和管理者不重视安全培训，极易发生事故。

智能调度模块中的多媒体移动安全教育管理系统功能设置主要包括在线学习、在线测试、在线考试、安全培训云课程中心、手机移动学习等，如图9.14所示。

1. 在线学习

课程管理：实现对企业安全生产课程体系的管理；可以按岗位序列、人员分类等建立不同的课程体系。

课件管理：可以根据课程体系建立课件。系统支持的培训课程包括视频课件、Flash多媒体课件、Html类课件、3D仿真模拟类课件、PPT及文本类课件。

学习计划：企业可以对企业员工安排学习计划；员工也可以自己制订学习计划，通过学习计划有效管理员工的学习。

我的学习：员工可通过此模块在线学习，可以查看线上课程、直播课程和历史课程。系统支持交互式学习，员工在学习的过程中，学员可以添加学习笔记和体会。

2. 在线测试

题库管理：通过系统，企业可以建立适合自身管

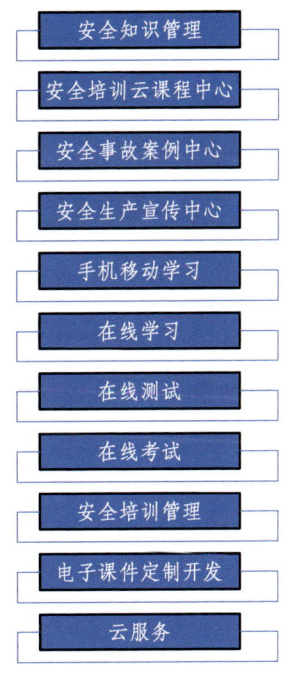

图9.14 多媒体移动教育系统功能设置

理的考试题库，包括企业负责人、安全生产管理人员、特种作业和其他从业人员考试题库。

课后测试：可按每门课程设置课后测试，通过测试提升学习效果。

课题练习：管理者可将部分题库共享给学员自我练习，学员可以根据需要自动组合和寻找题目，进行做题练习并查看结果。

模拟考试：为学员安排模拟考试，以评估学员对知识点的掌握情况。

知识竞赛：系统提供知识竞赛模块，完成知识竞赛规则的设定及实时掌握竞赛成绩。

3. 在线考试

在工人生活区布设 WIFI 路由器上网设备，每名工人在连接 WIFI 上网时，需要通过回答安全教育培训问题才能使用，且设定为答题正确率越高，可以使用的上网速度越快，并统计安全教育答题分数（见图 9.15）。

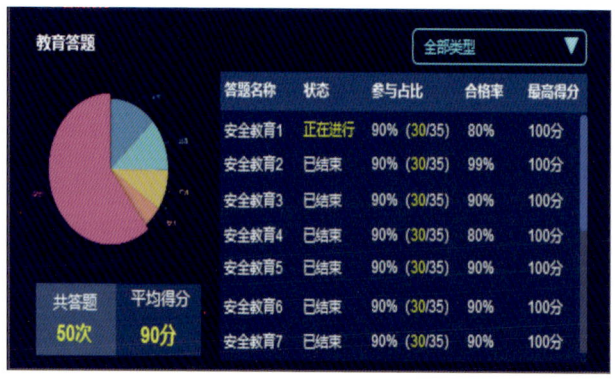

图 9.15　安全教育答题统计

试卷管理：试卷分为固定试卷、随机试卷两种试卷类型；试卷的试题可以通过新增、试题库导入、自由组卷和导入试题四种方式完成。

考试安排：按"未安排考生""待考考生""考试中考生""交卷待判卷考生和交卷已判分"等考试流程进行管理。

防舞弊安全性设计：包括随机打乱试题显示顺序，以避免抄袭；控制考试页面的移出；禁止考试过程中查找答案；禁止使用即时通信等舞弊手段。

考试结果：系统提供考试结果的综合查询和统计分析，包括可以查询所有考生的成绩、答卷、排名和知识点分析；可以按部门对考试人次、参考人次、及格人次、不及格人次、平均分、及格率等数据进行统计分析。

4. 安全培训云课程中心

课程中心内容包括：从业人员安全生产知识系列、特殊工种安全生产知识系列、安全事故典型案例等。

5. 手机移动学习

利用系统可以实现碎片化学习，充分利用空闲时间，化整为零，随时随地参与使用。系统支持课程视频下载后离线观看，节省流量；支持手机端进行练习测试、模拟考试等，通过测试、练习促进员工学习；支持手机端进行安全知识查询、检索，将学习应用到具体工作中。

9.2.5 VR安全体验

建筑业由于其工程形式多样、作业流动性差、施工涉及面广、设备设施多、施工人员素质参差不齐等方面的原因，极易发生安全事故，不仅给工人人身安全造成伤害，同时也给企业以及社会带来了巨大的经济损失。我国建设工程培训改革和发展正面临着前所未有的机遇和挑战。利用VR技术模拟施工现场的整体场景，身临其境体验施工过程中经常发生的事故过程，直观感受事故惨痛教训，将"理论说教式"培训模式升级迭变为"沉浸体验式"教育。以培训信息化带动行业培训现代化，破解制约我国建筑行业安全教育培训发展的难题，促进行业的创新与变革，是加快从土木建设大国向土木建设强国迈进的重大战略抉择。近年来，建筑工地各类安全事故所占比例如图9.16所示。

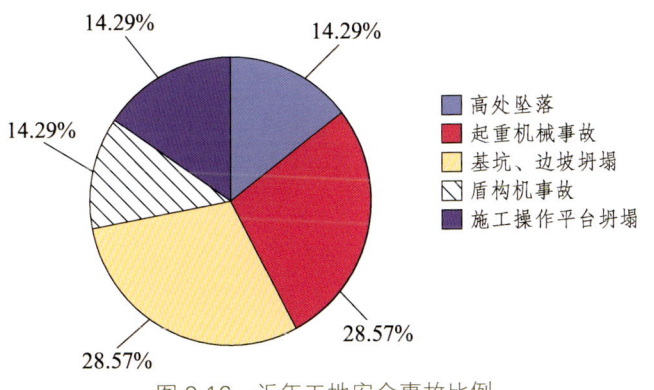

图9.16 近年工地安全事故比例

1. 系统概述

安全体验馆主要由VR安全体验系统、VR设备、计算机主机、配套电动设备组成。其中 VR 安全体验系统是 VR 安全体验馆的核心。通过对工地 1∶1 的比例 3D 建模、设计互动程序等科技手段，创建出与现实类似的各种虚拟施工场景，使施工工人可以在虚拟的施工场景中"亲历"施工过程中可能发生的基坑坍塌、高空坠落、物体打击、触电伤害等工程事故，从而提高工人的安全意识，并进一步教育工人在面对险情时该如何应对。

安全 VR 体验馆充分发挥 VR 场景沉浸式交互体验特点和真实生动的优势，指导工人在工地中遇突发事故时做出正确反应，让体验者既感受到惊险刺激，又避免给体验者造成任何伤害。相较于以往的说教、灌输的培训教育模式，这种身临其境的真切体验更能强化施工人员的安全防范意识，从而达到施工安全教育的目的。

虚拟现实 VR 工地安全教育系统体验馆的五大特点：

（1）相对于传统的实体安全体验区，它具有科技应用水平高、培训成效好、安装部署快、使用成本低等显著特点。

（2）突破场地大小限制，占地面积小，只需十几平方米就可安装 VR 安全体验馆。

（3）可以循环使用，减少建筑垃圾的产生。安全管理人员可随时随地组织工人进行建筑安全培训，符合绿色施工的理念。

（4）新型的科技和体验方式更容易激发工人参与安全教育的积极性，工人的安全意识显著增强。

（5）打破空间和时间的限制，可以创建任何工地施工安全体验场景和险情。

2. 系统设计

（1）系统结构。

VR 安全体验系统主要由 VR 头盔、VR 手柄、定位基站、电脑设备等组成，如图 9.17 所示。

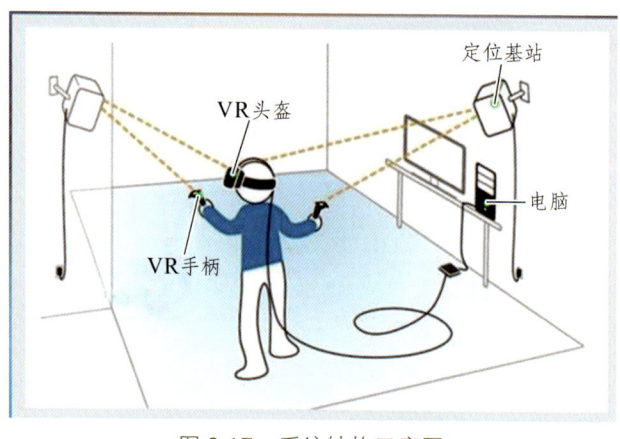

图 9.17　系统结构示意图

（2）系统功能。

VR体验馆是集建筑安全教育、质量教育、绿色施工为一体的实体+虚拟体验馆。技术工程师们利用VR建立了与实体体验馆1：1的工程模型（见图9.18），通过软件处理，结合VR眼镜实现了动态漫游，让体验者有更加逼真的感受。通过VR设备和虚拟仿真建筑体验馆相结合的形式，不必建设实体体验馆（见图9.19和图9.20），只需戴上VR设备，就能进行安全知识学习、视频观看、安全考核等基础培训。

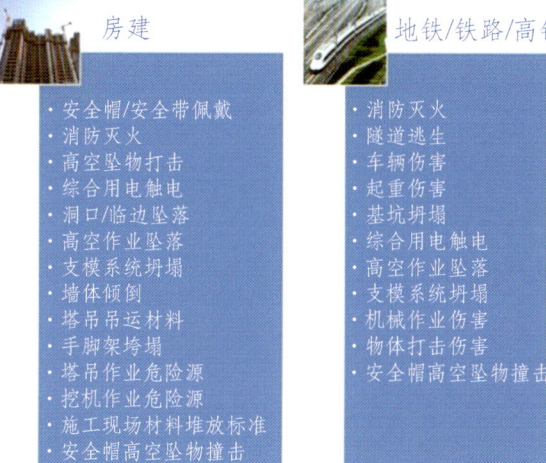
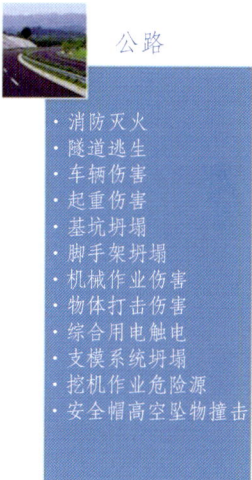

图9.18 功能模块组成

图9.19 系统外观示意图

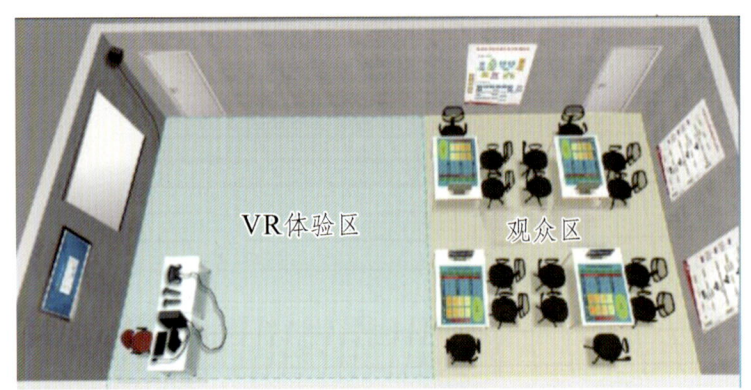

图 9.20 体验馆内部功能分区

施工安全 VR 体验馆最大的价值在于体验者能以事故当事人的身份和视角在虚拟环境中亲身体验安全事故的惨痛教训。施工安全体验馆基于场景模拟、事故重现和人机交互操作的方法，在设计之初就将施工现场安全培训内容与施工企业、管理者和工人的实际需求相匹配，将施工人员的参与度同实践性亲身体验相结合，将新兴的科学技术与施工中常见的安全隐患相结合，有效地激发了施工人员的浓厚兴趣，并大大提升了企业的安全培训质量，形成了完整的、系统的安全培训模式，实现了工人、现场管理人员、企业管理者和社会等多方共赢。

（3）效能及意义。

VR 在安全教育应用上有很大的价值，它是一种虚拟现实技术，可以做到让体验者有一种身临其境的感受，通过更真实地模拟现场，让体验者了解更多的安全逃生知识，更清晰地面对突发危险，更真实地反映出体验者的自救能力。集团以"行业安全教育 + 虚拟现实技术 + 数据管理"为核心，积极布局虚拟现实安全体验、安全培训、模拟实训等核心智能化技术研发，通过自主研究的 BIM + VR 技术，为施工安全教育培训提供了整体解决方案和一体化操作平台，提供面向工程建设领域的关键应用场景和各项体验内容，施工现场人员、管理人员、特种作业人员等可以根据岗位属性，有选择性地进行体验。让体验者身处安全事故发生所在地，以受害者或旁观者的身份，在系统的提示下，通过自主操作完成安全事故的重现。高度逼真的视觉冲击和感官感受，让体验者如同亲身经历般体验惨烈的安全事故，更细腻，更真实地反映问题，更理性地面对危险，进而提升全员的生产安全意识水平。

图9.21所示为体验馆应用示例,管理人员和施工人员在进行基于BIM的VR安全教育时,系统自动记录相关人员的教育内容、时间、结果等信息,形成项目安全教育记录。

图 9.21 体验馆应用示例

5G的高速率、大宽带、低延时会在很大程度上优化VR的虚拟体验,使内容形态更多样化。5G + VR的结合,让"车道"变宽,"车速"加快,特别是在多人互动教学等对宽带要求更高的VR安全培训应用场景中,VR技术将得到广泛应用。

基于5G虚拟现实技术(VR)开发的VR安全体验系统,将建筑施工现场的实际状态,经采集和汇集处理,以可视化的形式在安全培训平台上进行实时展现,帮助企业提高安全环境,实现"智慧工地"理念。

9.2.6 BIM技术在工程施工安全管理应用中的优势

在建筑行业中,施工安全一直都是施工企业最需要关注的重点之一。但由于多种因素的制约,国内建筑施工企业在安全管理中依然存在着许多弊端,因此采用更完善的管理方式也成为不少施工管理人员最关切的重点之一。BIM技术能够整合施工各个阶段不同参与方提供的信息,加强工程施工各方的沟通协调,优化施工方案,进行施工模拟,排除冲突碰撞,识别危险源,对项目安全风险进行评估,并且以BIM技术的信息共享为平台达到在项目的不同阶段、不同参与方之间信息集成共享,保证沟通快捷方便,提高工程管理效率[27]。传统工程施工阶段安全管理存在的问题主要就是对安全管理监管力度不够、施工安全意识薄弱、工程技术难度大和施工人员安全培训效果差。BIM 技术利用其协同管理、虚拟施工、冲突碰撞检测、工程模拟、可视化的特性针对工程施工安全管理的这些方面具有其独特优势。

（1）协同管理，弥补相关部门的监管力度。

由于工程建设周期长，施工过程中会有很多单位不断加入和离开，这就需要不断地进行信息整合，传统安全管理协调通常是在安全事故发生后进行总结和预防。BIM 技术通过对工程项目各种信息资源进行数据整合，达到合理有效分配有限资源，明确总包商和分包商之间的安全职责，还能够协调各个施工单位之间的关系，在施工之前对项目各参与方的信息进行协调，形成项目信息枢纽，被授权人员随时随地获取最新最准确信息，使施工效率达到最高，确保施工质量。BIM 的信息集成化管理，改变不便的点对点沟通方式，实现一对多的项目数据中心功能，通过为项目参与方提供一个信息交流和共享的平台，减少信息传递过程误解而带来的协调不畅，提升协同效率[28]。将 BIM 技术与相应的监测设备结合，利用激光扫描、移动通信、GPS、互联网等技术，实时采集施工现场数据，对数据进行分析整合，有效指导施工班组施工，加强对施工安全管理的把控，确保工程建设的顺利进行，防止施工现场安全事故的发生。BIM 中的信息是动态生成的，协同管理下的数据库信息可以被授权的不同参与方共享。

（2）虚拟建造、碰撞检查，提高施工企业的安全意识。

现在的很多工程项目设计复杂、管理难度大，在传统施工管理模式下不易对危险源进行控制，利用 BIM 软件建立的建筑、结构、管道、机电等模型可以第一时间发现问题、解决问题，进行更为方便的事前处理。项目参与方可以使用碰撞检查系统利用碰撞检测和施工模拟软件对管线以及机械进行运行状态模拟，生成碰撞检测报告，根据碰撞检测报告，优化设计，在实际工程施工之前解决冲突碰撞问题，避免安全事故发生。还可以进行施工过程模拟、可视化交底和三维动态剖切，对施工过程进行动态可视化预演，发现施工设计方案中潜在的有可能影响项目目标实现的问题，对施工方案进行优化或制定针对性措施来辅助施工班组作业，保证项目生产工作顺利进行[29]。

（3）工程模拟最大程度模拟施工环境，降低技术难度。

不论是夜间施工、冬雨季施工，还是高空施工、专业交叉范围比较大的工程施工，BIM

技术可以模拟施工现场环境、作业标准复杂难定的操作、施工难度大、要求高的施工工序，进而借助专用设备让施工人员在虚拟环境中熟悉操作流程和重难点，做好安全交底。

（4）可视化增强施工人员安全教育和培训的效果。

在工程项目实际施工前，虚拟施工技术模拟现场施工环境进行可视化交底。通过BIM技术生成的3D施工图能够准确直观地反映施工过程中的各个施工细节，还可以以BIM数据信息库为依托，协调各部门诉求，优化施工流程，选择出合理的施工设计方案，指导现场施工，在保障施工质量、提高施工效率的同时，增加工程项目的经济效益。

对于施工过程中的复杂区域，利用BIM技术生成三维的立体实物模型，得到更好的视觉效果，模拟施工现场环境，达到同一构件不同视图之间互动性和反馈性的可视化。BIM技术还可以为施工人员提供虚拟漫游环境，根据模拟的施工环境合理规划实际施工场地，避免出现施工场地布置的时间或空间冲突。同时在模型中实时动态跟踪了解项目施工进度，为制定科学的施工方案提供数据支持和现实依据，对整个工程项目施工过程进行可视化的管理。对工程项目中的复杂构件，要消耗大量人力、物力才能计算分析出的数据，BIM技术可以进行快速精确地计算，并能够实现复杂构件的可视化，帮助施工人员以此为基础制定详细可靠安全的施工方案指导施工，不仅解决了复杂问题，而且极大地提高了问题解决的效率。BIM技术的上述特性为工程施工人员和施工安全管理人员提供数据支持和设计方案优化提供可能。协同管理加强了项目所有参与方对施工管理计划的沟通，使施工管理人员基于全面准确的信息做出最有利项目目标实现的决策。虚拟施工和碰撞检测可以提前识别施工过程中存在的潜在安全风险，减少安全隐患，提高生产效率。

工程项目施工现场安全管理是建设工程项目各参与方重点关注的内容，如何应用工程信息化手段解决施工现场安全管理问题是学者一直在探讨的热点问题。应用智能调度管理系统建立安全信息模型，通过4D施工仿真模拟、空间碰撞检测、危险源识别、危险区域划分、安全预警等应用可以检验施工方案、设计缺陷和进度计划等，建立可视化管理平台，制定安全预警机制，从而提高施工现场安全管理的有效性，进而实现工程建设管理的可视化、数字化和信息化的目标。

9.3 质量管理

建筑工程施工的特点是周期长、参建实体多、工艺方法复杂、现场要素多、人员流动大、露天高空作业多、管理难度非常大。工程施工质量和安全管控贯穿于施工全过程的所有工序。由于整个施工过程中工序较多，各分部、分项工程的工序都有不同的技术要求和工艺要求，并且是由不同的班组操作实施，传统的验收交接和技术交底都是工人手工记录，偏差在所难免，容易形成质量安全隐患，甚至酿成事故。因此，国务院和住建部多次发文要求督促工程各参建主体严格落实工程质量安全生产责任制，强化施工现场管理，推进工程质量安全标准化、信息化技术应用[30]。

9.3.1 质量检查

质量检查功能用于施工现场质量排查问题的上报、分配、整改、验收、关闭业务流程管理（见图9.22）。

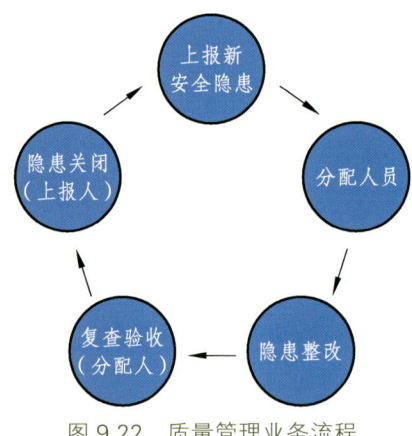

图 9.22　质量管理业务流程

（1）用于施工现场质量排查工作开展，包括质量排查的上报、分配、整改、验收、复查，每个节点对于相应人员予以待办信息推送。

（2）提供质量排查的查询统计功能，可按项目统计质量排查的总数量、销案的数量、未销案的数量（见图9.23）。

（3）提供按照质量排查数量、销案数量、未销案数量进行项目、部门、公司的排名统计功能。

图 9.23 质量排查—App 端

9.3.2 移动远程旁站监督

建筑行业由于其面临着施工项目分散、地域偏远、管理层级较多等特点，导致施工项目与大区、公司、总部之间的沟通效率低，上级制定的方针制度与项目实际情况无法快速及时地反馈给相关部门。随着网络技术的发展，远程视频传输已经成熟，视频会议、互动直播技术已经大量应用于移动互联网领域。

平台通过 BIM 技术与 GIS 技术结合，在实际地理环境中对工程主体进行三维成像，让管理人员在办公室就可以依靠平台信息对项目施工的进度、安全、质量、劳务、设备、物料、技术、环境等管理要素进行实时监管。

1. 功能概述

系统可应用于施工现场质量验收、隐蔽工程检查及验收、旁站、关键工序、远程会议、日常巡检、房屋内装、视频会议等施工现场日常工作情景，在进行互动直播的同时也可进行视频的点播与回放，极大地方便了各方人员的交流沟通，提升了工作效率。

2. 系统设计

（1）系统结构如图 9.24 和图 9.25 所示。

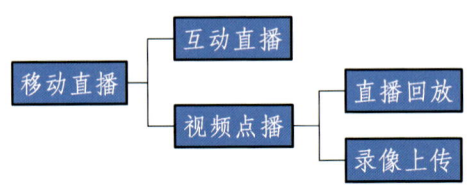

图 9.24　移动直播系统组成

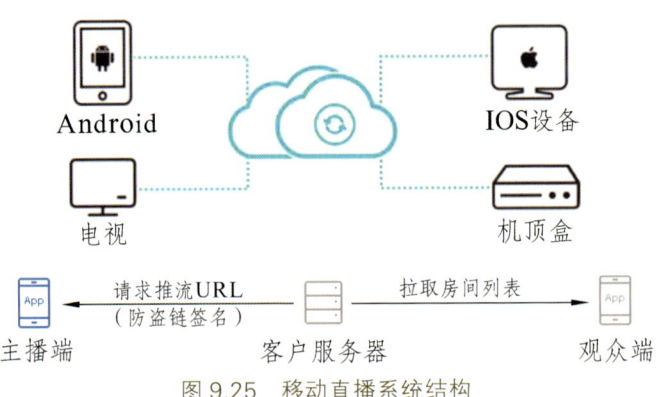

图 9.25　移动直播系统结构

（2）系统功能。

移动直播结束之后系统可自动保存直播内容至服务器，供用户在一定时间内进行调用。用户也可将事先录制好的视频文件进行上传。用户可通过手机 App、浏览器等终端对录制的视频及上传的视频录像进行点播回看，如图 9.26 所示。

图 9.26　移动直播系统功能

9.3.3 基于 BIM 的质量管理

以 BIM 和物联网技术为特征的智慧工地将彻底改变工程建设管理模式，利用信息技术将施工过程中涉及的人、机、料、法、环等全部要素相关信息采集并集中整合在一个平台上，形成一个虚拟的、智能化的生产流水线，使施工作业的全过程都处于受控状态，从而大幅度提升施工全过程管控的有效性，提高施工质量的管理水平。

铁路站房是以高铁为代表的综合交通枢纽体系中的重要部分，随着现代轨道交通的客流量越来越大，我们需要面对的站房设计标准越来越高。因此，对于 BIM 技术的应用需求也越发重要。以北京朝阳站 BIM 在质量管理中的应用为例，希望能为大家在铁路站房施工质量管理中使用 BIM 技术提供参考。BIM 在北京朝阳站建设中质量管理的运用主要体现在如下几个阶段。

1. 前期工作阶段

从施工图设计阶段便开始介入 BIM 技术，迅速跟进设计，辅助设计单位准确完成施工图设计，并提取相关工程量，为校核施工图预算做准备。施工图审查后协助设计院根据施工图审查意见对设计进行调整，BIM 同步更新。根据三维信息模型，应用相关进度管理软件，对建设过程进行模拟推演，结合外部各种条件，确定合理工期，辅助指导性施工组织设计的编制（见图 9.27）。

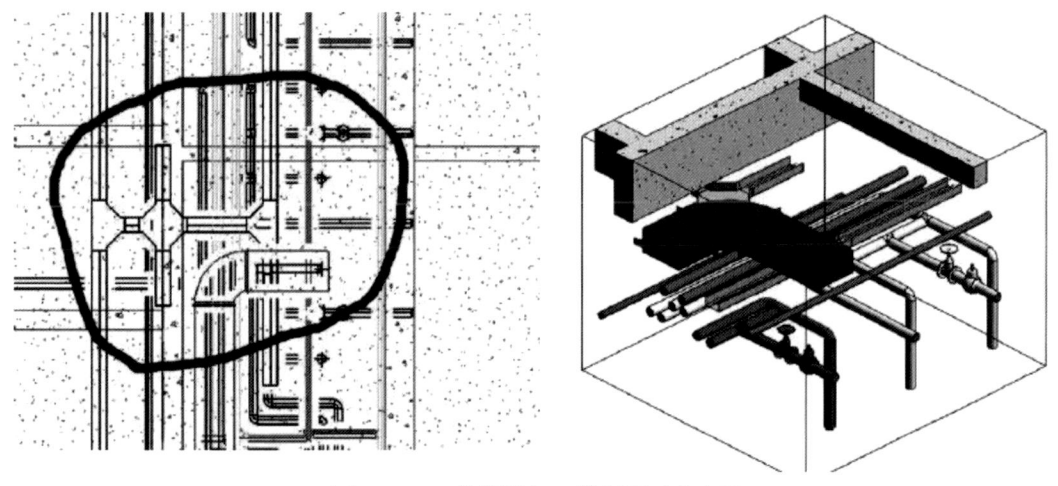

图 9.27　二维视图与三维视图对比查看

2. 项目施工阶段

施工阶段的质量控制贯穿项目整个施工周期，从项目开始准备施工一直持续到竣工交付。通过对施工过程及各施工工艺的严格把控，并定期对质量效果进行检验，最终达到施工合同质量要求。BIM 在施工阶段的质量控制是在传统质量控制的基础之上，运用 BIM 技术，实现施工过程中建筑产品较高的工程品质，并对质量目标和计划进行合理规划。BIM 施工质量控制按照质量控制节点要求可划分为事前、事中和事后三个质量控制阶段（见图 9.28）。

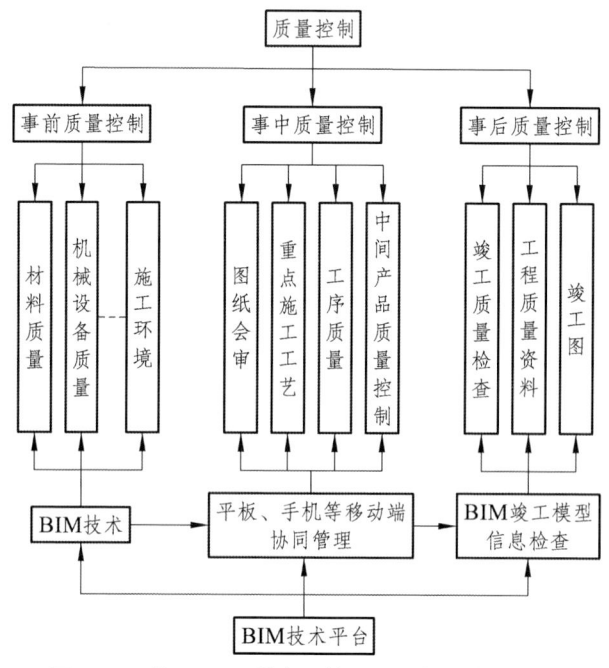

图 9.28 基于 BIM 技术的施工质量控制整体框架

（1）事前控制。

建设项目施工质量事前控制的目的是对质量目标进行合理规划，此阶段首先要建立质量监管体系，并合理安排施工组织过程，优化施工技术方案，对材料设备进行严格质量把控，保障整个项目施工质量目标的顺利完成。BIM 技术在施工质量事前控制阶段的首要工作是发现施工图纸中的错误，并提出修改整理意见，创建优化后的项目 BIM。例如，在正式施工之前，利用 BIM 三维可视化、模拟化的特点，提前对施工人员在现场施工过程中可能遇到的疑难点进行模拟演示，进而对施工参与人员进行项目整体概况的讲解，使他们更加快速直观地了解工程项目的整个建造实施过程。通过 4D 虚拟施工模拟，可清晰看到项目随着工期推进的整个施工过程，包括施工现场作业环境、各专业间的逻辑施工顺序、复杂节点施工工艺、主体完工所需时间等，为方案制定、空间布置、质量节点选择、工序选定提供可视化的数据支撑，从而真正指导现场施工，提高施工质量的控制效率。此阶段是后续 BIM 质量控制的基础阶段，也是 BIM 技术指导施工效果好坏的重要阶段。

（2）事中控制。

BIM 技术的三维可视化、施工模拟、碰撞检测、设备信息检查功能同样体现在施工质量控制的事中控制中。结合 PDCA 循环法对施工过程的重要施工节点、质量控制点、复杂施工工艺等进行管控，使现场施工有序进行，并且对质量信息的管理可通过第三方电子设备拍照采集，然后将信息上传至 BIM 云平台，实现信息与 BIM 的相互关联。例如，将手机、平板等移动端获取的图片信息与 BIM 进行关联，实现对工程数据资料的实时查询，改善以往资料查询烦琐、信息不能即时获取的问题，提升施工现场的管理效率。整个施工质量信息管理流程如图 9.29 所示。

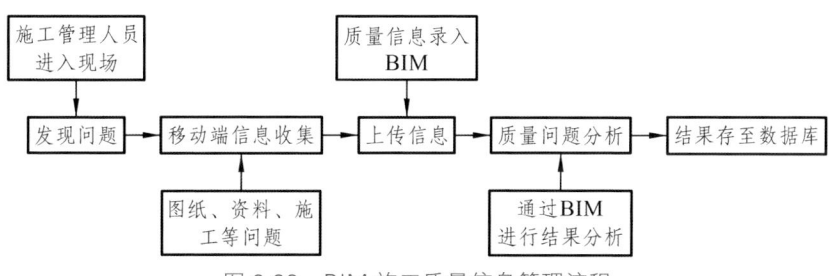

图 9.29　BIM 施工质量信息管理流程

（3）事后控制。

BIM 技术在事后工程质量控制的作用，主要表现在对已经发生的工程质量问题，在 BIM 中进行注释标明，分析造成质量缺陷的原因，然后提出修改建议，积累处理类似工程质量问题的经验，避免工程事故的再次发生。利用 BIM 技术快速定位发生质量缺陷的位置，自动生成、提交及审核电子质量检查报告，交由建设方评审，避免人工翻阅和查找大量纸质图纸、手工制作质量检查报告的烦琐。

3. 运营维护阶段

在项目交付后的运营阶段，拥有所有设备的相关信息，可以为设备管理和设备更新提供可靠的依据，可以为管护单位提供相应设备的各类有用信息，实现全生命周期的信息传递，为保证建筑正常运转创造了有利条件。

基于 BIM 的质量管理系统能有效解决施工质量管理的难点和痛点。BIM 把建筑数字化、模型化，使建筑物虚拟在线，可用于详细记录工程从设计到施工以及运维过程中的主要信息，直观查看建筑的三维模型，模拟各工序的操作，规范各工序的验收交接和技术交底，有效避免疏漏和偏差，及时发现质量安全隐患并予以警示；物联网技术用 RFID 和二维码表示各工序涉及的建筑材料、建筑构配件、机械设备及作业人员等要素，利用传感器、监控等技术自动采集各要素的质量安全动态信息。如材料的质量监测数据、起重机械的运行安全数据、工序验收的实测数据等，利用互联网和大数据、云计算等技术实时上传、汇总，运用数据挖掘和分析技术对质量安全数据进行智能分析处理，构成实时、完整、准确反映施工全过程质量安全状态的虚拟生产流水线，及时发现隐患，跟踪处理，形成闭环管理，确保工程施工质量安全的有效管控。

云平台在系统层面构架了 BIM 底层架构，能够接入主流 BIM 5D 系统数据，支持 IFC 数据标准。IFC 是关于 BIM 数据交换的主流国际标准，以面向对象的方法表达 BIM 数据，对于梁、板、柱等实体元素，IFC 提供了一系列对象类型、对象属性的生命及对象之间关系的定义。系统将 IFC 数据与施工质量验收信息相关联，将施工质量验收属性关联到三维实体元素上，方便用户直观地查看构件的验收属性，如验收状态、验收项目、所属验收批等，并对构件进行验收操作。具体的功能包括：

（1）辅助生成施工质量验收任务。

系统基于国家标准和规范，利用 BIM 数据自动生成验收批和检查项目，根据规范要求的抽查方案自动生成检查点，标注在 BIM 上。用户可进行查看，并做适当调整。

（2）辅助现场验收。

在 BIM 中，用不同的颜色标注构件的检查状态。验收人员在现场可持移动设备进行查看，并根据系统提示的待检查点和检查项目，录入相应的验收信息。用户的位置将实时显示在 BIM 上，帮助验收人员判断自身位置、构件位置。

（3）统计和生成验收文档。

现场录入的验收信息将自动转换为规范规定的验收批质量验收记录表，供用户查阅或打印。系统实时统计验收批、检查项目和检查点的检查状态和进度，用户在验收过程中可随时查看。

9.3.4 BIM 技术在北京朝阳站质量管理中的具体应用

1. 机电及土建的施工深化设计

BIM 生成的过程，也是发现设计图纸问题的过程。该项目各专业模型完成后，全部导入软件进行碰撞检查，发现土建与安装之间、安装各专业之间的全部碰撞点，并根据其影响的大小加以分类。

2. 施工方案模拟及优化

该项目通过 BIM 实现了复杂建筑的图纸定位，有效指导现场施工人员科学、正确操作，避免错误施工，有效提高施工质量和效率，降低施工难度和风险。通过该项目的实施，建立了安装 BIM 管线综合流程图。

3. 质量控制

该项目尝试使用智能调度云平台进行现场质量的管控，可以用手机对现场发现的质量问题拍照、上传。照片上传至对应模型所属的文件夹的对应位置并告知相关管理人员，相关管理人员可通过查看模型，及时了解照片反映出的质量问题并提出对策，将整改情况和整改后的实物图形上传，有效实现了质量问题的闭环管理。同时，对原材料报检和隐蔽工程验收实行了全面程序化管理，现场所有试件纳入计算机程序管理。

4. 设施运营管理

该项目创建的 BIM 内的每一个构件、设备都有其基本信息，整个站房全部构件及设备信息都能实现快速查询和统计，为项目建成后的运营管理工作创造优化条件。

5. 工程过程数据及文档管理

该项目的工程资料实现了与模型的关联，主动为运维阶段做好基础准备，例如工程结构中墙、柱、梁等构件的质检报告、验收单、施工方案文档等都可与构件关联，设备、管线等资料信息、生产合格证、厂家信息、验收报告等都可通过模型直接进行查询。

6. 移动互联终端

该项目实施移动互联终端的应用极大地方便了工程现场的施工指导，轻量化的模型集成了工程图纸、规范、文档、报告等资料，导入到移动客户端后，能够方便地带到施工现场，在平板中方便地浏览模型及其关联的信息资料，以便更好地理解设计和指导施工。对于施工现场的质量管理、检查工作等业务有着十分重大的意义。

9.3.5　BIM 技术应用成效

北京朝阳站项目应用基于 BIM 技术的施工质量管理方法，表现出的优势与效果体现在以下几个方面：

（1）基于 BIM 技术进行施工质量管理，其 BIM 包含了设计阶段和施工阶段的全部信息。由于 BIM 技术的关联性，施工人员处理工程项目信息的时间与工作量大大减少，效率得到提高。

（2）基于 BIM 技术进行了全专业碰撞检查与管线综合调整，从而提前避免了因管线"打架"而造成的返工与浪费，同时也可以提前发现设计方面存在的问题。

（3）基于 BIM 技术的可视化交底，使工作人员可以直观地看到施工过程中所需要注意的重点、难点、要点，不必再花费大量的时间读图，也避免了人员返工和材料浪费。

（4）基于 BIM 技术的信息收集与处理，可以快速汇总、归纳、解析引起工程质量问题的原因，从而针对性地采取相关措施以优化工程质量、效率。在工程竣工阶段总结归纳，优化信息质量，进一步分析整理，使 BIM 技术在施工质量管理的过程中越来越普遍，以提高建筑工程质量管理的信息化程度。

BIM 作为一种系统管理应用技术，有利于各阶段存储信息，确保信息的无损传递，以及更新信息，有利于工程各参与方更高效地进行决策，推进信息管理并贯穿至铁路工程各环节。BIM 技术应用于北京朝阳站的建设中，为我们积累了铁路站房施工质量管理领域的 BIM 应用经验。由于北京朝阳站项目时间紧、任务重，在应用 BIM 的过程中还存在很多不足，但是随着 BIM 的进一步发展，更多的建设难题会逐步得到解决。

9.4　会签审批管理

智能调度管理系统的另一重要功能是依据项目施工现场各项业务的会签审批流程，设置动火、受限空间作业、危险作业、危大工程施工、通用审批、请假 6 项审批功能，可实现多级审批、抄送、提醒推送等功能。

9.4.1　会签管理

会签管理：对项目工作事项进行电子会签。会签列表如图 9.30 所示。

图 9.30　会签列表

对已有会签进行查看、修改、删除、下载等管理。发起会签如图 9.31 所示。

图 9.31　发起会签

发起会签申请，填写会签申请名称、申请详情、上传附件，选择会签人员，选择保存会签，如图 9.32 所示。

图 9.32　保存会签

收到会签申请后点击查看，选择通过与否，并填写会签意见，点击确定，会签结果的预览、查看、下载如图 9.33 所示。

图 9.33　会签结果

移动端会签管理和后台管理功能内容基本一致，如图 9.34 所示。

图 9.34　移动端显示

移动端会签流程如图 9.35 所示。另外，移动端支持"全部会签"和"我的会签"分开查询。

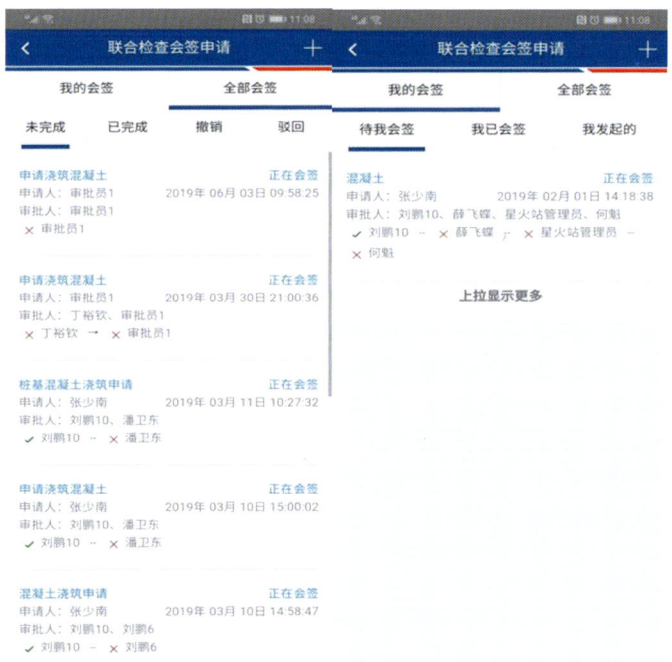

图 9.35　移动端会签列表

9.4.2 审批管理

本系统可分别在 Web 端和 App 端进行审批处理，如图 9.36 和图 9.37 所示。

图 9.36　审批管理—Web 端

图 9.37　审批处理—App 端

1. 发起审批

点击 6 种审批的任意一个，进入每一种审批的发起操作，具体示例如图 9.38 和图 9.39 所示。

图 9.38　发起动火审批—App 端　　图 9.39　发起危险作业审批—App 端

2. 查看审批

通过"我审批的""我发起的""抄送我的"三个小栏目查看与本人相关的审批事项（见图 9.40 和图 9.41）。

3. 审批操作

审批时可选择通过或不通过，并填写相关审批意见（见图 9.42）。

图 9.40 移动端三个栏目查看审批

图 9.41 审批内容—App 端

图 9.42 审批操作—App 端

9.5 车辆定位

在大型工地施工现场出入的施工车辆及其他车辆数目众多,施工现场对车辆的管理直接关系到施工现场秩序和安全,如对施工现场中进入的车辆数目不加以控制,会造成施工工地内部拥堵,施工现场有过多非施工车辆进入也会造成一定混乱。诸如此类问题都需要通过对施工现场车辆合理监管来解决。然而,现有的施工现场对车辆的监管还大多依赖于人力。例如,记录进出的车辆数、车辆种类、车辆是否超速等,这些监管任务目前大都是依靠值班人员人工完成,这样不仅耗费人力、物力,也存在很多安全隐患。针对大型工地现场对车辆自动高效监管需求,智能调试模块提供了一种基于BIM技术与GIS技术结合的施工现场车辆监管方法,能够智能地对进出施工工地的车辆进行监管,包括对进出车辆数量的统计、车辆类型的区分、车速的估计和超速抓拍警告等。

过去,现场的混凝土进场都需要通过电话联系,而供应商多数都处于超负荷供应,因此频繁出现供应商承诺上午出车,可实际要下午或是很晚才到,反复催促后仍不知道真实情况。在北京朝阳站项目上,可以通过在线下单,关联混凝土罐车定位系统,实时看到混凝土车的位置(见图9.43),像订外卖一样直观方便。车辆进入施工现场,还能通过视频系统看到混凝土车的具体位置,极大地提高了工作效率。

9.5.1 车辆进出管理

车辆进入识别范围后,通过识别相机抓拍车辆图片以及识别车辆车牌,自动判定能否让车辆正常通过,确保施工现场车辆进出安全。

实时监控当前工地车辆进出画面、进出车辆的类型与近24 h车辆进出信息等。数据支撑管理者掌握外来车辆进入情况,根据车流量数据走势及时进行车辆分流等工作,严格把控工地进入车辆的安全状况;同时对接车辆识别设备,实时记录进出车辆信息,包括车牌号、车辆类型(内部车辆/临时车辆)、出入时间、出入大门等数据(见图9.44)。

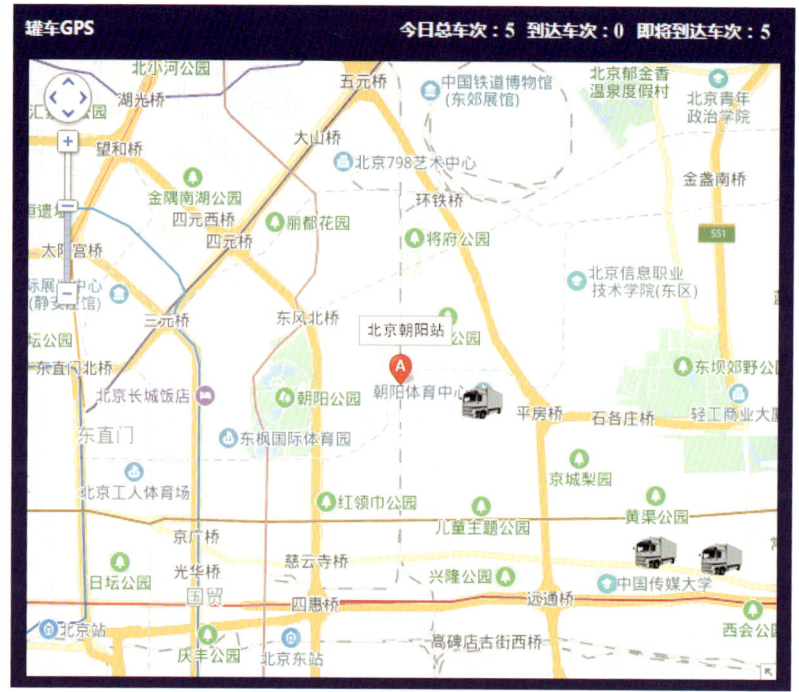

图 9.43 车辆定位

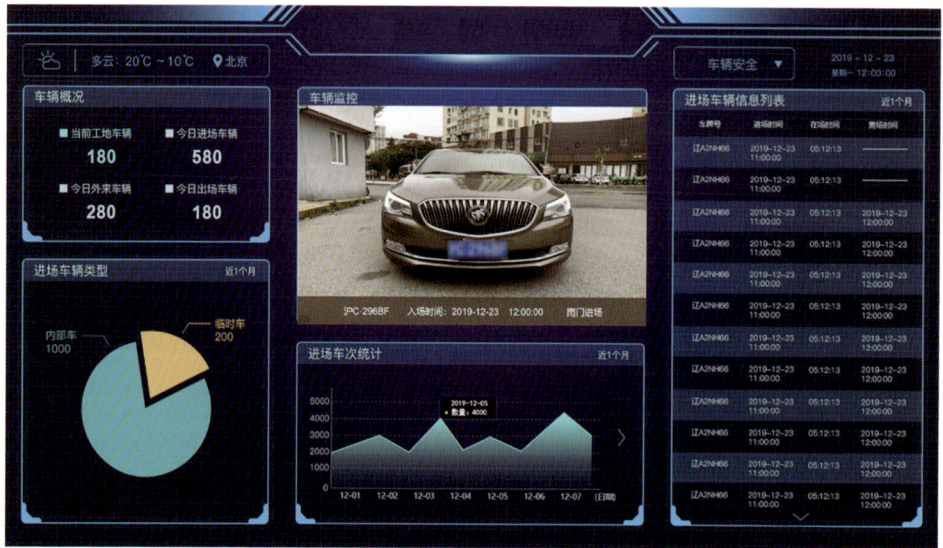

图 9.44 车辆进出监控

凡是出入施工场区及进入城市道路的车辆，均进行卫生检查。带有污染施工场区内施工道路或场外城市道路污染物的车辆均要进行车辆清洗（见图9.45）。车辆清洗时采用自动洗轮机或洗车机，并用扫把清扫，将车辆轮胎冲洗干净，清洗完成后安排专人进行检查，检查合格，不会对道路产生污染后方可放行。

图 9.45　车辆清洗

项目出入口和预制场出入口车辆清洗采用优钢 YG-100T 型平板式洗轮机，它由机身、侧墙板、水泵、排水墙、控制柜等部分组成。该设备最大承重能达到 100 t，适合建筑工地渣土车、土方车等大型工程车辆运输清洗。最大喷水射程：8 m；最大吸水高度：10 m；喷射水压力：3～4.5 MPa。

1. 车辆调度管理

系统可根据车辆和物料的实时动态信息管理，再结合任务的紧急情况对车辆进行科学合理的自动排程，生成最优调度方案，可以满足各种规模的搅拌站需求。

2. 管理相关档案

系统可以存储有关运输调度的档案，包括驾驶员档案、车辆档案、客户档案，还可以进行企业合同管理。

3. 统计报表信息

系统可以统计车辆油耗、生产详情等各种报表信息，包括运输统计表、运输明细表、时间/油耗报表、月里程报表、加油报表、超速报表等。

4. 掌握车辆信息

系统可以对车辆进行位置监控，实现车辆状态实时查询、车辆行驶轨迹回放等功能。

9.5.2 车辆集约化管理

车辆集约化，主要是结合车辆定位信息，以及区域道路车辆实时分布情况，对施工作业区内车辆情况进行实时分析和展示。

1. 混凝土浇筑车辆预警分析

在浇筑申请提交后，系统结合施工现场平面图和道路情况，综合展示当日发生浇筑的位置，并按时段对相同时间段内邻近部位同时发生浇筑情况进行预警。管理者可通过系统，对搅拌站车辆状况一目了然，随时了解派车时间、运输时间、工地停留时间、待卸料时间、卸料时间、返程时间等准确数据，分站之间也可随意调度。

2. 数据汇总

实时显示项目的车辆在场总数、各类大型机械设备总数，并进行汇总展示。

3. 排名对比

按照各工区的大型机械设备用量情况进行排名。

4. 数据分析

借助高德地图，对项目周边 20 km 范围内的道路拥堵情况进行分析，并实时展示。对机械设备台班使用情况进行对比分析。结合 BIM 算量与机械设备用量进行对比分析，重点体现设备台班用量与工程量之间的对比，如统计每完成 100 m^2 所用的机械台班数量情况，并对各项目部平均用量进行对比分析。

9.5.3 实现的效益

1. 提高效率

智能调度系统通过科学的流程设计，可以使搅拌站设备发挥出最大产能；可以灵活调度车辆，增加车辆进出站速度，减少车辆在站内留存的时间；能根据任务单及库存及时调节供货等；以此简化工作流程，提高工作效率。

2. 缩减成本

智能调度系统通过对整个生产运输流程的全程监控来杜绝管理漏洞；可以解决原材料浪费、非正常损耗的情况；可以掌握车辆信息，以此减少压车油耗等；可以精简岗位，缩减人力成本。

3. 安全生产

智能调度系统通过严密的流程梳理及权限控制来减少人工失误的可能；通过实时监控及数据收集杜绝人工作弊的情况。

4. 轻松管控

管理者可通过智能调度系统随时直接掌握真实的生产数据，继而轻松管控整个搅拌站的运营。

9.6 自动喷淋感应系统

随着工业发展和城市化日益加快，大气颗粒污染物（$PM_{2.5}$、PM_{10}）已经成为影响城市空气环境质量较突出的问题。研究表明，无论高浓度、中浓度或是低浓度的大气颗粒污染物，都可能对人体健康造成不良影响。大气颗粒物主要通过呼吸道进入人体内部产生危害，通过表面接触和消化道进入人体产生的危害相对较小。大气颗粒物的粒径大小是其对人体健康产生不良影响的决定性因素之一。一方面是因为粒径较小的大气颗粒物更加容易通过呼吸道进入人体；另一方面是由于小粒径大气颗粒物较大粒径的大气颗粒物吸附能力更强，相比之下也较容易成为空气中其他有害物质的载体，许多化学物质和重金属容易在其表面被吸附和富集，而随着大量的有害物质被吸附，大气颗粒物对大气环境质量以及人体健康的影响更加显著。

在工程施工过程中，对建筑扬尘的控制通常采用洒水降尘的方法，这种方式对资源及人力方面的消耗较大，且无法达到良好的降尘效果，使建筑扬尘扩散问题普遍存在，并难以得到有效控制。因此，为实现对建筑扬尘的有效控制，便需对传统的建筑扬尘控制方式进行改变，以此为基础进行合理的优化与创新，实现对降尘能力的有效提升。

采用智慧工地喷淋系统，成功地解决了传统降尘方式之中存在的降尘力不足的问题。通过现场环境监测设备，可以实时监测VOCs（挥发性有机物）、恶臭、扬尘、噪声、风速、风向、温度、湿度等，建立了扬尘同现场雾炮喷淋设备的联动机制，一旦系统监测到扬尘超标，将自动启动雾炮喷淋设备。其能够从不同的高度、方位、角度对工地施工现场进行全方位的降尘处理，有效节约了资源及人力，并达到了良好的降尘效果。其中在工地建筑扬尘处理之中应用较为广泛的喷淋系统有：施工道路喷淋系统、外架高空喷淋系统、塔吊高空喷淋系统（见图 9.46～图 9.48），这些喷淋系统都具有良好的降尘效果。

图 9.46　施工围挡喷淋

图 9.47　雾炮

图 9.48　塔机喷淋

该系统主要具有以下功能：

（1）自动检测颗粒物（SPM）浓度超标、风速、噪声采集功能。

（2）当测量值超过系统设定的报警值，自动联动雾炮及塔吊喷淋、道路喷淋开始工作。

（3）雾炮及塔吊喷淋、道路喷淋可以直接通过本地单独控制，也可以通过远程控制。

（4）雾炮自动生成并存储基本统计报表和图，形成日报表、月报表、季报表和年报表，包括均值、最小值、最大值、超标率和超标倍数等数据。

（5）使用智能手机和PC端通过公网随时随地访问各个设备的实时监测数据（见图9.49）。

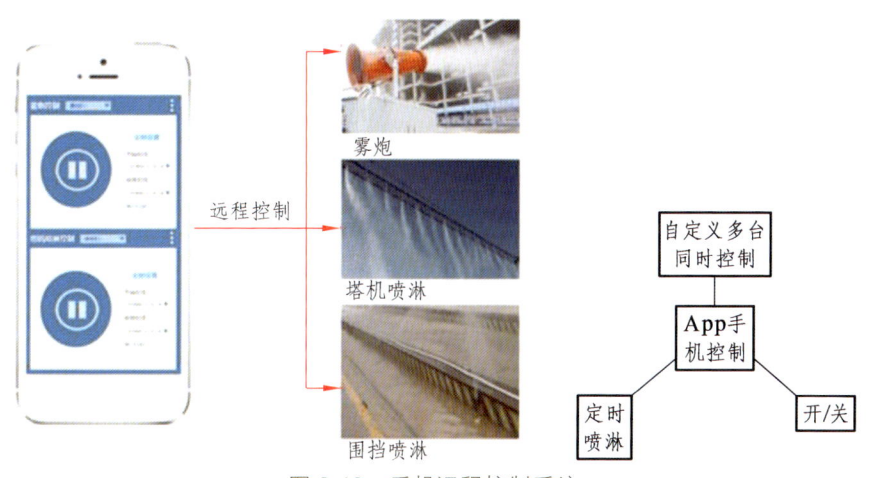

图 9.49　手机远程控制系统

9.7　实测实量

近年来，全国各地建筑工程质量事故不减反增，既反映出建筑市场当下仍然存在漏洞，也反映了施工单位的管理工作相对粗放，因此工程质量的精益化管理愈显重要。为提升项目信息化应用水平，借助智能化手段加强工程质量过程监督，加快推动企业管控由"业务驱动型"向"数据驱动型"转变。北京朝阳站项目立足于5G智慧网络，运用大数据分析方法，通过智能调度模块开展智能测量，能合理打破现阶段传统实测实量存在的耗时长、速度慢、抽测、数据不准确等桎梏。

智能实测实量功能，可实现快速完成垂直度、平整度、进深等实测实量工作，并通过3D数据模型方式展现实测数据，自动汇总测量结果。同时，实测实量系统生成的数据能全方位、无死角测量，实现数据全程记录，并将数据进行云端存储，实现数据可追溯和实时查询历史数据，大大缩短查找纸质数据花费的时间，为测量工作提供极大便利。

智能调度模块中的实测实量功能可实现基于大数据快捷精度高的分析，有效解决传统实测实量数据记录因测点的随机性和有限性，带来的精度达不到要求的难题。此外，它将测点数据和扫描模型相结合，可视化程度高，对后期整改、修复指导意义明显。

在对现场实体结构进行实测实量时，使用可视化实测实量接口，显示各维度及整体实测实量合格率。也可以显示过去四个季度的总合格率，并通过柱状图方式对地基基础、主体结构、建筑装饰装修、屋面、设备安装和建筑电气的合格率进行对比展示。

将数字化的测量与物联网技术相结合，实现了单人即可完成施工现场测量与数据记录存储工作，减少50%的人工和测量用时，极大提高了工作效率与数据的准确性，为项目建造质量保驾护航。

9.8 综合应用

通过智能调度管理模块，管理人员可以通过大屏可视化平台（见图9.50）、协同移动端、管理后台对施工进度、质量安全、设备管理、文明施工等实施在线监管，实现从现场检查向远程监控延伸、人员实地监管向信息化管理的转变，让工地变得愈发"聪明"起来。可以想象成让工地长出"眼睛"，看得见违章；"耳朵"，听得见噪声；"鼻子"，嗅得到隐患，所有不符合规范的行为都会被抓现行，发出预警督促整改，构建起覆盖项目施工现场、施工过程的多级联动管理体系，真正做到事前预警、事中常态检测、事后规范管理。

图9.50 智能调度信息模块页面

通过智能调度总览界面（见图9.51），可获得以下信息：

（1）待办工作总数：包括安全、质量、审批、工作问题。

（2）安全问题待办总数：未整改完成安全隐患问题总数。

（3）质量问题待办总数：未整改完成质量问题总数。

（4）审批待办总数：待审批工作总数。

（5）工作问题待办总数：工作问题总数。

图 9.51　智能调度总览

通过调度指挥协调功能，协助完成现场视频会议 200 余次，建立覆盖集团 100 余个项目的可视化监控系统，现场指挥调度实行集团统管、二级单位督管、项目部执行。集团、二级单位可以在视频中进行事项标注、风险预警、问题排查等，同时可以通过可视对讲系统，直接与项目视频对话，面对面进行沟通。

新时代对建筑业提出了更高的要求：人员密集型劳动不再是建筑业的优势，节能降耗、绿色环保、高质量发展成为主基调，智能调度作为数字信息技术与施工现场深度融合的产物，将促进传统建造方式升级，提高项目管理和生产效率，有利于推动我国建筑业步入"新时代"。通过推进"智慧工地"管理平台建设，可以有效提高工地现场的生产效率、管理效率和决策能力等，实现工地的数字化、精细化、智慧化管理，最终实现让施工现场更安全，建筑品质更可控，让工人的权益更有保障的"多赢"目标。同时，大数据、云计算、物联网以及 5G 技术、移动和智能设备等软硬件与项目建设过程相融合，实现建造行为数据化、项目信息可视化、现场流程精细化的智能管理升级。

第 10 章 总　结

10.1　项目信息化创新点

集团基于 BIM 技术，结合大数据、移动通信、物联网、GPS、VR 等技术，设计并实现了一个能够支持多方数据采集、多源数据联动与协同，并提供智能管理、数据分析可视化、多端访问的智能建造管理云平台。该平台针对铁路工程建设特点，致力于探索智能建造技术与铁路建设全过程、全业务的融合管控，通过 1 个平台 + 5 大终端 + 6 智融合，把智能、高效、绿色、精益的理念植于设计和实践之中，将该平台打造成了智能化时代建设工地综合管理平台，实现了现场智能监测终端、地理信息模型、BIM 以及物联网技术的整合运用，提升了北京朝阳站建设过程中的施工现场管控能力，提高了建筑工地的安全生产监管能力和质量监管水平，确保了施工安全、施工质量，降低了施工难度，缩短了施工周期，减少了施工成本，促进了施工现场信息化水平再上新台阶。

项目信息化建设的主要创新点包括：

1. 多维度信息监管联动

平台将 BIM、物联网、传感技术、虚拟现实等技术综合运用到工程施工的各环节，实现项目信息准确、快速、全面、唯一。通过与集团公司一体化信息管理的集成、建设单位信息化平台的链接、供应商的协同等，高效统筹政务数据资源、社会数据资源、BIM 信息以及建筑工地内部实时采集的数据，实现了数据出处唯一、互联共享、监管联动，提高了施工效率、确保了施工安全。

2. 云计算技术，新兴低成本、便携设备的应用

云计算技术可以充分提升企业信息系统及软硬件资源，降低信息化成本。开展智能穿戴设备、二维码、手持智能终端、智能检测设备等在施工过程中的应用，提高了施工质量和效率，降低了安全风险。

3. 增强 BIM 技术在施工全生命期的应用

以 BIM 技术为载体，关联施工过程中的进度、成本、质量、安全、图纸、物料等信息，可以直观快速地计算分析，为项目进度、成本管控、物料管理等方面提供数据支撑，协助管理人员进行有效决策和精细管理，达到项目无纸化办公、减少施工变更、缩短项目工期、控制项目成本、提升项目质量的目的。

4. BIM 技术与现代信息技术的充分融合

通过将智能化技术和 BIM 技术与大数据、移动通信、云计算、物联网等信息技术在建筑业中的集成应用，促进了智慧建造和智慧企业的发展，推动了国内大型铁路建造信息化的发展。

10.2 推广应用

"156智慧建造管理平台"目前已经在京沈客专北京朝阳站站房工程、川藏铁路工程、北京城市副中心等多个项目中进行了推广应用。

1. 规划策划应用

BIM 技术与无人机倾斜摄影建模技术的综合应用，将既有建筑与拟建建筑完整结合，对既有建筑拆迁、场地综合布置、临时设施、现场道路布置、基坑开挖等进行模拟策划，解决施工场地多变、策划困难的问题，通过30余次三维模拟仿真、地理数据分析和地形模拟计算，使布局更加经济合理，提高场地利用率20%以上，减少后期二次搬运费用15%以上，达到了加快施工进度、节省工期的目的。

2. 施工项目进度全周期管控

采用三级节点爆灯管控机制。以北京朝阳站站房工程为例，共计导入一级节点19个，二级节点55个，三级节点197个，关联BIM构件251 821个。在施工过程中，各级进度管理人员通过手机实时了解各自负责的进度节点完成情况，并根据节点进度状态进行黄灯预警

和红灯告警，同时通过 BIM 技术与三级节点关联，展示每个节点对应的 BIM 进度情况，优化关键施工路径，及时调整资源匹配，保障项目部在短短两个多月的时间，完成拨线区域全部 9 万平方米结构施工，提前完成了阶段性工期目标。

3. 安全生产联网预警

以北京朝阳站站房工程为例，共计设置 18 台塔吊监控、8 个基坑监测点位、34 个电子巡更点位，实时监测群塔间吊臂距离，塔吊的力矩、吊重、位移、转角、风速等信息，根据设定的风险参数实时进行安全预警，并自动对塔吊进行防碰撞或降档处理。基坑监测智能监测模块，对基坑的沉降、位移、倾斜进行全方位观测，当出现异常波动值时，基坑监测系统自动报警向手机发送短信提醒，减少了由于设备故障带来的安全事故发生率。

在项目执行过程中共计发生各类问题预警 1 000 余次，安全隐患 200 余次，质量问题 30 余项，项目及时进行闭环整改。

4. "人机料" 精细管理

（1）劳务管理。

在北京朝阳站站房项目施工中，利用智能劳务模块，对现场 5 000 余人进行了在线安全教育及考评，完成了平均每天 2 000 余人的人脸识别实名制考勤管理。对下班高峰期采取严进宽出策略，通过群体识别技术，确保了大批量人员快速出场。结合工程情况，全面分析用工量是否充足，专业工种匹配是否到位，预防劳务人员过剩或不足的情况，实现了工程与用工需求合理对应，杜绝了用工风险、实现了零恶意讨薪。

（2）物资管理。

本平台的 "物联网+物资" 管理模块，与集团的物资管理系统集成，通过平台填报用料申请，每日完成 30 余条材料申请计划、50 余笔进场过磅验收，实现了混凝土、钢筋、周转料等主要物资供应商的在线协同。现场每天完成过磅 120 余次，所有材料都实现了二维码识别和一次发放。取消了材料计划、用料申请、现场收料、限额发料单等传统的纸质单据，收发料数据更加准确，避免了飞单现象。

现场物资管理从材料计划到进场、发料的全流程信息化，与供应商的协同管理，形成了完整、准确的数据链，实现了全部物资线上账款结算，大幅减少了与供应商之间的核对时间，避免了物资超耗等风险，提高了对账结算效率，从而加快了整个施工过程。

5. 现场指挥调度

通过调度指挥协调功能的应用，协助完成现场视频会议 200 余次，建立覆盖集团 100 余个项目的可视化监控系统，现场指挥调度实行集团统管、二级单位督管、项目部执行。同时在集团公司、二级单位、项目部制定三级视频调度机制。集团、二级单位可以在视频中进行事项标注、风险预警、问题排查等，同时可以通过可视对讲系统，直接与项目部视频对话，面对面进行沟通。项目部可随时接收上级单位下发的工作联系单，并及时解决问题、留存记录。

10.3 效益和价值

该平台已经由中铁建设集团在施工过程中广泛推广应用，大幅提高了各级管理机构对项目现场的监管力度，推动了集团公司项目管理规范化、精细化，提升了运行效率和运行质量，有效预防了安全、质量、进度履约、环保等风险，降低了施工及管理成本，为打造数字工程奠定了基础。

1. 经济效益

智能劳务系统考勤统计减少考勤员 2 人，避免恶意讨薪，创效 50 余万元。利用智能进度管理，合理组织施工部署、工序穿插及时、场地布置优化创效 1 100 万元。通过智能监测塔吊运行，控制塔吊运行率创效 50 余万元。通过智能调度，加强机械设备管理，合理调配大型机械设备创效 500 万元。通过智能监控发现 3 次盗窃行为，累计追回赃物 300 余万元。因本智能建造平台的先进性，为集团公司在智能建造、智慧工程方面树立了良好形象，帮助公司新增合同 1 000 余万元。

2. 管理和社会效益

（1）提升工作效率。

互联网＋、信息化技术的应用，项目建设参与各方的协同，数据的及时互联共享，减少了各级管理人员，并提高了工作效率，实现了各级监管机构的远程监督，提升了监管质量和效率。

（2）提升风险管控能力。

智能劳务、智能监控等智能化技术的应用，规范了项目劳务用工、机械台班的管理，提升了现场高危分项工程及大型设备的风险管控力度。

（3）提升工程建设品质。

BIM、GIS、无人机等技术的综合应用，实现了从拆迁、建设到工程交付全建设周期形象、可视化管理，并为项目运营提供了数据依据。

（4）促进行业发展。

该平台6大智能技术、48个模块的业务应用，全业务链的数据积累，为推动建筑行业信息化、数字化发展起到了推动作用。环境监测、智能水电等环保技术的应用，为打造绿色工地、节能施工迈出了新的一步。

10.4 小 结

北京朝阳站的建设围绕建筑施工现场关键因素，植入智能、高效、绿色、精益的理念于设计和实践之中，探索出了将BIM技术与大数据、移动通信、物联网、GPS、VR、云计算等现代信息技术进行集成的方法，提升了中铁集团信息技术创新能力，使集团信息化应用达到了国际先进水平，为进一步打造集团模块化智慧平台奠定了坚实基础，为集团"高质量、再发展"提供了品牌保障和有力支撑。同时，在建筑业打造出了智能建造标杆项目，有效地促进了建筑业数字化、网络化、智能化的发展，对推动物联网、云计算、大数据、人工智能等新技术、新理念的发展及其与城市建设、实体经济深度融合具有重要意义。

参考文献

[1] 曹吉昌,王佳仪,陈明琪.基于BIM + GIS + IoT技术的智慧工地系统关键技术研究及应用[J].建设科技,2020(Z1):74-77.

[2] 欧红亮,吴恩明.基于BIM技术的智慧工地在公路工程项目中的应用[J].中国水运(下半月),2020,20(4):48-49.

[3] 蒋仕益,贡达.BIM技术在海绵城市建设中的应用探究[J].智能建筑与智慧城市,2019(10):101-102,107.

[4] 于立."物联网+"下的智慧工地项目发展探索[J].智能城市,2019,5(3):33-34.

[5] 杜明芳.智慧建筑:智能+时代建筑业转型发展之道[M].北京:机械工业出版社,2020.

[6] 钟锦泉,霍宇明.人脸识别身份验证系统助推工地实现高效管理[J].中国安防,2014(16):28-31.

[7] 丁小虎,谢航.人脸识别技术在数字工地智慧安监平台的研究与应用[J].信息与电脑(理论版),2019(2):138-140.

[8] 龚结龙,吴缙峰,朱虹,吕军.基于人脸识别的施工升降机安全监测系统设计[J].物联网技术,2018,8(12):32-35,37.

[9] 殷允辉,苏前广,祝敏.多维度透明劳务管理在智慧建造中的应用[J].施工技术,2019,48(1):17-21.

[10] 宁岩,柯知超,张丹立.基于视频分析的人脸识别在智慧建造中的应用[J].电脑知识与技术,2020,16(11):215-216.

[11] 王安建,蒋理兴.一种使用红外线和超声波的定位技术[J].电子测量技术,2008,31(10):15-18.

[12] 贾青,刘乃安,朱明华.无线局域网定位技术研究[J].无线通信技术,2004,28(3):33-37.

[13] 侯金奎,庄保良.基于RFID的室外人员定位系统的设计研究[J].信息与电脑,

2017（5）：133-134.

[14] 张翠芳. GPS卫星定位算法设计与验证[D]. 成都：电子科技大学，2011.

[15] 方圆. 新兴短距离无线通信技术：UWB[J]. 中国电子商情（RFID技术与应用），2008（1）：14-16.

[16] 赵勇宁. 建筑工程施工进度的控制与管理研究[J]. 黑龙江科学，2018，9（13）：114-115.

[17] 许炳，朱海龙. 我国建筑业BIM应用现状及影响机理研究[J]. 建筑经济，2015（3）：10-14.

[18] 袁媛. 进度计划管理设计与实现[J]. 中国电子商务，2009（10）：48-49.

[19] 孙忍. 浅析智能物料管理系统在施工企业成本管理中的运用[J]. 会计师，2020（7）：44-45.

[20] 孙志婷，刘婷婷，李顺云. 防作弊地磅称重系统的设计与实现［J］. 煤炭技术，2011（7）：189-191.

[21] 胡莉，张力伟. 基于5G的智能视频监控系统设计[J]. 电信工程技术与标准化，2018，31（12）：55-58.

[22] 李霞，吴跃明. 物联网+下的智慧工地项目发展探索[J]. 建筑安全，2017，32（2）：35-39.

[23] 刘海龙，张敏三. 基于无线网技术的塔机集群动态防碰撞系统[J]. 无线互联科技，2017（10）：16-17，51.

[24] 龚结龙，吴海建. 基于LoRa自组网的群塔防碰撞物联系统设计[J]. 智能物联技术，2018，1（1）：27-30.

[25] 汪良旗. 广州城市轨道交通工程安全管理信息化研究与实践[J]. 中国安全生产科学技术，2016，12（6）：169-174.

[26] 焦扣忠. 基于质量和安全角度的建筑施工管理对策的研究[J]. 东方企业文化，2015，25（23）：124-136.

[27] 翟越，李楠，艾晓芹，等. BIM技术在建筑施工安全管理中的应用研究[J]. 施工技术，2015（12）：33-36.

[28] 张云帆，孙晓春，刘海勇. 基于BIM技术的施工管理应用探索研究[J]. 土木建筑工程信息技术，2014（5）：19.

[29] 马智亮，蔡诗瑶，杨启亮，等. 基于BIM和移动定位的施工质量管理系统[J]. 土木建筑工程信息技术，2017，9（5）：29-33.

[30] 刘云波，黄华. 基于计算机视觉的施工现场车辆监管技术研究[J]. 电脑知识与技术，2015，11（4）：161.

[31] 刘静. "156平台系统"助力打造智能车站[N]. 工人日报，2019-08-14.